常青 著

# 高校思政课混合式教学评价研究

Research on the Mixed Teaching Evaluation of Ideological and Political Theory Courses in Universities

社会科学文献出版社
SOCIAL SCIENCES ACADEMIC PRESS (CHINA)

# 前　言

2020 年 6 月 30 日，中央全面深化改革委员会第十四次会议审议通过了《深化新时代教育评价改革总体方案》。该会议指出，教育评价事关教育发展方向，要全面贯彻党的教育方针，坚持社会主义办学方向，落实立德树人根本任务，遵循教育规律，针对不同主体和不同学段、不同类型教育特点，"改进结果评价，强化过程评价，探索增值评价，健全综合评价"（"四个评价"），着力破除唯分数、唯升学、唯文凭、唯论文、唯帽子的顽瘴痼疾，建立科学的、符合时代要求的教育评价制度和机制。"四个评价"的提出，指明了思政课混合式教学评价机制构建的方向和制度遵循。

2018 年 8 月，教育部下发了《关于狠抓新时代全国高等学校本科教育工作会议精神落实的通知》，首次提出打造"金课"。"金课"的标准可以归结为"两性一度"，即高阶性、创新性和挑战度。2018 年，"两性一度""金课""四新"等新的课程建设目标的提出，为思政课改革提出了新的要求。2019 年 3 月 18 日，习近平总书记主持召开学校思想政治理论课教师座谈会，充分体现了党中央对学校思政课的高度重视，以及对思政课教师的亲切关怀和殷切期待。习近平总书记多次强调，思想政治理论课是落实立德树人根本任务的关键课程，思政课作用不可替代。在学校思想政治理论课教师座谈会上的重要讲话中，习近平总书记深刻回答了事关学校思想政治理论课建设的一系列重大理论和实践问题，把我们党对学校思想政治理论课建设规律的认识提高到了一个新高度，这是办好新时代学校思想政治理论课的重要遵循。可见，构建思政课混合式教学评价机制已经势在必行。2019 年 8 月，中共中央办公厅、国务院办公厅印发的《关于深化新时代学校思想政治理论课改革创新的若干意见》提出，"大力推进思政课教

1

学方法改革，提升思政课教师信息化能力素养，推动人工智能等现代信息技术在思政课教学中应用"。

本书为国家社科基金高校思政课专项结题成果，这一项目研究历时 2 年。在整个研究过程中，不仅注重对理论问题的探索，也尝试对实践教学活动进行评价，不但对校内五级评价制度进行了分析研究，还对校外评价进行了初步探索。在研究过程中，课题组成员进行了大量的调研，涉及江西省内及省外高校，对思政课教师进行了相关问卷和访谈，选取了部分高校的学生进行了问卷调研。在调研基础上，利用 SPSS 分析工具，通过分析调研数据了解混合式教学的现状及效果。同时，由于课题涉及多个学科，课题研究由不同学科的老师参与，在研究的基础上不断总结经验，最终形成了一系列研究成果。

高校思政课混合式教学评价机制研究是一个发展性、长期性的动态变化过程，目前的研究还处于初步探索阶段。高校思政课混合式教学评价机制主要由评价主客体、评价指标和标准、评价内容和方法、评价目标等要素组成，是由诸多要素构成的有机统一体。高校思政课混合式教学评价机制的有效运行必须以正确形成大学生世界观、人生观、价值观为出发点，以促进大学生全面发展为终极目标，以调动师生双方的主动性和积极性为原则，以增进高校思想政治理论课教学实效为最终目的。随着信息技术与思政课的深度融合，我们的研究还需要进一步深入，不断回应时代要求，反映时代变化。本书从高校思政课混合式教学评价的必要性、理论渊源、现状调查、影响因素以及机制构建等方面展开，坚持问题导向，不断拓展思路，以为进一步研究及继续探索思政课混合式教学评价的指标体系提供经验借鉴。

常　青

2023 年 1 月

# 目　录

# 绪　论

随着通信技术的飞速发展与教育信息化的广泛普及，利用互联网技术和移动学习设备进行混合式教学成为高校思政课教学改革的重要方向，线上线下混合式（以下简称"混合式"）教学带来了学生学习方式的变革，混合式教学评价也成为评价教学效果的必要手段。2020年6月，《深化新时代教育评价改革总体方案》提出了"改进结果评价，强化过程评价，探索增值评价，健全综合评价"，即"四个评价"。"四个评价"在实践中存在不同的问题，改革要求各有不同，但根本任务是保障教育评价的科学有效，提升教育评价的专业性、科学性。混合式教学并不是一种全新的教学方法，只是随着教育信息化的不断深入，其被更为广泛地应用到思政课教学中。随着信息技术与教育的融合，混合式思政课教学已成为当前思政"金课"建设的重要方式。混合式教学增加了师生线上查阅资料、整理报告、提交作业，在线讨论、测验等环节，但要切实增强混合式教学实效，须使线上学习和线下学习两个环节相辅相成，二者缺一不可。

## 一　高校思政课混合式教学融入"四个评价"的重要意义

高校思政课混合式教学评价的本质就是要求多元主体如校级领导、学校督导、思政课教师以及学生本人不断地进行正确的价值判断。"四个评价"抓住了当前思政课教学评价"如何量化"的问题，是深化新时代思政课教学评价改革的一大亮点。

## （一） 改进结果评价有助于推动高校思政课混合式教学内涵式发展

结果评价 （outcome evaluation） 是认知系统对自身行为所导致的结果或者外界给予的反馈做出好坏、正误判断的过程。① 相关主体通过来自外界的反馈刺激获得自身反应是否恰当的相关信息，衡量高校思政课混合式教学实际效果，实现高校思政课教学的立德树人的根本任务。习近平总书记在学校思想政治理论课教师座谈会上强调，"思政课是落实立德树人根本任务的关键课程"，"青少年阶段是人生的'拔节孕穗期'，……最需要精心引导和栽培"。② 立德树人是教育的根本任务。当前，新自由主义和新古典主义思潮的价值理念使全球高等教育受到资本主义价值理念的影响，出现价值信仰缺失与混乱等问题，高校思政课教育教学也受到了自由主义和功利主义的影响，出现价值理念偏差。为了对高校思政课教学进行正确的价值引导，把结果评价作为高校思政课混合式教学评价的一个重要组成部分，以及时反馈高校思政课教学的适应情况。同时，党的十九大报告强调"实现高等教育内涵式发展"③，这是党和国家对高等教育提出的新要求。实现思政课的高质量发展已成为思政课建设的迫切任务，高校思政课教育教学要由外延式发展调整为内涵式发展。

内涵式发展要求各高校更注重思政课教学内在品质和潜力挖掘。走内涵式发展道路，要知止而行。知止，就是不追求一般意义上的传统思政课教学评价，要适应时代的发展，要做到"心中有数"，增强教学评价有效性，聚焦人才培养质量。改进高校思政课混合式教学的结果评价可有力推动高校思政课教学的内涵式发展。改进结果评价，各高校可更深刻地认识到进行思政课教学评价不是为了评价而评价，而是为了提升高校思政课教学质量，把实际教学效果作为高校思政课混合式教学质量评价的重要内容，实现真正的"以评促教"和"以评促改"，实现"为党育人，为国育

---

① Nick Yeung, Alan G. Sanfey, "Independent Coding of Reward Magnitude and Valence in the Human Brain," *Journal of Neuroscience* 24 （2004）：62-64；付艺蕾、罗跃嘉、崔芳：《选择一致性影响结果评价的 ERP 研究》，《心理学报》2017 年第 8 期。

② 习近平：《思政课是落实立德树人根本任务的关键课程》，《求是》2020 年第 17 期。

③ 习近平：《决胜全面建成小康社会　夺取新时代中国特色社会主义伟大胜利——在中国共产党第十九次全国代表大会上的报告》，《人民日报》2017 年 10 月 28 日。

才"的育人目标。

### （二） 强化过程评价有助于增强思政课的价值引领力

价值性是思政课的根本属性。思政课的价值引领力贯穿思政课教学活动的全过程，思政课教学通过引导学生树立正确的世界观、人生观和价值观，增强思政课的价值引领力，培养学生做合格的社会主义建设者和接班人。思政课过程评价同样指向思政课"为谁培养人，培养什么样的人，怎么样培养人"这一问题。传统的思政课过程评价方式比较单一，与其他专业课程评价模式相同——偏重知识获得的评价，这忽略了思政课的重要属性——价值性，导致思政课的价值引领力被削弱。与传统评价相比较，思政课过程评价体现了"以学生为中心"的教学理念，突出学生的主体地位，更多关注学生学习过程的不确定因素和可持续发展因素。

思政课过程评价能够凸显思政课的价值引领力，这主要体现在如下几方面。一是关注学生的情感态度，在教学过程中促进知识体系向信仰体系转化。当前高校思政课的教学对象主要是成长于互联网时代00后大学生，他们关注网络信息的时间更多，对社会热点问题较为敏感，且较为关注个人的情感体验和价值需求。00后学生身上的特征对思政课评价提出了新要求，思政课的考核不能像过去一样"一考了之"，应该更多关注学生学习过程中的情感变化，特别是在一些存在价值观冲突的问题上，思政课教师要加强与学生的情感与价值沟通，及时拨开思想上的迷雾，消除情感上的困惑，真正让马克思主义转化成内心信仰。二是注重学生课堂参与，促进价值认同向价值践行转变。对思政课实践性的评价主要体现在过程评价中，学生作为评价主体要参与课堂评价全过程。通过学生自评和生生互评，了解学生价值认同与价值践行的契合度，引导学生做到知行统一。三是注重激励引导，促进学业进步向成长发展转变。"激励功能是课程评价最直接、最现实、最本质的功能之一，是具有'归宿'意义的功能。"[1] 立德树人是思政课的根本任务。思政课评价不仅要评价学生的学业情况，而且要评价学生的成长增值情况，分析研判成长过程的各种影响因素，帮助

---

① 朱诚蕾：《高校思想政治理论课评价的功能探讨》，《学习与实践》2008 年第 1 期。

学生在自我反思的基础上提升学习能力，实现全面发展。

强化过程评价，就不再是只依一次升学考试成绩评价录取学生，而要把学生在受教育过程中的表现，也纳入评价体系。信息时代的发展让混合式教学成为当前一种普遍的教学模式，2021年12月2日，在第十二届新华网教育论坛上，教育部高等教育司司长吴岩表示，要全力抓好高校教育教学"新基建"，抓专业、抓课程、抓教材、抓学习技术方法、抓教师。混合式教学即是其中"抓学习技术方法"的重要内容之一。吴岩指出："我们要抓教学技术方法，技术水平是学习革命的关键突破，教学改革改到难处是技术。我们的老师现在要不断自我革命，自我突破，把原先所谓的黑板、粉笔、作业本变成教学技术新的黑板、粉笔、作业本。"① 在吴岩看来，学习技术是一种新的教育生产力，是教师的一种新的能力，教师的"教"要用新技术，学生的"学"要用新技术。技术与教育教学新的融合将引发一场新的学习革命，混合式教学要成为今后高等教育教学新常态。高校思政课混合式教学改革也成为当前改革的重点和普遍推行的教学方式。作为思政课建设标杆的国家级一流本科课程建设也更加重视混合式过程评价，要求学校必须重视教育过程，给学生完整的教育，把思政课学习过程纳入评价体系，引导思政课教师转变传统的教学理念，把价值引领作为思政课教学活动的重要理念，实现立德树人的目标。

### （三）探索增值评价突出高校思政课混合式教学"以学生为主体"的地位

实现高等教育的高质量发展，首先应当解决"培养什么样的人才，如何培养人才"这一问题。习近平总书记在学校思想政治理论课教师座谈会讲话中明确了思政课立德树人的目标，明确指出"以学生为中心"的理念，要"坚持主导性和主体性相统一"，"思政课教学离不开教师的主导"，要"加大对学生的认知规律和接受特点的研究，发挥学生主体性作用"。②

增值评价原本是一个经济学术语，是指通过对投入和产出两个方面的

---

① 吴岩：《抓好教育教学"新基建"，走好人才自主培养之路》，新华网，2021年12月2日。
② 习近平：《思政课是落实立德树人根本任务的关键课程》，《求是》2020年第17期。

衡量来评价某项市场活动所创造的"附加值"。增值评价不再只衡量结果，而同时考虑过程。增值评价是对传统的结果性评价的一种超越，它更多地关注学生在思政课教学中的表现，不再像传统评价方式一样以期末考试分数作为评价的唯一依据，而是重点关注学生的身心成长。增值评价作为思政课评价的重要评价方式，涉及思政课混合式教学活动的全过程，并将客观存在的不公平因素的影响分离开来。思政课混合式教学增值评价以学生学习成效为依据，追踪学生在大学期间学习思政课后在知识、能力、价值追求方面的变化，剔除客观存在的学情背景、学科背景、环境因素等因素的影响，对学生学习成效净增值进行评价。在高校思政课混合式教学中探索增值评价方式，优化高校混合式教学增值评价体系，考查学生是否有所进步，以学生的知识、能力和价值提升为出发点，全面考查学生的知识、能力、价值追求等，并依此来评价学校和教师为提高学生的综合能力所做的贡献。

### （四）健全综合评价助推思政课理论与实践相结合实现以评促教

高校在教学中不断推进思政课混合式教学的改革创新。思政课通过综合评价，能推动学生将理论与实践相结合，达到学以致用、知行合一的效果；通过评价，可以做到以评促教、以评促改，促进教学创新改革，提升教学质量。青少年阶段是人生的"拔节孕穗期"，需要精心引导和栽培。思政课要让学生感到有"实践味"，要让学生在思想的指引下落实行动。传统的思政课教学存在重理论、轻实践，重单一式考核、轻综合评价等问题。

中华人民共和国教育部令第46号《新时代高等学校思想政治理论课教师队伍建设规定》提出思政课教师教学改革创新的"八个统一"的要求，高校要基于"八个统一"的要求着力研究综合评价原则。综合评价可分为横向评价与纵向评价，横向评价主要是对教学主体的评价，包括对思政课教师的评价、对学生的评价以及对其他主体的评价，评价的主体更加多元化。纵向评价主要是对理论与实践学习的评价，包括对第一课堂与第二课堂的评价、对线上与线下的评价，这部分评价难度较大。在以往的思政课教学评价中，主要是对思政课课堂教学的评价，在第二课堂的评价和线上教学评价方面，评价的主体、内容、标准等指标体系弹性比较大。新时代高校思政课混合式教学主体打破了常规，教学主体不仅仅是教师和学生，还包括社会实践（第二课堂）涉及的其他人员等，主体的多元化导致思政课评价对象和内容的多元化，这也对思政课教师的教学能力提出新的要求。

"四个评价"是一个有机整体，要全面推进。改进结果评价、强化过程评价、探索增值评价、健全综合评价都面临一个共同问题，即如何保障评价的客观性、公正性与公信力。毋庸置疑，结果评价在一定程度上是最易操作、公平可见的评价，但这是很脆弱的公平，不能全面反映学生的综合素养。而进行过程评价、综合评价，会更多地引入人为因素。为此，高校思政课混合式教学要认识到推进"四个评价"的必要性和迫切性，不能再固守结果（分数）公平观。过程评价、综合评价都依赖学校、教师对学生进行的评价，要让评价摆脱非教育因素的影响，就必须提高学校的现代化治理能力。

## 二 高校思政课混合式教学评价推动思政课程与教育技术相互融合的纵深发展

教育技术的加速发展为发挥教育技术在思政课教学中的重要作用、推动混合式教学改革提供了可能。思政课程与教育技术发展的相互融合向纵深发展，为高校思政课混合式教学提供了强力的技术支撑，混合式思政课教学为同步、异步通信技术的灵活使用和整合提供了试验场。高校是数字教育资源开发的重要阵地，有着自身独特的技术和智力优势。截至 2022 年 11 月，高等教育领域已建成"中国大学 MOOC""学堂在线""好大学在线""华文慕课"等多个在线课程服务平台，上线慕课数量超过 6.19 万门，注册用户达 4.02 亿名，学习人数达 9.79 亿人次，在校生获得慕课学分认定的有 3.52 亿人次，中国慕课数量和学习人数均居世界第一。[①]

---

① 吴丹、丁雅诵：《技术赋能教育 共享高校资源（深聚焦）》，《人民日报》2023 年 2 月 12 日。

### （一）教学理念：思政课程与教育技术相互融合的纵深发展理念

高校思政课混合式教学凸显了思政课与信息技术的相互融合趋势。混合式思政课教学旨在发挥线上、线下教学的不同优势，对线上、线下教学进行整体、系统的设计与实施。系统性原理主要着眼于考察系统的整体性，混合式教学的系统性原理主要着眼于考察混合式教学的整体性。若干部分按照某种方式整合为一个系统，即整体聚合，就会产生出部分或部分总和所没有的东西。它是由系统的结构方式相互作用、相互补充、相互制约而激发出来的，用通俗的话表述就是"整体大于部分之和"。贝塔郎菲认为系统是"相互作用的多元素的复合体"，换言之，如果一个对象集合中至少有两个可以区分的对象，所有对象按照可以辨认的特有方式相互联系在一起，就称该集合为一个系统。这一定义包含两个逻辑选项：其一，多样性的统一、差异性的统一；其二，相关性或相干性，系统中不存在与其他元素无关的独立元素或组成部分，所有元素或组成部分都按该系统特有的、能与其他系统相互区别的方式彼此关联在一起，相互依存、相互激励、相互制约、相互补充。

对于高校思政课来说，混合式教学不再局限于将线上教学作为线下教学的补充或常规性教学的辅助部分，而是实现线上、线下教学的优势互补，使教学过程的若干部分按照混合式教学机制重新聚合。在整个教学过程中，思政课教学的若干因素相互作用、相互补充、相互融合、相互制约，推动了思政课与信息技术的纵深发展。其中思政元素与技术元素多样化、全方位、全过程融合，做到"你中有我、我中有你"，在思政课混合式教学中处处体现出技术元素，既体现了教学的个性化，又突出了教学的整体性。在混合式教学评价中，要树立思政课程与信息技术深度融合的整体观念，分析各个因素之间的关系，在整体评价中体现个性评价，在个性评价中看到整体评价。

### （二）教学过程：思政课程与教育技术相互融合的纵深发展过程向教学实践的回归

混合式教学过程主要包括四个环节：建构性学习环境设计、课堂教学、在线教学和发展性教学评价。高校思政课混合式教学过程包括以上四个环节，还包括社会实践活动评价。传统的思政课教学评价主要是针对课堂教学的评价，而混合式教学评价除了传统课堂教学评价外，还包括对社会实践的评价。

实践教学是使理论研究规律的探究成果落地应用的重要抓手，同时也是检验课程理论科学性的标准之一。杜威提出过类似有关"实践智慧"的教学理念，认为知识的获得必须是一个实践的过程，唯有通过实践活动，学习才可能发生，即"做中学"。英国学者布朗（Brown）认为，知识与活动是不可分离的，活动不是学习与认知的辅助手段，它是学习整体中的有机组成部分，学习者在情境中通过活动获得了知识，学习与认知在本质上是情境性的。[①] 在我国，有研究者认为，实践哲学视野下教育理论与教育实践是本然统一的。[②] 杜威认为，实践最本质的特征是不确定性，"实践活动所涉及的乃是一些个别的和独特的情境，而这些情境永不重复，因而对它们也不可能完全加以确定"[③]。而更多的人认为，虽然教育理论与教育实践应该是统一的，但是教育理论并不能"直通"教育实践，因为二者之间存在诸多内在的差异，教育理论走向教育实践必须借助某种"中介"或"桥梁"。因此，教育者开始了对教育理论向教育实践转化的相关探索，比较典型的"中介"有教育模式、教育政策、教育评价、教育实验、教育思维、行动研究等。

陶行知先生提出"行是知之始，知是行之成"[④]。"墨辩"[⑤] 提出了三种知识，一是亲知，二是闻知，三是说知。亲知就是从"行"中得来的，也就是我们说的社会实践。在马克思看来，"对对象、现实、感性"，必须把它们作为"感性的人的活动，当做实践去理解"。[⑥] 思政课学习观念和学

---

[①] 引自刘磊、徐国庆《聚焦于项目的情境学习机制研究》，《武汉职业技术学院学报》2010年第4期。

[②] 宁虹、胡萨：《教育理论与实践的本然统一》，《教育研究》2006年第5期。

[③] 〔美〕约翰·杜威：《确定性的寻求——关于知行关系的研究》，傅统先译，上海人民出版社，2005，第4页。

[④] 陶行知：《教育的真谛》，长江文艺出版社，2013，第6页。

[⑤] "墨辩"指《墨子》中的《经》上、下和《经说》上、下四篇。

[⑥] 《马克思恩格斯选集》（第1卷），人民出版社，2012，第133页。

习方式的转变促进了教育评价观的转变，混合式教学过程评价是对预先设定好的对马克思主义理论的教学方式、教学内容以及教学效果的评价，体现思政课程与教育技术相互融合的纵深发展过程向实践的回归，把思政课社会实践作为一项重要的评价内容，是对传统思政课教学的"基于理解、体现超越"的评价观念转变，它要求改变原来的教学模式及评价模式，让教育对象通过自身的社会实际行动主动发现问题和解决问题。

### （三）教学方式：思政课教学方式多样化发展

李克强在 2021 年度国家科学技术奖励大会上强调："要营造激励创新、宽容失败的良好科研生态，支持科研人员脚踏实地、久久为功，努力创造更多'从 0 到 1'的原创成果。"[①] 在教育、教学过程中，利用现代科学技术成果，发展多种能够储存和传递声、像等教育信息的媒体，采用先进的教育方法，控制教育过程中的信息，以取得最优的教育效果。[②]

思政课混合式课堂教学促使教学方式多元化，教育者可以随时针对课堂讨论、分组讨论情况进行即时评价，对于不恰当或错误的观点随时进行引导和纠正；而教学全过程评价促使教育者更加注重教学过程中知识、素质以及价值目标的实现；在教学过程中的定量评价主要是针对学生对课程理论体系和知识点的把握，随时掌握教育对象的知识掌握和内化情况。鉴于思想政治理论课的多重属性，既要考核"知"更要考查"行"，考查学生的世界观、人生观、价值观的形成情况以及人格品质、道德素养等，以多元评价促使教育对象做到"知行合一"，促使教育者开展以"问题式专题化"教学为导向的教学改革，提升教育对象运用知识分析问题、解决问题的能力以及批判精神和创新能力。

### （四）教学内容：扩大教学内容的覆盖面

思政课线上教学的资源和内容涉及政治、经济、军事、文化、科技、娱乐等社会生活的各个领域。网络的开放性使得思政课教师和学生可以利

---

① 李克强：《在国家科学技术奖励大会上的讲话》，《人民日报》2021 年 11 月 4 日。
② 李运林、李克东：《电化教育导论》，高等教育出版社，1988，第 11 页。

用网络及时获得丰富的教学资源，了解国内外先进的教学科研成果，也可以根据自己的兴趣和需要浏览、下载相关学习内容。互联网的资源共享性使得不同国家、不同地区、不同领域、不同专业的课程资源实现共享，师生可以共享不同高校的同一门课程的在线教学资源，这有效地扩大了思政课资源的覆盖面。

思政课教学采用的是"国定统一教材"，① 当前高校思政课教学采用的2023年高等教育出版社出版的教材，在编排方式上也体现了学习内容的思想性、理论性和科学性。2021年全国"两会"期间，习近平总书记在看望参加全国政协十三届四次会议的医药卫生界、教育界委员时对思想政治理论课教师提出期许，"'大思政课'我们要善用之，一定要跟现实结合起来"②。2022年，教育部等十部门印发《全面推进"大思政课"建设的工作方案》，该方案要求全面推进思政课建设、日常思想政治工作及课程思政工作。坚持开门办思政课，强化问题意识、突出实践导向，充分调动全社会力量和资源，建设"大课堂"。"大思政课"除了"大师资""大平台"外，还包括"大课堂"，要求组织多样化的实践教学，突出教学内容的丰富性与实践性，加强对党的创新理论的研究和阐释，构建教育教学的自主知识体系，建强思政课课程群。利用线上线下资源建设以习近平新时代中国特色社会主义思想为核心内容的课程群，将习近平新时代中国特色社会主义思想全面贯穿、有机融入哲学社会科学各学科知识体系。

## 三 高校思政课混合式教学评价促使教育 督导体制机制的改革

2020年2月，中共中央办公厅、国务院办公厅印发《关于深化新时代教育督导体制机制改革的意见》，指出了当前高校教学督导存在"机构不健全、权威性不够、结果运用不充分等突出问题"，要改进教育督导方式方法。大力强化信息技术手段应用，充分利用互联网、大数据、云计算等开展督导评

---

① 吴华钿、林天卫：《教育学教程》，广东高等教育出版社，2005，第148页。
② 杜尚泽：《"'大思政课'我们要善用之"》，《人民日报》2021年3月6日。

估监测工作。遵循教育督导规律，坚持综合督导与专项督导相结合、过程性督导与结果性督导相结合、日常督导与随机督导相结合、明察与暗访相结合，不断提高教育督导的针对性和实效性，基本建成全面覆盖、运转高效、结果权威、问责有力的中国特色社会主义教育督导体制机制。

### （一）混合式教学评价促使教育督导评价理念的转变

美国著名的教育社会学家马丁·特罗认为，高等教育规模的变化，必然导致教育模式、教育理念、教育内容、课程设置、教学管理等方面的变化，同时影响到社会生活的各个方面，它关系到国家的竞争力，关系到社会的就业，关系到国民素质和文明程度。[①]

信息化时代为高校教育教学带来了新的变化，这种变化体现在教学评价理念、教学评价方式、督导评价理念等方面。为加强高等教育质量保障的内外结合、同行互助、整体提升，教育部高等教育司支持成立全国高校质量保障机构联盟（CIQA）[②]，明确提出"坚持政治导向，积极钻研业务，加强规范管理"的要求，并期待 CIQA 深入研究中国特色与世界高水平高校内部质量保障体系，主动服务教学督导、专业认证和数据监测等工作，推动大学质量文化建设，努力探索建设高校质量保障体系。吴岩提出，在21世纪前30年，中国高等教育发展有"三部曲"——从"质量意识"走向"质量革命"然后达到"质量中国"，我们要把这"三部曲"作为建设中国高等教育质量文化的实现路径。高等教育质量保障体系包括内部质量保障（IQA）和外部质量保障（EQA），二者必须合在一起开展，CIQA 要坚持正确导向，紧紧围绕高等教育人才培养"质量革命"，紧紧围绕新工科、新医科、新农科、新文科建设，紧紧围绕"金专""金课""高地"

---

① 引自罗玉萍等《高校内部教学督导与评价工作实践探索》，山东人民出版社，2010，第2页。

② 全国高校质量保障机构联盟（CIQA）于2019年6月5日由厦门大学、同济大学发起成立，是教育部高等教育司支持成立的全国性、学术型和互助性、创新性、公益性、协作性的社会团体，由全国400多所各类高校负责内部质量保障工作或研究的职能部门以及相关学术组织和专业机构等自愿结成，联盟以交流互鉴、合作互助、共建共享为基本原则，主要围绕高校内部质量保障体系建设的"中国经验""中国方案"开展交流、研究、推广、咨询、指导等工作。

建设，紧紧围绕新时代中国高等教育理论体系研究，高站位开展工作。①

近年来，国际工程教育认证中心强调以学生为中心、以成果为导向（OBE）、持续改进的教学理念。高校思政课混合式教学督导评价理念需要在 OBE 理念下实行。高校思政课混合式教学评价要求转变教学督导评价理念，构建合理、有效的混合式教学评价体系，监控各个教学环节教学质量并做出合理评价，对各个教学环节出现的问题进行监督，转变传统的"以教为中心"的评价理念，转变为"以学生为中心"的督导评价理念，实现"以人为本"，推进"四个回归"，把 OBE 理念融入高校思政课混合式教学评价理念当中，提升思政课教学质量，除了对教育主体的教学情况进行评价以外，重点针对教育对象的学习情况进行评价，关注教育对象在混合式教学过程中学到了什么，对教育对象是否实现自身的学习目标进行评价。

### （二）混合式教学评价促使教育督导评价方式的转变

督导评价需要遵循多样化的评价原则。随着当前信息技术的发展，传统的课堂教学模式被打破，思政课开始采取混合式教学，而传统的督导评价方式主要是针对线下课堂教学，对教师教学过程进行评价，更多为静态评价，为此，需要转变评价方式，对线上、线下教学过程进行动态评价。采用静态与动态相结合的评价方式，为思政课教学方式改革提供空间与思路。构建学校督导评价平台，不仅要对教师线上、线下教学过程进行评价，同时还要对学生的学习状况及学习效果进行评价，建设基于人的全面发展的思政课学习效果第三方诊断系统。学校的督导评估基于学生成长、教师发展、团队建设等维度，根据思政课混合式教学对督导评价的实际需求和督导评价有效实施的适配性原则，依据高校思政课教学计划、教学目标以及学生个性化发展需求，以课堂督导和线上督导为主，推动实现思政课立德树人的目标。

思政课混合式教学督导评价包括传统的课堂教学过程督导评价与线上平台督导评价，针对课堂教学过程的督导评价主要是对教师教学过程进行

---

① 全国高校质量保障机构联盟：《"全国高校质量保障机构联盟"成立大会暨经验交流会会议纪要》，http://www.ciqa.org.cn/education-jxcp-service-web/ciqafile/view/147。

督导。此外，督导评价包括广义的督导评价和狭义的督导评价。广义的督导评价一般包括学校领导评价、专职督导评价、兼职督导评价以及同行评价；狭义的督导评价主要包括学校聘任的专职督导与兼职督导对教师教学过程与教学效果进行的评价。但对线上教学过程的评价目前仅仅是指对信息化手段对教学起辅助作用多少及效果的评价。在传统思政课教学评价中，督导评价主体有义务利用清晰的标准和在评价过程中收集到的资料对教师的教学行为和效果做出公正的评价，教师的教学行为和教学效果是评价的主要对象。然而信息化手段与思政课的高度融合使传统的督导评价方式发生了改变，督导的评价不仅仅针对教师的教学行为及教学效果，还针对学生在线学习的行为及效果。思政课混合式教学改革促使督导评价方式发生转变，除了对教师的课堂教学行为及效果进行有效评价外，还需要对学生的学习过程、自律行为以及在线学习效果进行评价，督导评价方式的转变加重了评价主体身上的担子，评价主体必须具有丰富的知识、丰富的资源，充分把握信息化的学习手段，对在线学习行为及效果进行公正的、普遍的、综合的评价。

### （三）混合式教学评价促使教育督导评价内容的转变

思政课"互联网+"教学方式的转变有效解决了因教学条件与师资有限而导致的学生创造性学习机会不足的问题，成为原有教学方式的必要补充。长期以来，督导评价即思政课教师教学评价，督导的作用就是对思政课教师全部的教学表现和行为做出评判，其主要目的是借助于对教师的教学评价，了解思政课教师的教学情况，如教学准备、教学态度、教学能力等，找出教师在教学过程中存在的问题，反馈给思政课教师，帮助教师提高教学水平。思政课教师教学内容随着"互联网+"教学方式的转变而发生变化，不再局限于传统的课程体系。教师利用网络教学综合服务平台，整合多媒体资源，紧扣教学目标对课程进行分析设计、编辑制作、发布管理，教学内容围绕"真实问题解决、多学科知识交叉、学生成长和团队协作"等展开。传统的督导评价内容比较单一，主要针对思政课课堂教学过程展开，对线上综合服务平台"云课堂"开展的评价较少，高校思政课混合式教学改革转变督导评价内容，督导评价内容越来越丰富，越来越深入，越来越专业，除了对教师教学进行评价外，还需要对线上平台的资源、线上教学过程、社会实践活动等进行相关评价。

督导对思政课在线教学设计，包括课程整体设计，单元、章节设计进行评价，除此之外，对思政课社会实践进行相关评价。社会实践评价是当前思政课教学评价的薄弱环节，要提高社会实践的质量，必须增强社会实践评价力度，结合思政课特点，对社会实践主题、方式、内容的创新性与政治性以及可行性进行评价，进一步，对社会实践的方案及方式进行评价，包括社会实践的目的与意义、思路、实践路线、预期目标等进行相关评价。最后，对实践成果如研究报告、论文等进行评价。

### （四）混合式教学评价促使教育督导信息化平台加快建设

目前部分高校推行的"云课堂"还处于初级阶段，教务部门采用课程资助方式，鼓励一部分教师将自己主讲课程的教学大纲、教学计划、教案和课件等上传至暂时由学校管理的"云平台"。"云课堂"不但给高校教育教学工作带来挑战，也给高校督导工作带来了挑战。当前督导评价手段一般是学校督导完成课堂听课后与教师就课堂教学准备情况、教师课堂教学情况进行交流，没有通过信息化管理系统对线上平台教学过程的数据进行分析整理与归纳。督导评价仍然停留在人工整理、统计、分析与对比的层面上，还未实现教学督导信息化管理，没有构建专门的督导信息化平台。现有的线上教学平台也缺乏督导评议栏目。

《中国教育现代化2035》提出了推进教育现代化的新的基本理念，"更加注重知行合一，更加注重融合发展，更加注重共建共享"，此外，其聚焦教育发展的突出问题和薄弱环节，立足当前，着眼长远，重点部署了面向教育现代化的战略任务，"加快信息化时代教育变革"，推进教育治理方式变革，加快形成现代化教育管理与监测体系，推动管理精准化和决策科学化。学校和教师基于网络教学平台的自动生成系统，能实现对思政课教学的知识目标达成情况的评价，但是对能力目标和价值目标的实现情况的评价还需要借助于质性评价手段。因此，构建专门的教育督导信息化平台，在当前的线上教学平台开放督导评价权限、设置评议栏目、明确动态评价规则，加强对督导信息化平台使用的培训等，迫在眉睫。

# 四　高校思政课混合式教学评价促进
# 混合式"金课"建设

高校思政课不同于一般的专业理论课，其更注重课程的思想性、理论性和亲和力、针对性，教育部在2019年提出在两年到三年时间内，实施一流课程建设"双万计划"，打造智慧课堂、智慧实验室、智慧校园，深化课堂教学革命，建设五大类型"金课"。[①] 这项举措的出台，就是为了淘汰低阶性、陈旧性与不用心的思政"水课"，全力打造思政"金课"教学课堂，创新教育方式，更新教育理念，打造具有高阶性、创新性和挑战度即"两性一度"的思政"金课"。

## （一）混合式教学评价目标的转变促使思政课育人目标遵循"高阶性"

高校思政课"金课"的建设以"两性一度"作为标准，因此，混合式教学评价除了针对教师教学过程外，还针对学生线上线下学习过程，评价不但指向学生获取知识的多少，还指向能力是否提升以及价值是否实现。高阶性"金课"是指思政课教师教会学生融合所学的知识点，培养学生自主解决问题的能力。思政课教学不只涉及书本上的知识，还涉及社会能力、人生价值等方面，能力和价值都没有一个绝对化的衡量标准，但总的来说，都指向学生的社会能力、认知能力、辨别能力的提升以及引领社会正能量价值目标的实现。教师进行情感价值观教育时要遵循学生价值观规律，运用马斯洛的需求层次理论[②]。马斯洛认为，人的需要包括不同的层次，且都是由低级向高级逐步发展的，即人们会优先追求较低层次的需要，满足低层次需要后再依次去追求更高层次的需要。[③] 思政课混合式教学过程中，教师可以远距离开展教学活动，通过网络教学平台，学生可充分利用碎片时间，随时随地进行学习，打破时间和空间的限制。马斯洛需

---

① 丁洁：《"两性一度"导向下创造性思维课程的教学设计探索》，《传媒》2020年第23期。
② 马斯洛需求层次理论是美国社会心理学家亚伯拉罕·马斯洛于1943年提出的。
③ 姚本先：《心理学》（第2版），高等教育出版社，2009，第145~147页。

求层次理论中的最高层次是自我实现的需要，在思政课教学过程中，学生自我实现的需要外在表现为他希望学有所成并学以致用，在学习过程中提升思考、辨别的能力，不断地去认识、提升自己。

习近平总书记在学校思想政治理论课教师座谈会上强调，推动思政课教学改革创新要坚持"八个相统一"。其中，"政治性和学理性相统一""价值性和知识性相统一"①可理解为如何实现该门课所要求的知识、能力和价值目标的问题。实质上，高校思政课是大学阶段落实立德树人根本任务的关键课程，关系着"培养什么样的人、如何培养人、为谁培养人"这个根本问题，因而该门课不仅要对大学生进行系统的真理教育，而且要承担立德树人的价值性教育以及理想信念培育的任务，意味着在该门课中"生活性是根基，知识性是依托，政治性是导向，三者有机统一，缺一不可"②（见图 0-1）。

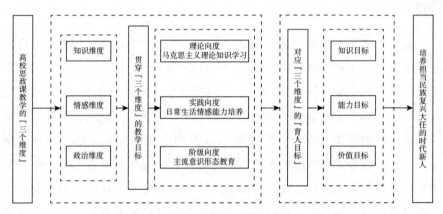

**图 0-1　高校思政课教学的"三个维度"**

资料来源：林彦虎、李家富《论贯穿"政治—知识—生活"维度的高校思政课教学》，《广西社会科学》2021 年第 3 期。

思政课混合式教学评价推动着思政课"知识、能力、价值"高阶性教学目标的实现。如同其他课程一样，知识教育始终是该门课的基础，而价值教育是核心，信仰教育是灵魂。知识教育以具体内容的方式阐释着价值

---

① 习近平：《思政课是落实立德树人根本任务的关键课程》，《求是》2020 年第 17 期。
② 冯秀军：《"思想道德修养与法律基础"主题教学模式建构及其内容整合》，《教学与研究》2013 年第 6 期。

教育和信仰教育，塑造着学生的价值理念和信仰体系。

### （二）混合式教学评价方式的转变促使思政课教学方式彰显"创新性"

创新包含新事物和运动两种属性。运动是物质的根本属性和存在方式，一切运动着的物质都会表现出一定程度的变化。创新即不断发展的一个过程。人工智能与教育领域的深度融合是教育领域不断发展、不断运动的表现。马克思认为，"辩证法在对现存事物的肯定的理解中同时包含对现存事物的否定的理解，即对现存事物的必然灭亡的理解"①。"马克思的辩证法作为一种关注社会现实的变化和相互作用的思维方式，关注了事物发展的过程，并以这样的'过程'观和'关系'观重构了我们关于现实的思想。"② 人工智能与教育领域的深度融合促使教育发展变革的过程以及各种因素的关系发生了变化，促使教育评价方式和内容等发生了重大转变，当前教育领域正处于新技术变革的活跃期，高校思政课混合式教学改革方式的转变促使评价方式的转变，反过来，混合式教学方式促进了思政课教学方式的进一步创新。混合式教学方式引发了思政课教学深层次的问题：如何利用信息技术培养学生的创造性思维和思辨能力？如何解决规模化教育下的个性化、差异化培养问题？如何在信息化时代，使教师和学生的情感发生碰撞并引发情感互动？……

创新以满足人的需要为前提，并围绕人的需要展开，最终达到人的全面发展的目的。因此，思政课混合式教学改革是为了满足学生全面发展的需要，学生是否得以全面发展是教学改革成败与否的关键标准。在教学过程中，思政课教师要培养学生的自主学习能力，全面调动学生学习的积极性、自主性，充分挖掘学生的个性特点，培养学生的发散思维，并在社会实践教学中进一步提升学生的综合素质和能力。实践教学过程中，多和学生探讨在实践生活中所遇到的现实问题，社会所关注的焦点问题、热点问题，并使学生与自身所学的知识结合起来进行思考，在实践中找到学习的

---

① 《马克思恩格斯选集》（第 2 卷），人民出版社，2012，第 94 页。
② 〔美〕伯特尔·奥尔曼：《辩证法的舞蹈：马克思方法的步骤》，田世锭、何霜梅译，高等教育出版社，2006，第 6~7 页。

乐趣。马克思在《1844 年经济学哲学手稿》和《政治经济学批判大纲》中提出实践包含政治实践和理论实践。"理论的方案仍然需要通过实际经验的大量积累才臻于完善"[1]，为此，思政课可以通过社会实践的形式，提高学生承担社会责任、担当历史使命的能力。

### （三）混合式教学评价内容的转变促使思政课教学内容体现"挑战度"

思政课教学改革要打破传统的教学模式，提倡创造性教学，创造性教学同时体现为思政课教学内容的改变。《中共中央关于党的百年奋斗重大成就和历史经验的决议》指出：坚持把马克思主义基本原理同中国具体实际相结合、同中华优秀传统文化相结合，……不断推进马克思主义中国化时代化。习近平新时代中国特色社会主义思想是当代中国马克思主义、二十一世纪的马克思主义，是中华文化和中国精神的时代精华，实现了马克思主义中国化新的飞跃，是党的最新理论成果。思政课教学要把党的最新理论融入思政课理论教学内容当中。

思政课教学内容的改革还体现在社会实践教学当中。陶行知在《教育的真谛》中介绍了教育家杜威先生反省思想中的五个步骤：感觉困难；审查困难所在；设法去解决；择一去尝试；屡试屡验，得出结论。陶行知提出，要在"感觉困难"上边添一步——"行动"。创造的教育是以生活为教育，教育就是从生活中得来的，虽然书也是求知之一种工具，但生活中随处是工具，都是教育。[2] "通过比较，使马克思的哲学视野聚焦更为清晰。从过程的视角把握马克思最为核心的实践范畴：现实的人、实践、历史。"[3] 丘奇曼认为，最重要的知识活动是"提出社会问题"。[4] 教师希望学生能够从理论走向实践，亲身去关注和了解社会，增强家国情怀，因此教学目标的设置和内容的选择往往与社会核心价值体系紧密相连，学生也普遍表现出对当下时事热点的关注。

---

① 《马克思恩格斯全集》（第 43 卷），人民出版社，2016，第 396 页。

② 陶行知：《教育的真谛》，长江文艺出版社，2013，第 118~123 页。

③ 李海霞：《马克思与怀特海的哲学思想比较》，中国社会科学出版社，2020，第 171 页。

④ 引自〔英〕彼得·切克兰德《系统思想，系统实践》，闾旭晖译，人民出版社，2018，第 263 页。

　　思政课教学内容的改变还体现在多学科资源交叉使用方面。引入教育的主要知识要"少而精"，要能形成各种可能的组合。学生应内化这些知识并在当下的真实生活情境中理解和应用，这样有利于学生在其早期的学习中体验到发现的快乐。① 伍德沃斯在 1926 年就公开使用 interdisciplinary 一词，认为跨学科是超越一个已知学科边界的涉及两个或两个以上学科的研究领域。② 当前，多学科交叉研究成了人才培养的迫切需要，社会实践在思政课交叉学科研究中起着重要的作用。为了顺应这种趋势，教育部提出了"新文科"建设，高校加强了对大学生的多学科交叉能力的培养，高校思政课混合式教学在教学过程中具有明显的多学科交叉特征，有的学者甚至认为思想政治教育学科本身就是一门交叉学科。③ 在多学科交叉视野下，高校思想政治课的教学与研究将得到创新性发展。

---

① 〔英〕阿尔弗雷德·诺斯·怀特海：《教育的目的》，靳玉乐、刘富利译，中国轻工业出版社，2016，第 2 页。
② 引自刘仲林《交叉科学时代的交叉研究》，《科学学研究》1993 年第 2 期。
③ 宇文利：《论思想政治教育学的交叉性》，《思想理论教育导刊》2009 年第 8 期。

# 第一章　高校思政课混合式教学评价体系的理论基础与发展历程

## 一　高校思政课混合式教学评价体系的理论基础

思政课混合式教学评价的人本主义学习理论强调学生在学习过程中的主体作用，互动过程分析理论阐述了学生在课堂教学活动全过程中的互动作用，发展性评价理论强调学生学习结果的发展增值，系统理论强调评价的整体性与系统性。

### （一）人本主义学习理论

人本主义学习理论从"人是完整的人""全面发展的人"的观点出发，强调学习是人的自我价值实现的过程，强调学生自主学习、自主发展，学习原则的核心是要让学生自由地学习，强调学生的学习具有个性化。人本主义学习理论产生于20世纪五六十年代，代表人物主要有美国心理学家罗杰斯和马斯洛。罗杰斯于20世纪40年代提出了"自我理论"，于1969年出版了著作《学习的自由》，对人本主义学习观和教学观进行了阐释。在这本书中，他提出了以"自我实现"为目标的"意义学习"。

#### 1. 人本主义学习理论的内涵

人本主义学习理论认为，人生来就有学习的潜能，强调教育主体作为教育对象学习的"促进者"，督促教育对象在教学过程中自由自觉学习，不断丰富发展自身、创造并实现自身价值。人本主义学习理论以人为中心，肯定人的创造力和自我实现的能力。人本主义学习理论要求教师在教学过程中，突出学生的中心位，为学生的身心自由发展创造和谐、融洽的课堂气氛，以真诚的态度对待学生，给予学生充分的信任并尊重和理解学生的内心世界，在教学过程中扮演咨询者、促进者的角色，帮助学生理解周遭的环境和不断变化的自己，最大限度地促进学生潜能的发展。① 人本主义学习理论认为，最有用的学习是学会如何学习。人本主义将学习划分为"有意义学习"和"无意义学习"两类。所谓"无意义学习"是指学习过程仅涉及经验累积和知识增长，而不涉及情感体验与个人意义；所谓"有意义学习"是指学习者在情感和认知两方面都能够全身心投入的学习活动，学习者主动发现、掌握、理解知识，并通过自我评价来判断学习是否满足了自己的需要。②

**2. 人本主义学习理论的优势及局限性**

人本主义学习理论与高校思政课"以学生为中心"的理论相契合，人本主义学习理论促进了思政课教学质量的提升。

（1）人本主义学习理论的优势。人本主义学习理论的优势主要表现在重视自我评价、注重评价对象的参与以及质性评价与量性评价相结合等。

重视自我评价。人本主义学习理论促使评价对象改变传统的被动式接受评价状态，使其认识到评价活动是进行自我完善、自我发展的有效手段，充分发扬个体自我评价的主观能动性。

注重评价对象的参与。重视教育对象对混合式教学主动参与的主体感受，建议凭借理解和解释对教育对象进行自然性观察，重视教育对象参与教学过程的内在价值。

注重质性评价和量性评价相结合。传统的评价方式过多依赖于量性评价，主要依据既定的学生考试成绩等量化数据，忽视了质性评价在分析事物本质中的重要作用，人本主义学习理论重视人的全面发展过程，重视教育对象的认知、情感、价值观念等的形成。

（2）人本主义学习理论的局限性。人本主义学习理论虽然最大限度地

---

① 杨成：《论人本主义学习理论在电化教学过程中的实践与应用》，《电化教育研究》2000年第3期。

② 佐斌：《论人本主义学习理论》，《教育研究与实验》1998年第2期。

关注到学生的人格和情感，但也存在一定的局限性，这些局限性可能会造成构建生态型师生关系的一些误区。传统的思政课教学更重视教师的主体地位，混合式教学本着"以教师为主导、学生为主体"的原则开展教学活动。人本主义原则在思政课教学活动中突出了学生的主体地位，然而忽略了教师的主导地位，使得以人为本中的"人"变得不全面。

在思政课混合式教学评价中应避免这一缺陷，既要对教师主导的教学活动进行评价，同时也要对学生的学习过程、学习结果等进行评价，这样才不会违背思政课教学活动中对于教师角色、学生角色进行定位的初衷。

### 3. 人本主义学习理论的重要作用

开始关注人的全面发展的需要。人本主义学习理论所倡导的是学生对思政课学习过程和结果的自我评价，因为只有学生最清楚思政课的学习是否满足了自己的需要。评价者对思政课进行评价时，不再一味追求评价的客观与准确，开始关注教育者与教育对象的真正需要，学生的学习以及教师自身的发展需要。评价中心的改变对思政课混合式教学的内容与方式提出了新的要求，要求思政课线上线下教学过程中除了关注学生成绩外，还要衡量教师是否促进和引导学生自身价值的实现。判断教师的专业素养要看学生学习是否增值，同时关注结果改善的过程——学生是否能将马克思主义内化于心。

促进教育者与教育对象的平等协调关系的构建。传统的思政课评价中，教育者既是知识的传递者又是课堂的管理者，管理主义倾向于忽略甚至排斥价值多元化。以人工智能、增强现实和虚拟现实等为代表的信息技术的发展为第四次教育革命提供了条件，随之而来的是第四代教育评价的发展。第四代教育评价对前三代教育评价方法的超越之处在于它将评价"上升到一个以谈判协调为核心动力的新高度"①。

混合式教学中，学生根据教师布置的学习任务完成线上学习，与传统的课堂学习相比，线上学习平台有更加丰富的学习资料，可以为学生提供更加广阔的学习空间，学生学习时间也更为自由。在高校思政课中引入混

---

① 〔美〕埃贡·G.古贝、伊冯娜·S.林肯等：《第四代评估》，秦霖、蒋燕玲等译，中国人民大学出版社，2008，第2页。

合式教学模式，可以使学生更加明确自己到底对思政课的理论知识掌握了多少，薄弱环节和困惑之处在哪里。在与课程教师线上交流或者线下探讨中，更加清楚自身的学习目标。

### （二）互动过程分析理论

20 世纪 50 年代，社会心理学家贝尔思（R. F. Bales）提出互动过程分析理论，开发了人际互动的 12 类行为编码，并以此作为课堂小组讨论过程中的人际互动过程研究的框架。在某种程度上说，贝尔思的研究拉开了系统研究课堂量化评价的序幕。此外，课堂研究专家弗兰德斯（N. A. Flanders）于 20 世纪 60 年代提出弗兰德斯互动分析系统（Flanders' Interaction Analysis System，FIAS），该系统运用一套编码系统（coding system）记录课堂中的师生语言互动，用于分析和改进教学行为，这标志着现代意义的课堂评价的开始。①

#### 1. 互动过程分析理论的内涵

教学的互动交互是学习者通过与学习环境之间的交互作用来追求自身发展的过程，体现学与教的过程属性。② 在信息技术与思政课程深度融合的今天，互动过程规律也随着信息技术的发展发生变化。混合式思政课教学互动和传统思政课教学互动相比发生了极大的变化，产生了包含操作交互、寻径交互、意会交互和创生交互的四层教学交互规律。③ 怀特海在《教育的目的》中指出："黑格尔把发展过程分析分为三个阶段是正确的，即他说的正（thesis）、反（antithesis）与合（synthesis）。"④ 把黑格尔的概念运用到教育评价的理论当中具有一定的启发性。"合"也即综合运用阶段，在思政课混合式教学过程中占据主导地位。

---

① 骆祖莹：《课堂教学自动评价：从理论到应用》，北京师范大学出版社，2018，第 2~3 页。

② 〔美〕R. 基思·索耶：《剑桥学习科学手册》，徐晓东等译，教育科学出版社，2010，第 1 页。

③ 王志军、陈丽：《联通主义学习的教学交互理论模型建构研究》，《开放教育研究》2015 年第 5 期。

④ 〔英〕阿尔弗雷德·诺思·怀特海：《教育的目的》，张佳楠译，教育科学出版社，2020，第 24 页。

**2. 互动过程分析理论的优势及局限性**

传统上课堂互动被理解为思政课师生之间的互动关系，随着信息化技术在思政课教学中的运用，思政课教育主体变得更加多元化，互动不仅仅限于师生之间，还包括教育对象与信息平台之间的互动、生生之间的互动等。

（1）互动过程分析理论的优势。互动过程分析理论的优势主要表现在激发教育主体与教学对象的创新思维、增强教学的实效性以及促进二者之间的互动交流上。

互动过程分析理论激发了教育主体与教育对象的创新思维。教与学的互动过程中，教育对象受到其他主体的影响，新的观点、想法不断出现。教育对象的创新性思维活动增强其对知识的理解并激发其学习的兴趣。

互动过程分析理论增强了思政课混合式教学的有效性。教学作为交往的手段，是教育主体和教育对象的交往、对话，思政课教学要有效果，就要强调教育主体和教育对象之间的有意义的互动，这也是一个相互教学的过程。传统的思政课教学将互动归结为课堂上简单的问答，且教育对象的答案需要符合教师的标准，互动成为一种表演。而混合式教学过程中的互动是指二者之间平等"对话"，教育主体和教育对象共同探讨、教学相长、相互影响。

互动过程分析理论增加了教育主体与教育对象互动交流的机会、频率。传统的教学模式下，教师在课堂上和学生互动的频率不高。在混合式互动教学模式下，学生能够通过互联网平台和教师进行实时在线互动交流，教师能够及时解决学生的困惑，师生之间的情感交流加深，思政课教学变得更有"温度"。

（2）互动过程分析理论的局限性。互动过程分析理论有其积极的一面，但仍然存在一定的局限性，主要表现在以下几个方面。

教育对象缺乏线上教学学习的积极主动性。混合式互动教学模式在思政课教学过程中发挥的作用，不仅取决于教师的思想意识及其对信息化教育教学辅助工具的运用能力，还取决于学生线上学习的自主性及积极性，学生线上学习，往往受到线上教学资源、教师对学生的关注度、提出的"问题"是否有吸引力、教师的情感态度等诸多因素的影响。

线上线下互动教学模式较单一。目前，在思政课混合式互动教学模式的实践中，学生和教师存在一定的认知问题。部分学生线上学习仅仅是完成教师布置的学习任务。部分教师对混合式互动模式的理解不到位，认为混合式教学中教师依然是教学主体，课堂理论讲授依然是课堂主要教学内容，线上互动只是对传统课堂教学的简单补充。

**3. 互动过程分析理论的作用**

帮助教育对象深刻理解理论的内涵。互动过程分析理论在帮助学生有效地学习马克思主义理论过程中起着重要作用。思政课教学互动的目的是构建一个互相尊重、信任和平等的学习氛围，通过师生之间的平等对话和倾听，实现师生之间的双向沟通，加深对马克思主义的理解。

促进教育对象本身角色的转化。在混合式教学活动中，教师被赋予了课堂引导者、引航者的身份，把教学主体让位给了学生自身，一方面，教师要在规定时间内完成一定的教学任务，实现教学目标；另一方面，教师要避免"一言堂"式课堂教学方式的出现，为学生提供足够的思考问题空间。混合式教学通过课堂教学方式的转变促进了学生角色的转变。

## （三）发展性评价理论

发展性评价理论始于 20 世纪 80 年代中期，是在美国被提出的，并在英国、日本等国家陆续得以实践推广。和其他国家相比，英国的发展性评价理论最具有特色，它主要是针对教师评价提出的，注重促进教师专业发展，倡导将评价结果作用于教师工作的改进而非作为奖惩的标准，使教师基于内心体验，积极调整自己的工作方向和目标。评价主体和对象之间建立起互相信任的关系，双向互动。

**1. 发展性评价的内涵**

发展性教育评价是指以促进教育评价对象的主体性发展为目的，评价者与评价对象建立互相信任的关系，在评价过程中能够及时发现问题、解决问题、发展提高，以最终实现教育目标。[①] 高校思政课混合式教学的发展性评价是指在线上线下评价过程中提升学生发现问题、分析问题、解决

---

① 贾汇亮：《发展性学校教育评价的建构与实施》，天津教育出版社，2012，第18页。

问题的能力，实现高校思政课"培养社会主义建设者和接班人"的教育目标并深刻回答"培养什么人、怎样培养人、为谁培养人"这一根本性问题。

**2. 发展性评价的优势及局限性**

发展性评价的优势主要体现在两个方面。一是评价内容的全面性。发展性评价不仅评价思政课线上线下教学效果，还注重评价内容的全面性，无论是对教育主体评价还是对教育对象的评价都体现了这种优势。在对教育主体的评价中，除了对教学效果评价以外，还包括对教育主体的职业道德、学科知识、文化素养、教学能力等与教学相关的各个方面的评价；对教育对象的评价除了关注其学习成绩以外，还关注教育对象的创新精神和实践能力的发展以及积极的情感体验等。二是注重主体导向的评价方式。混合式教学评价致力于满足评价对象的情感和价值需求，服务于评价对象是发展性需求。在评价过程中，强调教育主体和教育对象的相互关系，把握他们之间的尺度，实现二者之间的平衡，满足二者的需求，促进二者的和谐发展。

英国哲学家怀特海在《教育的目的》一书中深刻地指出："理想的消失是人类努力失败的可悲证明。在古代学校里，哲学家们渴望传授的是智慧，而在现代学校里，我们降低了目标，教授的是学科。从神圣的智慧沦落到学校的教材知识，标志着多少世纪以来教育上的一种失败。"[1] 南京师范大学杨启亮先生称这种现象为"仓储式"教育模式——教师是知识的大仓库，学生是一个个知识的小仓库，教师的任务就是把知识这种货物从教师的大仓库搬运到学生的小仓库，传统的课堂教学评价就是看教师的大仓库里面的知识储备量多少，搬运到学生的小仓库里面的知识是多少，评价的依据就是看其掌握知识的多少，这忽视了个人素质能力的发展。怀特海在《教育的本质》中同时指出了素养的重要性，他说："文化素养指的是思想活动，是对美和人类情感的融会贯通。零碎的信息与文化素养无关。一个

---

[1] 〔英〕阿尔弗雷德·诺思·怀特海：《教育的目的》，张佳楠译，教育科学出版社，2020，第 39 页。

人如果只拥有广博的知识，那他就是世界上最无用、最无聊的存在了。"①

**3. 发展性评价的作用**

其一，促进了教育对象的全面成长。在外部评价的约束下，部分教育主体设计思政课课堂教学与线上教学时重点考虑的是如何使教育对象获取更多知识，取得更优异的考试成绩，而忽略了教育对象的成长。发展性评价促使线上线下教学注重激发教育对象对问题的探究、学习兴趣，教育主体除了把知识传授给教育对象以外，应该让其在学习过程中始终带着"疑惑"找寻问题，并在对该问题的解决过程中促进自身的成长。

其二，发展性评价促进了思政课混合式教学的目标和追求。思政课混合式教学的根本目标是教育学生树立正确的世界观、人生观和价值观，树立坚定的理想信念。在高校思政课混合式教学中，发展性评价旨在推动教学改革发展，赋予学生主体地位，并最终实现教育增值。"增值"是混合式教学评价的目标和追求。增值评价主要涉及两个方面的内容：一是教育对象的知识水平和学情背景；二是教育对象经过一个阶段学习后所具有的知识水平。教育主体将阶段性的统一考试数据作为分析对象，通过对比教育对象在不同时期的学业成绩，便可得知教育对象是否通过学习实现了知识水平的提升。

其三，发展性评价促进了思政课教育对象的个性发展。发展性评价强调教育对象的学习全过程发展，学习全过程发展要求教育对象实现自我主动发展，自我主动的发展促使教育对象进行自我教育，"促使自我教育的教育才是真正的教育"②，自我教育是实现个人全面发展目标的重要环节。发展性评价的重要目的便在于实现教育对象的自我主动发展，在自我主动发展过程中实现自身的个性化发展。

**（四）系统理论**

习近平总书记在党的二十大报告中指出，"继续推进实践基础上的理

---

① 〔英〕阿尔弗雷德·诺思·怀特海：《教育的本质》，刘玥译，北京航空航天大学出版社，2019，第1页。
② 〔苏〕瓦·阿·苏霍姆林斯基：《少年的教育和自我教育》，姜励群等译，北京出版社，1984，第180页。

论创新，首先要把握好新时代中国特色社会主义思想的世界观和方法论，坚持好、运用好贯穿其中的立场观点方法"，并且强调"必须坚持系统观念"。① 马克思、恩格斯在其理论中虽然没有提出明确的"系统理论"，但是整个理论体系中蕴含着丰富的系统思想，事物的发展不是片面的而是一个整体的、普遍联系的过程。西方学者较早探索了系统理论在教育领域中的应用。伊利认为，最早将系统理论引入教育技术领域的学者是宾夕法尼亚大学的传播学教授小霍本。② 20 世纪 50 年代，在从视听教学到视听传播再到教学技术的历史性跨越中，芬恩与小霍本因为不遗余力地推动传播理论与一般系统论（General System Theory，GST）而成为推动这一历史进程的领袖级人物。小霍本在 1955 年和 1956 年先后两次在欧克博奇会议上做了题为《视听传播的系统方法》的主题演讲，首次把系统理论引入视听传播领域，并使之成为视听传播领域的基本分析框架。③

**1. 系统理论的内涵**

马克思、恩格斯在系统论中强调人与社会的关系，按照库兹明的观点，"马克思不仅把系统性原则体现在他关于社会和历史过程的观念中，而且系统性原则还构成整个辩证方法和辩证唯物主义认识论的一个重要的方面"④。毛泽东曾经指出："马克思主义者看问题，不但要看到部分，而且要看到全体。"⑤ 西方学者较早探讨教育领域的系统理论，美国教育技术领域的著名学者贝拉·巴那锡（Bela H. Banathy）⑥ 被称为"系统运动之

---

① 习近平：《高举中国特色社会主义伟大旗帜 为全面建设社会主义现代化国家而团结奋斗——在中国共产党第二十次全国代表大会上的报告》，人民出版社，2022，第 18~20 页。

② D. P. Ely, "Toward a Philosophy of Instructional Technology," *British Journal of Educational Technology* 1（1970）：81~94.

③ 引自梁林梅、郑旭东《领域开创者 学科奠基人——美国教育技术专业群英谱》，天津大学出版社，2010，第 151 页。

④ 〔苏〕库兹明：《马克思理论和方法论中的系统性原则》，王炳文、贾泽林译，生活·读书·新知三联书店，1980，第 226 页。

⑤ 《毛泽东选集》（第 1 卷），人民出版社，1991，第 149 页。

⑥ 贝拉·巴那锡（Bela H. Banathy，1919~2003 年），1966 年在加利福尼亚大学伯克利分校取得教育学博士学位（辅修系统理论和应用语言学），一生致力于一般系统论在社会情景中的应用研究（包括教育系统涉及的理论与实践），加涅和车奇曼（West Churchman）曾是其导师。巴那锡对美国教育技术成长和发展的独特贡献之处在于其"系统设计"。他的综合系统设计、教育系统设计变革的理论在美国教育技术领域影响深远。

父"之一，是非营利组织"国际系统研究所"的创始人和所长，又是国际系统研究联合会和国际系统科学协会的创始人之一。巴那锡认为虽然系统科学存在各种各样的分支学科，但它们共同的理论基础都是系统思想。系统思想的形成源于 20 世纪 50 年代由贝塔郎菲（Ludwig Von Bertalanffy）、艾什比（William Ross Ashby）等系统理论先驱者提出的一般系统论的概念及原则。虽然这些学者拥有不同的学科背景，但他们都坚信存在超越不同学科、能够反映统一的真实世界的共同原则——系统原则。巴那锡认为一般系统论是从各种不同学科的系统现象及其理论研究中抽象概括出的一套相互联系的概念与原则，常常被转换成模型来表达和描述研究成果。

所谓系统就是由若干要素以一定结构形式联结构成的具有某种功能的有机整体，表明了要素与要素、要素与系统、系统与环境三方面的关系，开放性、自组织性、复杂性、整体性、关联性、动态性、平衡性、时序性等是所有系统的共同的基本特征。[①] 思政课混合式教学被看作一个整体的系统，注重教学过程的整体性和相关性，线上教学要素区别于传统思政课教学要素。整体性是混合式教学系统最突出、最本质的特征之一，教学要素的相关性主要是指各教学要素之间的关联性，主要用于描述系统各要素之间的相互关系。

**2. 系统理论的优势**

系统理论的优势主要体现在如下几个方面。

促使教育主体和教育对象注重整体性视角。系统各要素会对混合式教学过程中产生的各种变化，对教学各个阶段的各种变化做出反应，对错误的、反向的观点进行修补、完善，以此来实现思政课立德树人的育人目标。对系统进行评价时要在遵循整体性原则的同时兼顾各个要素部分从而达到整体效用大于部分之和的理想效果。[②]

促使评价各要素之间相互补充、相互作用。系统是由各个要素构成的，各要素之间相互联系、相互作用构成一个整体。"全面了解和深刻把

---

① 朱伟文等：《质量保证视域下的高校课程体系预评价机制研究》，同济大学出版社，2020，第 33 页。

② 徐春华：《量规在教学评价中的应用研究》，硕士学位论文，华南师范大学，2005。

握事物的基本方面及其根本关联，是坚持系统观念的基本前提。"[①] 思政课混合式教学活动在注重整体的同时还要注重各教学要素之间的动态变化关系，系统各要素之间的相互关联反映马克思主义理论在学生的学习过程中形成的反馈回路。

促使各评价主体的评价行为呈现动态发展的态势。思政课教师进行教学混合式教学时利用现代化信息手段针对学生的理论与现实问题进行分析和解决，"万事万物是相互联系、相互依存的。只有用普遍联系的、全面系统的、发展变化的观点观察事物，才能把握事物发展规律"[②]。西班牙生态学家罗蒙·西塞罗·马格列夫认为："大自然中蕴含的信息使我们能够重现一部分历史，就像是遗传系统中的信息储存器——随着储存信息的不断增加，系统的结构也会日益复杂。"[③]

**3. 系统理论的重要作用**

系统理论激发教育主体和教育对象的多维度思考。在经济社会发展过程中，教育主体在通过信息技术学习平台来进行思政教学时，需要不断提高自我的思想觉悟和政治素质，在提高主体意识过程中，需要充分将客体的重要作用发挥出来，不断促进思政课教育的客体在思想政治教学过程中的地位和价值的提高，进一步促进相关教学客体自身主体能力的提升。除此之外，在思政教学过程中，相关主体接收的信息和教学内容是多维度全方位的，其不断转化思维视角，推动自己的综合能力、思维能力以及思想政治素质的提高。

系统理论促进质性评价方式的应用。系统评价理论由各个要素组成一个复杂的层级结构，由简单向复杂、由低级向高级递进，促进学生用整体和联系的思路去分析、探究问题，重视"量"的评价，同时更加重视"质"的评价。这种方式并不要求死记硬背知识点，而是鼓励学生进行思维拓展，开展探究性学习，是一种更加有效的、质性的课程质量评价方式。

---

① 沈湘平：《读懂"坚持系统观念"》，党建读物出版社，2021，第192页。
② 习近平：《高举中国特色社会主义伟大旗帜 为全面建设社会主义现代化国家而团结奋斗——在中国共产党第二十次全国代表大会上的报告》，人民出版社，2022，第20页。
③ 〔美〕德内拉·梅多斯：《系统之美：决策者的系统思考》，邱昭良译，浙江人民出版社，2012，第27页。

## （五）建构主义理论

建构主义理论属于认知心理学派的一个分支，主要研究个体的认知发展过程。建构主义理论首先由瑞士心理学专家皮亚杰（J. Piaget）提出，他研究了儿童认知学习发展的过程，指出知识是学习者自身通过主动建构获得的，而不是被动依赖于教师的传授。[①] 人的认知发展曲线包含两个基本过程：学习者在自身已有的一定的知识基础上，通过学习外界事物，对原有经验系统造成刺激；若新事物能用已有的经验系统来解释，学习者将新事物整合到自己已有的认知中；若新事物不能用原有知识系统解释，学习者需要打破当前的认知和新事物重新整合。整个认知结构就在"同化"与"顺应"，在"平衡"到"不平衡"再到"新的平衡"[②] 这样螺旋式上升的过程中得到相应的发展。

### 1. 建构主义理论的内涵

建构主义认为学习是一个积极主动的建构过程，强调以学生为中心，学生是认知的主体，教师对学生的意义建构起帮助和促进作用。[③] 思政课混合式教学改革强调在建构主义理论研究的基础上，"以学生为中心"。学生站在教师搭建的阶梯之上，通过对知识的主动探索与发现，将所获得的新信息进行加工处理进而自主建构自身的知识体系。"情境"、"协作"、"会话"和"意义建构"是建构主义学习环境的四个主要要素。[④] 教师要摒弃以往传授和灌输知识的观念，引导学生通过自身的经验和已有的知识体系去学习新的知识从而建构新的知识体系。思政课混合式教学要求学生通过小组协作进行学习，包括小组讨论等方式，这样的建构学习方式使学生对马克思主义理论的认识更加深入和透彻。

在混合式教学模式中，强调"以学生为主体、以教师为主导"的"双主"模式，也就是"主导与主体相结合"，强调"主客观统一"。学生在

---

① 参见〔瑞士〕皮亚杰《发生认识论原理》，商务印书馆，1981。

② 张亚娟：《建构主义教学理论综述》，《教育现代化》2018 年第 12 期。

③ 郭佳、李光霞：《从传输式教学到体验式教学》，《北京交通大学学报》（社会科学版）2010 年第 1 期。

④ 彭温年、贾国英：《建构主义理论与教学改革——建构主义学习理论综述》，《教育理论与实践》2002 年第 5 期。

线上学习就是在自身已有的知识体系上，通过线上学习平台，使"同化"与"顺应"过程不断磨合，构建个体的具有独特性的认知体系。而无论是在线上还是在线下，教师都能够基于学生的提问或者生生之间的探讨情况给予适当的指导，并且及时更新线上的教学资源。思政课混合式教学评价立足于建构主义理论，教师借助信息技术精心设计和开发与马克思主义理论认知相关的数字化学习资源，培养学生自主学习能力，发挥学生学习的主动性，培养学生的创造性能力，利用线上线下学习资源，使学生通过"有意义建构"获得马克思主义理论与中国特色社会主义理论知识，这有助于马克思主义的传播，提高高校思想政治教育的针对性和实效性。

**2. 建构主义理论的优势**

有效改善高校思政课课堂教学中传统的师生关系，增进师生之间沟通交流，形成良性循环。传统思政课教育的建构主义学习理论在知识观的描述中强调了新旧知识之间的双向建构，强调了学习者已有经验对建构的意义，强调了认识主体与外界环境的相互作用，强调了主体和客体的相互作用。皮亚杰根据儿童在成长过程中需要经历的不同认知阶段，提出了"认知发展理论"。他认为，"儿童的认知结构是通过同化和顺应过程逐步建立起来的，在平衡—不平衡—新的平衡循环中得到不断丰富和发展"[①]。关于认知论，毛泽东指出"实践、认识、再实践、再认识，这种形式，循环往复以至无穷，而实践和认识之每一循环的内容，都比较地进到了高一级的程度。这就是辩证唯物论的全部认识论"[②]。

有效引导学生思考理论问题与现实问题，达到知识的同化和顺应。建构主义让思政课混合式教学充满活力，它更注重学生的个性化学习，改变了人们对理论知识的单向传递过程的看法，为终身学习提供了理论依据，促使课堂教学由关注知识的客体即知识的内容转向关注知识的主体即学生，引导学生不断思考理论与现实问题，建构主义理论认为"学习并非学生对于教师所授予知识的被动接受，而是依据其已有的知识和经验的主动

---

① J. Piaget, *The Principles of Genetic Epistemology* (London: Routledge & Kegan Paul Ltd., 1972).

② 《毛泽东选集》（第1卷），人民出版社，1991，第296~297页。

构建"①。认知者充分发挥能动作用，不断对真理质疑，对知识建构与理解。

有利于激发学生参与线上线下学习的热情。建构主义的主要特点是重视学生的主体地位，它强调学习的最终目的是完成意义建构而非完成教学目标，注重发挥学生参与教学过程的积极性、主动性。建构主义注重线上线下教学环境的设计，教师作为线上线下教学过程的设计者，是一种目的论生命体，能够创造出使目的得以实现的教学方式，同时也能够在设计线上线下教学活动时进行有意识的选择。教师在设计线上线下教学活动时除了考虑作为教育对象的学生对知识的需求，还应考虑作为教育主体的学生的需要，关注学生的个性需求，把学生对知识的意义建构作为线上线下教学过程的最终目的，强调人类认知和知识形成的社会性基础，认为人类的理性是社会的产物，应该重视人在社会群体中的互动性，这种互动性会激发学生主动参与学习的热情。

**3. 建构主义理论的作用**

加强了高校思政课政治性与学理性的统一。思政课的教学内容和马克思主义理论知识具有客观性、真理性和规律性特征，这些特征决定了思政课知识的可传授性。建构主义除了注重思政课的可传授性之外，还强调学生的价值观构建和引导。高校思政课既要重视客观知识的传授，也要重视主体对价值和意义的主观建构，需要坚持主客观相统一的认识论和知识观。与此相应，建构主义"生存力"及"需要—动机系统的有无、强弱及其性质直接关系到教育对象参与思想政治教育活动和进行思想信息接受、转化的积极性、能动性"②，都关注学生的内心需求，激发学生内在学习的动力，这是实现思政课政治性与学理性相统一的必要条件。

实现了高校思政课线上线下教学过程中教与学的平衡互补。建构主义理论涉及知识建构和意义生成建构两个方面，认为知识具有双重属性——"客观性"与"非客观性"（历史性、社会性）。建构主义理论重视学生的主体地位，而学生在知识储备、对现实世界的理解以及对错误思潮、信念

---

① 高文、徐斌艳、吴刚：《建构主义教育研究》，教育科学出版社，2008，第 387 页。

② 沈壮海：《思想政治教育有效性研究》，武汉大学出版社，2008，第 74 页。

的鉴别力等方面也存在一定的认知偏差。杜威强调教育即生活、教育即生长、教育即经验改造。① 这就要求高校思政课教学在强调学生主体性建构的同时要发挥教师的主导作用，以避免学生依据自身经验对课堂所学知识进行意义建构的随意性。建构主义认为知识不再是存在于人脑之外的对绝对现实的反映，而是主体对意义进行的建构。② 马克思也反对远离社会实践对人的存在意义做任何抽象的理解。"思维方式是人们思维活动中用以理解、把握和评价客观对象的基本依据和模式。"③ 高校思政课线上线下教学在强调学生主体性建构的同时要发挥教师的引导和定向作用，注意教与学的平衡互补。

提升了高校思政课混合式教学活动的成效。高校思政课教学实效性强弱与相关的各教学要素、教学过程互动是否有效直接相关。在影响高校思政课教学有效性的诸要素当中，师生关系制约甚至决定其他教学影响因素的关系及其变换，在诸因素关系中处于核心和主导地位。师生的"主体"关系问题和"主体性"是否彰显的问题是提升高校思政课教学实效性要优先关注的问题。从学习效果的实效性视角来看，只有当"教师和学生能够共享且平等分配话语权的时候，学习才是最有效的"④。

## 二 高校思政课混合式教学评价的历史渊源

20 世纪下半叶以来，在世界范围内兴起的以信息技术、网络技术为主要特征的数字化革命，对人们生活的各方面都产生了极其深刻的影响，也使得教育领域发生了重大变革，如慕课、翻转课堂、数字化学习、智慧课堂、泛在化学习等数字化学习方式，获得了越来越多教育者和教育对象的认可。信息技术与教育的融合经历了兴起、高速发展及深度融合阶段，信息技术的发展使高校课程教育教学评价发生了变化，这种变化呈多元化、

---

① 〔美〕约翰·杜威：《民主主义与教育》，王承绪译，人民教育出版社，1990，第 58、61、154 页。
② 许甜：《从社会建构主义到社会实在论：麦克·扬教育思想转向研究》，清华大学出版社，2018，第 6 页。
③ 《高清海哲学文存》（第 1 卷），吉林人民出版社，1997，第 112 页。
④ 高文、徐斌艳、吴刚：《建构主义教育研究》，教育科学出版社，2008，第 430 页。

多样化的特点，同样也使高校思政课教学评价方式发生变化。

## （一）信息技术应用于教育教学的兴起阶段

### 1. 信息技术应用于教育教学中的初步探索

纵观人工智能教育行业的应用发展历程，起步阶段主要集中在对人工智能教育的规划和初步探索，20 世纪 30 年代末，第一台数字计算机投入使用。现代计算机最初由艾伦·图灵（Alan Turing）在其发表于 1936 年的著名论文《论可计算数字及其在判定问题上的应用》中提出，该论文表明机器可以被编程，这为"机器学习"或人工智能奠定了理论基础。艾伦·图灵在 1950 年撰写了《计算机器和智能》，提出了一个测试（后被称为"图灵测试"）来回答这个问题，即"机器能思考吗?"计算机和人类由一名第三方的仲裁者分离开来，如果这名仲裁者通过键入消息与其他两方进行沟通，而无法区分这两者，那么机器就"通过"了图灵测试。这种测试强调纯粹的口头交流。[1] 20 世纪 50 年代，卡耐基梅隆大学教授艾伦·纽厄尔、赫伯特·西蒙结合数学、工程和经济学领域相关知识促进了人工智能的发展，成为人工智能的奠基人。20 世纪六七十年代，机器翻译的先驱 Jaime Carbonell 开始利用计算机辅助教学。1961 年 4 月，美国著名系统理论家巴克敏斯特·富勒首次提出把"教育技术"运用于产业领域的理念。1962 年，美国发明家道格拉斯·恩格尔巴特提出了"个人计算机与互联网技术的组合将产生大规模的信息分享效应"。这一观点的提出使得大规模网络公开课程成为可能。自此，教育界开始号召将计算机技术作为一种改革"破碎的教育系统"的手段应用于学习过程之中。认知心理学家安迪·库珀（Aldwyn Cooper）提出美国斯坦福大学在 1967 年成立计算机课程公司（Computer Curriculum Corporation）是为了给学生提供个性化教学服务。[2] 具代表性意义的是，1971 年美国当代著名思想家、社会批评家伊万·伊里奇提出，将先进的技术整合融入学校系统中，创造"发散性的学

---

[1] 〔英〕安东尼·塞尔登、奥拉迪梅吉·阿比多耶:《第四次教育革命:人工智能如何改变教育》，吕晓志译，机械工业出版社，2019，第 83 页。

[2] 〔英〕安东尼·塞尔登、奥拉迪梅吉·阿比多耶:《第四次教育革命:人工智能如何改变教育》，吕晓志译，机械工业出版社，2019，第 113 页。

习网络"，使学生参与学习的过程更有效。德勤在《中国教育智能化发展报告》中梳理了人工智能技术在教育中的应用。随着时间发展，人工智能技术开始逐渐赋能教育产业。

我国网络教育自教育部 1999 年批准部分高等院校进行网络教育（现代远程教育）试点①以来，信息技术从早期的基于规则的知识表示与推理，开始向基于深度学习的自然语言处理、语音识别与图像识别转变，算法模型显著改进。远程教育以灵活开放的终身教育为目标。远程教育的意义不仅仅在于打破传统校园教育的围墙，更重要的是，它带来了教学模式的改变，把传统的以"教"为主的方式转变为以学生的"学"为主，把教育的对象转变为教育的主体和教育教学活动的中心，随之改变了教学主体、教学内容、教学评价、教学监督等。与此同时，信息技术在教育领域的应用需要跨学科、跨领域的合作，如神经科学、认知科学、心理学、数学、教育学等相关学科。跨学科、跨领域的应用将联合推动信息技术在教育领域的发展。

**2. 信息技术在教育领域应用中的评价**

远程教育质量评价萌芽阶段从 20 世纪二三十年代开始，一直到 20 世纪 80 年代。远程教育质量评价进入萌芽发展期有三大标志：一是 1930 年美国俄亥俄州立大学教育科学研究所教授泰勒正式提出了"教育评价"（educational evaluation）这一概念；二是 20 世纪 20 年代以后工业界"质量"运动的兴起；三是英国开放大学等远程教育大学的出现，正式实现了远程教育的规模化，大大地推动了远程教育质量评价的发展。这一阶段远程教育质量评价区别于一般教育评价的一个较突出的特点是，由于媒体在远程教育中的广泛应用，出现了围绕提高远程教育质量、充分发挥媒体作用的评价活动。如 1975 年卡诺伊（M. Carnoy）和勒威（H. M. Levin）对于教育媒体的研究，1976 年徐汉和加尔高对于基于计算机系统教学模式的

---

① 1999 年教育部批准了 68 所高等学校开展现代远程教育试点，这 68 所高校培养的达到本、专科毕业要求的网络教育学生，由学校按照国家有关规定颁发高等教育学历证书，学历证书电子注册后，国家予以承认。

研究等。<sup>①</sup> 1930~1980 年，远程教育正处于从第一代函授教育向第二代广播电视教育转变的阶段。在这一阶段的教学评价中使用定性和定量相结合的方法，在美国，福琼（Fortune）等人提议在远程教育的项目评价中采用 AEIOU 方法。AEIOU 评价框架的因素主要包括责任性（accountability），即项目的计划者是否做了他们所承诺的事情；有效性（effectiveness），即项目完成得如何；效果（impact），即判断项目有什么不同。<sup>②</sup> 1994 年，美国教育传播与技术协会（AECT）出版《教学技术：领域的定义与范畴》一书。该书提出"教育技术是关于学习过程与学习资源的设计、开发、利用、管理和评价的理论与实践"<sup>③</sup>。信息技术在教学领域应用之初，教学评价更多关注信息技术在学生学习中的成效，即 e-learning 学习方式的成效。e-learning 学习方式泛指网络化学习、电子化学习和数字化学习。何克抗曾将 e-learning 定义为通过因特网或其他数字化平台进行教学与通过因特网或其他数字化平台进行学习，具有丰富资源的学习环境和全新的沟通机制，是一种崭新的学习方式。它可在一定程度上改变传统教学中的师生关系和教师的作用，进而改变和影响教学评价和结构。<sup>④</sup> 对于信息技术在教育领域应用的效果还没有形成有效的评价模式，大多还是限于传统的评价模式。20 世纪 80 年代，演讲这种教学方式常常为人所诟病。当时流行一则讽刺笑话，说的是一位讲师在一届学生面前演讲准备好的稿子，后来他厌烦了，就决定在新学年换一种方式，在讲台上放了一个录音机播放自己的演讲内容。一周后，他窘迫地发现教室里空无一人，而学生课桌上排放着一堆磁带录音机，都被调成了"录音"模式。虽然故事是虚构的，但道出了在线讲座的不足。1997 年，哈佛大学心理学家埃里克·马祖尔（Eric Mazur）出版了《同侪指导：用户手册》（*Peer Instruction: A User's Manual*），其中特别提倡将课外的知识学习与课堂学习相结合，把课堂时间主要花在

① Martin Carnoy, Globalization and Educational Reform: What Planners Need to Know, http://unesdoc.unesco.org/ark:/48223/pf0000120274.

② 陈斌：《现代远程教育质量评价研究》，世界图书出版公司，2011，第 35~36 页。

③ 引自古琴《教育技术：现代高等教育教学改革的突破口》，中国水利水电出版社，2019，第 9 页。

④ 引自邹霞《谈 e-learning 与高校教育改革的关系——兼与何克抗教授商榷》，《中国电教化教育》2002 年第 10 期。

吸收知识和辩论上。2006年，美国教育家萨尔曼·可汗（Salman Khan）成立了可汗学院（Khan Academy）。他将教师对学生问题的解答录成视频发到网上，让学生随时在网上观看。2007年，美国Panopto公司成立，成为卡内基梅隆大学的一个分支机构。经过短短一年的运营，该公司就为学生提供了10万场在线讲座。2009年，该公司与Moodle的开源项目合作将自己的讲座软件推广到全球。①

2003年9月，教育部发布的《面向21世纪教育振兴行动计划》"现代远程教育工程"项目进展报告（前言和前两部分）指出，我国的远程教育正从函授和广播电视教育进入现代远程教育阶段；教学方式也从依靠邮寄和广电模拟传播，转向运用计算机网络技术和多媒体数字技术，在数字化环境下进行个性化、交互式的学习。教育部信息化工作领导小组（2002年3月调整和更名为教育信息化领导小组）成立了由24位权威专家组成的教育部现代远程教育专家委员会，具体负责为教育部开展现代远程教育提供咨询、建议和进行项目评审工作，《面向21世纪教育振兴行动计划》第六专题为"实施'现代远程教育工程'，形成开放式教育网络，构建终身学习体系"。② 教育部在2003年8月发布《2002—2003年教育信息化发展概况》，公布了信息技术发展现状的调查数据，全国有1.26万所普通高中开设了信息技术课程，占同类学校总数的92.15%；全国共有800余所高校的校园网通过中国教育科研网（CERNET）与国际、国内互联；70%左右的高校建设了各种规模的校园网。2002年《现代远程教育技术标准体系和11项试用标准V1.0版》和《基础教育教学资源元数据规范》发布。③ 2003年4月，"非典"期间，教育部和中国教育电视台合作开设了"空中课堂"。学生通过网上"课堂在线"请老师解答疑难问题。2003年4～7月，"空中课堂"共播出电视教学节目1115节，广播教学节目100余节，参与教师近1200人次；网上"课堂在线"点击次数达6.7亿次，在线答

---

① 〔英〕安东尼·塞尔登、奥拉迪梅吉·阿比多耶：《第四次教育革命：人工智能如何改变教育》，吕晓志译，机械工业出版社，2019，第120~122页。

② 《〈面向21世纪教育振兴行动计划〉"现代远程教育工程"项目进展报告（前言和前两部分）》，http://www.moe.gov.cn/srcsite/A16/s7062/200309/t20030910_82288.html。

③ 《2002—2003年教育信息化发展概况》，http://www.moe.gov.cn/srcsite/A16/s7062/200308/t20030812_82372.html。

疑 630 万道题，参与教师 31.8 万人次。① "空中课堂"在"非典"时期为稳定教育秩序、保障学生学习发挥了重要作用，也为教育信息化在教育改革中的应用提供了有益的经验。2004 年 1 月，教育部办公厅发布了《关于对现代远程教育试点高校网络教育学生部分公共课实行全国统一考试的通知》，提出为进一步加强网络教育的规范管理，提高网络教育的社会声誉，确保网络教育人才培养的质量，对现代远程教育试点高校网络教育学生部分公共课实行全国统一考试。2009 年 11 月，由全国高校现代远程教育协作组和中央广播电视大学共同举办的"现代远程教育与终身学习高端论坛"暨"现代远程教育十年成果展"在北京举行，69 所远程教育试点高校及有关行业系统、企业、基层单位和学生代表等 400 余人参加了此次论坛和展览，论坛的主题是"积极发展现代远程教育，努力推进全民学习、终身学习"。②

国外网络课程质量评价主要是通过出台质量标准实现的。国外不同组织在不同时期出台了多样化的网络课程标准，如美国的在线学习认证标准（E-Learning Certification Standards）、在线学习课件认证（E-Learning Courseware Standards）、在线学习质量（Quality on the Line），英国的远程学习质量保证指南（Guidelines on the Quality Assurance of Distance Learning）、虚拟学习环境的教育评价框架（A Framework for Pedagogical Evaluation of Virtual Learning Environments），加拿大的网络课程质量框架（Quality Framework of Online Courses），等等。也有其他专门机构所制定的网络教育标准体系，如全球学校联盟（Global School Association，GSA）制定的全球学校质量标准及课程标准（Quality Standards and Courses Standards of the Global School）等。

我国在信息技术融入高等教育之初，主要是开展远程教育试点，采取传统的评价方式，考察远程教育对象对知识的掌握程度。2001～2003 年，教育部先后制定了关于网络课件质量和网络教学过程的认证标准与指标。

---

① 《2002—2003 年教育信息化发展概况》，http：//www.moe.gov.cn/srcsite/A16/s7062/200308/t20030812_82372.html。

② 《"现代远程教育与终身学习高端论坛"暨"现代远程教育十年成果展"在京举行》，http：//www.moe.gov.cn/jyb_xwfb/gzdt_gzdt/moe_1485/201001/t20100128_54186.html。

为了在教育应用技术层面提供支持教育资源贡献、信息交换和系统相互操作的国内统一的技术标准，全国信息技术标准化技术委员会教育技术分技术委员会（China E-Learning Technology Standardization Committee，CELTSC）研制并发布了中国网络教育技术标准体系，建立了五大类系统标准，网络课程评价规范是其中之一，属于教育管理类的通用规范。2009 年教育部发布了《国家精品课程评审指标（网络教育 2009）》，2015 年出台了《教育部关于加强高等学校在线开放课程建设应用与管理的意见》及一系列网络课程标准，对网络课程本身进行评价。

### （二）慕课的快速发展阶段

#### 1. 第一个慕课元年发展时期

慕课（MOOC），即大规模在线开放课程，慕课的概念首先是由加拿大学者戴夫·科米尔（Dave Cormier）和布莱恩·亚历山大（Bryan Alexander）提出来的。2010 年后，中国智适应教育企业开始兴起，如新东方、好未来、乂学教育-松鼠 AI 等公司。2016 年前后，国内的众多知名教育机构如好未来、新东方等以及资本也纷纷投入人工智能教育领域。斯蒂芬·赫佩尔（Stephen Heppell）曾说："教师其实并不善于提问。就比如说，他们会问差生更简单的问题，这就是种'自我欺骗式的成功'。人工智能会推动他们，让他们更好地参与进来。"[1] 慕课风暴掀起于 2011 年，被誉为"印刷术发明以来教育最大的革新"，出现"未来教育"的曙光；2012 年，美国建设了三大慕课平台，即 Coursera、edX、Udacity（优达学城），慕课在全世界迅速引起了极大关注，因此，2012 年被《纽约时报》称为"慕课元年"。根据 Class Central 网站[2] 2016 年 9 月 13 日的统计，斯坦福大学、哈佛大学等世界知名大学已经在 Coursera、edX、Udacity、NovoED、canvas、iveristy、Open2Study、FutureLearn 等全球主要慕课平台上开设了 7104 门慕课，其中结束的有 2573 门，刚开设和即将开设的有 1317 门。2017 年，全球慕课已发展到拥有 7800 万名学员、9400 门课程。

---

[1] 〔英〕安东尼·塞尔登、奥拉迪梅吉·阿比多耶：《第四次教育革命：人工智能如何改变教育》，吕晓志译，机械工业出版社，2019，第 116 页。

[2] https://www.classcentral.com/.

在 edX 首席执行官阿南特·阿格瓦尔（Anant Agarwal）看来，MOOC 应当成为"学习的粒子加速器"[1]。

2013 年是"中国慕课元年"，我国慕课建设开始起步。目前，慕课数量成倍增长、结构更加合理。2015 年 5 月，国务院办公厅发布《关于深化高等学校创新创业教育改革的实施意见》提出"改革教学方法和考核方式"，认为课程改革应运用大数据技术，掌握不同学生学习需求和规律，为学生自主学习提供更加丰富多样的教育资源。改革考试考核内容和方式，注重考查学生运用知识分析、解决问题的能力，探索非标准答案考试，破除"高分低能"积弊。2016 年 6 月，教育部发布《关于中央部门所属高校深化教育教学改革的指导意见》，提出建设一批以大规模在线开放课程为代表、课程应用与教学服务相融通的优质在线开放课程。2019 年 4月，在中国慕课大会上发布的《中国慕课行动宣言》提出，在新一轮科技革命和产业变革浪潮的大背景下，中国慕课正以新的教育形态深刻改变中国高等教育的理念、经验和模式。在国家精品在线开放课程示范引领下，截至 2019 年 8 月底，上线慕课数量增加到 1.5 万门，在校生和社会学习者学习人数上涨至 2.7 亿人次，在校生获得慕课学分人数发展到 8000 万人次。中宣部"学习强国"学习平台精品慕课增长至 1100 多门，中央军委"军职在线"平台精品慕课增加至 1200 多门。[2]

**2. 第二个慕课元年的发展时期**

根据 Class Central 网站发布的 2021 年最新报告 Class Central's Best Online Courses of the Year（2021 Edition），在所有曾在 MOOC 平台上注册的学习者中，1/3 是在 2020 年注册的。2020 年，Class Central 就收到了 1800万名学员的 7 万多条评论。2020 年被称为第二个慕课元年，在线学习者超过了 1.8 亿名。[3]

2017 年，《政府工作报告》中首次出现了"人工智能"，此后，"人工

---

① "学习的粒子加速器"这一概念参见 Justin Reich，"Rebooting MOOC Research，" *Science* 347（2015）：34-35。

② 《中国慕课建设行稳致远》，http：//www.moe.gov.cn/jyb_xwfb/xw_fbh/moe_2606/2019/tqh20191031/sfcl/201910/t20191031_406249.html。

③ Class Central's Best Online Courses of the Year（2021 Edition），https：//www.classcentral.com/report/best-free-online-courses-2021/.

智能"连续三年出现其中；2017 年 7 月，国务院印发《新一代人工智能发展规划》；2017 年 10 月，党的十九大报告中提出了人工智能和实体经济深度融合；2018 年 4 月，教育部制定的《高等学校人工智能创新行动计划》提出"不断推动人工智能与教育深度融合、为教育变革提供新方式"，在专栏 3 中明确规定，"探索人工智能技术与教育环境、教学模式、教学内容、教学方法、教育管理、教育评价、教育科研等的融合路径和方法"①。2019 年 2 月，中共中央、国务院印发《中国教育现代化 2035》，提出把构建教育质量评估检测机制、科学公正的考试评价制度作为战略任务。2019 年 5 月，"国际人工智能与教育大会"在北京召开。此次大会后，联合国教科文组织发布了成果文件《北京共识——人工智能与教育》②，该文件序言中指出，"人工智能的开发……应在整个价值链全过程中监测并评估人工智能对人和社会的影响"，虽然人工智能为支持教师履行教育和教学职责提供了机会，但应确保教师和学生之间的人际互动和协作作为教育的核心；在"人工智能促进学习和学习评价"中提出"应用或开发人工智能工具以支持动态适应性学习过程；发掘数据潜能，支持学生综合能力的多维度评价；支持大规模远程评价"。2018 年 6 月，《智慧校园总体框架》（Smart Campus Overall Framework）③ 由国家标准化管理委员会发布。这一国家标准指出智慧教学环境（smart instructional environment）是集智能化感知、智能化控制、智能化管理、智能化互动反馈、智能化数据分析、智能化视窗等功能于一体的用以支持教学、科研活动的现实空间环境或虚拟空间环境。2019 年 11 月，德勤发布《中国教育智能化发展报告》，提出"人工智能改造传统教育并创造新价值"的观点（见图 1-1）。

---

① 《教育部关于印发〈高等学校人工智能创新行动计划〉的通知》，http：//www.moe.gov.cn/srcsite/A16/s7062/201804/t20180410_332722.html。

② 《北京共识——人工智能与教育》，https：//max.book118.com/html/2019/1225/7131021025002112.shtm。

③ 国家标准《智慧校园总体框架》（Smart Campus Overall Framework），标准号 GB/T 36342-2018，由 TC28（全国信息技术标准化技术委员会）归口上报，TC28SC36（全国信息技术标准化技术委员会教育技术分会）执行，主管部门为国家标准化管理委员会。

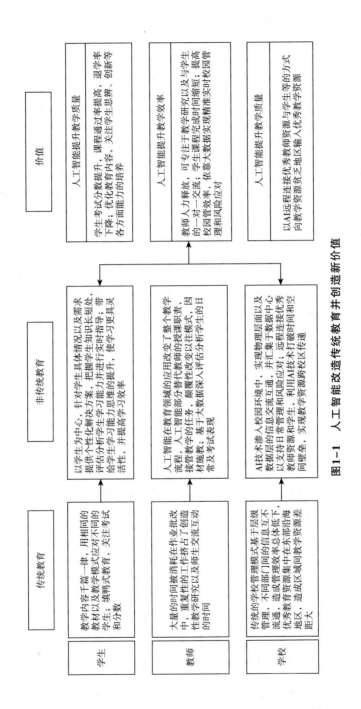

图1-1 人工智能改造传统教育并创造新价值

**3. 慕课的学习效果评价**

MOOC 学院网站上发布的一篇文章《当你在用 MOOC 学习时，他们在用 MOOC 研究学习》指出：在最近一期的《科学》杂志上，哈佛大学教育学院的贾斯汀·雷奇（Justin Reich）发表了评论文章，强调随着 MOOC 的推广深化，对 MOOC 进行的研究也需要开始必要的转变。怎样提高学习效果，怎样的课程设置更有效率？① 近期的一些 MOOC 研究帮助我们理解哪些学习者从 MOOC 中受益最多，哪些教学材料对学习最有帮助。② 在自愿参与的在线学习中，区分"参与"和"学习"尤其至关重要。③ 2013 年，《国际信息社会发展协会（IADIS）电子学习国际会议论文集》中初步提出了对 MOOC 学习效果的评估主要涉及成就和态度成果评估、技术和激励因素的评估、自适应反馈改善工作场所的学习性对话、开发基于 ICT 扫盲任务的评估工具、移动电子学习中的关键因素、离散数学试卷自动生成系统、在线学习中元认知表现的研究、评估 Web 2.0 教育的实施、混合学习环境中平板电脑的考试形式设计、混合学习中自我决定对学习成果的影响等。④ 安德鲁·S. 兰（Andrew S. Lan）、克里斯托弗·G. 布林顿（Christopher G. Brinton）、杨宗彦（Tsung-Yen Yang）、蒋蒙（Mung Chiang）在国际教育数据挖掘会议（EDM）上提出了一种新的学习模型，将视频观看行为和参与度与测验表现联系起来进行评价，学习者通过观看讲座视频获得的知识与他们的潜在参与度成正比，基于对行为特征的分析可以量化学习者与讲座视频的互动行为情况，通过互动行为的质量对学习者的学习

---

① 《当你在用 MOOC 学习时，他们在用 MOOC 研究学习》，https：//www. guokr. com/article/439769/。

② K. Colvin et al., "Learning in an Introductory Physics MOOC：All Cohorts Learn Equally, Including an On-Campus Class," *International Review of Research in Open and Distributed Learning* 15（2014）.

③ S. D' Mello, B Lehman, R. Pekrun, A. Graesser, "Confusion Can Be Beneficial for Learning," *Learning and Instruction* 29（2014）.

④ S. K. D' Mello, R. A. Calvo, A. Olney, eds., Proceedings of the 6th International Conference on Educational Data Mining（EDM 2013），https：//www. educationaldatamining. org/EDM2013/papers/rn_front. pdf.

质量进行评价。① 特雷汉·桑吉塔（Trehan Sangeeta）、乔希·拉克什·莫汉（Joshi Rakesh Mohan）提出采用逻辑回归这种流行的工具来构建和评估二元选择模型，使用初步调查数据分析其影响。②

阿尔贝尔比西·努尔·奥尼（Albelbisi Nour Awni）等采用 D&MIS 成功模型考察质量前因（即系统质量、信息质量、服务质量）与 MOOC 满意度之间的关系，采用在线调查的方式，从马来西亚 5 所大学的 1000 名本科生中收集数据，回收问卷 622 份，回收率为 62.2%，问卷由两部分组成。第一部分收集了人口统计数据，第二部分引出了与满意度和质量前因相关的数据。他们使用偏最小二乘结构方程建模（PLS-SEM）技术分析数据，分析结果支持了质量前因对 MOOC 学习者满意度的影响，完全支持系统质量与学习者对 MOOC 的满意度之间的关系。③ 2020 年 7 月 13 日，第十三届国际教育数据挖掘大会（Educational Data Mining 2020）围绕"如何提升学习者的学习效果"展开讨论，论答联合创始人兼首席数据科学家马镇筑博士和论答顾问委员会主席瑞恩·贝克④教授应邀参会介绍研究成果——The Results of Implementing Zone of Proximal Development on Learning Outcomes，论文提出酷培 AI 学习系统的精准测评可以快速检测每个学生在每个知识点的掌握情况，清晰定位每个学生在最近发展区内的薄弱项。马镇筑说："酷培 AI 学习系统将学习者的学习进度轨迹记录下来，根据算法推荐最优的学习路径，根据每个学生的知识状态智能匹配最佳难度和风格的学习任务。"⑤ 瑞恩·贝克等提出了采用亚组分析、Fisher 精确检验和逻

---

① Andrew S. Lan, Christopher G. Brinton, Tsung Yen Yang, Mung Chiang, Behavior-Based Latent Variable Model for Learner Engagement, Proceedings of the 10th International Conference on Educational Data Mining, 2017.

② Trehan Sangeeta, Joshi Rakesh Mohan, "Building and Evaluating Logistic Regression Models for Explaining the Choice to Adopt MOOCs in India," *International Journal of Education and Development Using Information and Communication Technology* 14 (2018).

③ Albelbisi Nour Awni, Al-Adwan Ahmad Samed, Habibi Akhmad, "Impact of Quality Antecedents on Satisfaction toward MOOC," *Turkish Online Journal of Distance Education* 22 (2021).

④ 瑞恩·贝克（Ryan Baker），宾夕法尼亚大学（University of Pennsylvania）学习数据分析研究中心（Penn Center for Learning Analytics）主任。

⑤《国际教育数据挖掘大会（EDM）圆满闭幕 | 论答马镇筑博士发表酷培 AI 研究成果》，https://m.163.com/news/article/FHGS1UCU04379D64.html。

辑回归等统计方法，了解哪些内容适合学习者的下一步学习，目的是探索优化的学习路径，从而促进学习效果。研究结果表明，被分配已掌握任务的学生比被分配"准备学习"和"未准备学习"任务的学生表现更好。[①]从慕课的发展来看，对慕课的评价，国内外已有许多可参照的课程质量标准、课程评价基准和课程评价指标体系。马来西亚教育部（Malaysia Ministry of Education）发布的《马来西亚 MOOC 开发和交付指南》（Guidelines of Development and Delivery of Malaysian MOOC）中也有相应的MOOC 开发标准。

2016 年 6 月，教育部在《关于中央部门所属高校深化教育教学改革的指导意见》中提出"激发改革活力，建立自我评价机制，注重改革成果的推广应用，推动我国高等教育教学质量和水平持续提升"。2021 年教育部发布的《全国普通高校本科教育教学质量报告（2020 年度）》指出，疫情期间高教战线凝心聚力，通力合作，为疫情防控贡献了重要力量。疫情期间不停教、不停学，多措并举保证招生、教学、就业等稳步推进。在线教学规模庞大，全国本科高校共有 108 万名教师开出 110 万门/1719 万门次课程，在线学习大学生人数共计 35 亿人次，全国高校在线课程开出率达到 91%。该报告提出高校致力构建"大思政"立德树人格局，持续完善思想政治教育机制，2020 年大学生对思政课的满意度超过 90%，比 2015 年提高了 18 个百分点。

慕课虽然以井喷之势发展，但对大学来说，"学得更多"和"学得更好"之间的因果联系仍然不明确。新一代的 MOOC 研究需要采用更多样化的研究设计，更深入地探寻能促进学生学习的原因。对慕课来说，目前最大的问题是在线研讨很难及时、准确地回答学生的疑问，更何况课堂的学生数量太多，学习能力也千差万别。慕课对传统教育的冲击无非是它以另一种标准替换了本来标准化存在的东西。抛却"育"的层面，单就"教"的层面来说，慕课极大地推动了教育公平。然而标准化之外，人性刚性需求的"育"的部分，慕课还没有将其完全囊括进来。互联网正在将知识回

---

① Ryan Baker, Wei Ma, Yuxin Zhao, Shengni Wang, Zhenjun Ma, The Results of Implementing Zone of Proximal Development on Learning Outcomes, Proceedings of the 13th International Conference on Educational Data Mining, 2020.

归生活，将"育"的部分逐渐推向生活的本原。

信息技术既改变了传统教育的育人目标，也突破了传统教育的育人方式，使以人工智能观察分析学生学习模式以及个体差异成为可能。在这种模式之下学生的学业表现有所改善，在课程完成时间、课程通过率、考试成绩方面均有突出的表现。同时，人工智能教育也使普遍素质教育成为可能，在提高教育效率的同时注入思辨训练、创新能力培养等元素，全面培养学生能力。在不断走向计算机化的知识经济时代，知识更新速度加快，社会对人的知识习得的要求不是降低而是提高了，但教育不仅是传授知识，仅靠积累大量知识难以培养具有批判性思维的人才，难以培养创新人才。没有思考和高阶技能，人们所拥有的知识只是死的知识、惰性的知识，要使其成为活的知识，就要导向对知识的深层理解，要学会善于思考并在新情境中使用知识，具有高阶技能、批判性思维。这样一种超越基础知识、培养高阶技能的转向指向教育范式和课程领导范式的深刻变革。[①]

### （三）混合式教学的深度融合发展评价时期

#### 1. 混合式教学深度融合发展时期的评价

马其顿学者埃尔德姆·埃尔西耶斯（Erdem Erciyes）探讨理论与实践的结合如何有效地在教学和支持学习过程中发挥作用。[②] 西班牙学者伊巴涅斯·帕特里夏（Patricia Ibañez）等通过学术活动数字平台，例如学习管理系统平台，收集了虚拟校园（Blackboard Learn）中学生活动的探索结果，围绕四个信息模块进行了分析：用户行为、用户活动、内容领域的活动和论坛的活动。[③] 印度尼西亚学者伊莱·罗哈提（Eli Rohaeti）使用了科学态度量表和访谈协议的方式对学生学习化学的行为数据进行t检验和主题分析，t检验结果显示，实验组学生的科学态度得分明显高于对照组。

① 邓莉、彭正梅：《美国学校如何落实21世纪技能——21世纪学习示范学校研究》，《外国教育研究》2017年第9期。

② Erdem Erciyes, "Reflections of a Social Constructivist on Teaching Methods," *European Journal of Educational Sciences* 7（2020）.

③ Patricia Ibañez, Cristina Villalonga, Leire Nuere, "Exploring Student Activity with Learning Analytics in the Digital Environments of the Nebrija University, Technology, " *Knowledge and Learning* 25（2020）.

对访谈数据进行定性分析后发现，接触非传统教学方式的学生学习兴趣更强。与传统的教学方法相比，混合式教学模式在提高学生的科学态度方面更有效。[①]

**2. 翻转课堂教学模式的应用与评价**

翻转课堂（Flipped Classroom，FC）最开始主要应用于理工科领域，随着技术的进一步发展，应用范围越来越广泛，用于教师培训、外语等学科中。"所有问题最终都可还原为针对那些用于实现指定目标的备选方案的有效性评价。"[②] 索萨·迪亚兹等分析了 FC 对大学社区不同主体的学习、满意度和互动情况的影响。为了应对由疫情引起的"教育新常态"，高等教育机构试图通过混合教学模式重新设计和优化学习体验，翻转课堂成为有效的教学模式之一。该研究表明学生对 FC 模式的评价较高，此外，该研究还从学术、能力、个人和社会角度证实了其巨大潜力。[③] 丁春等研究了翻转课堂在医学培训中的实施情况，探讨翻转课堂与案例学习和团队学习相结合的混合式教学方式，该方式使学生更有动力学习，临床思维能力、人文关怀和实践能力提高。[④] 维森特·福农斯（Vicent Fornons）等研究了中学数学课程中翻转课堂的应用，FC 增加了学生之间以及师生之间的互动，允许不同的学习节奏，使材料获取便捷，学生主动学习的意识增强。[⑤]《MOOC 的翻转课堂模式对职前英语教师经验与认知的反思》一文探讨了职前教师对基于 MOOC 的 FC 模式的看法及其对学业成绩的影响。[⑥] 纳达·

---

[①] Eli Rohaeti, Anti Kolonial, Irwanto, "Research-Oriented Collaborative Inquiry Learning Model: Improving Students' Scientific Attitudes in General Chemistry," *Journal of Baltic Science Education* 19 (2020).

[②] 〔美〕彼得·切克兰德：《系统思想，系统实践》，闫旭晖译，人民出版社，2018，第 155 页。

[③] Sosa Díaz, María José, Jorge Guerra Antequera, Mario Cerezo Pizarro, "Classroom in the Context of Higher Education: Learning, Satisfaction and Interaction," *Education Sciences* 11 (2021).

[④] Chun Ding, Qin Wang, Jingling Zou, Kewei Zhu, "Implemtation of Flipped Classroom Combined with Case and Team-Based Learning in Residency Training," *Advances in Physiology Education* 45 (2021).

[⑤] Vicent Fornons, Ramon Palau, Raúl Santiago, "Secondary School Students' Perception According to Their Learning Style of a Mathematics Flipped Classroom," *Journal of Technology and Science Education* 11 (2021).

[⑥] Muhammed Özgür Yasar, Mustafa Polat, "A MOOC-Based Flipped Classroom Model: Reflecting on Pre-Service English Language Teachers' Experience and Perceptions," *Participatory Educational Research* 8 (2021).

J. 阿尔萨莱赫（Nada J. Alsaleh）主要考察了 FC 对提高研究生研究技能的影响，在课程之前和之后都进行了研究技能测试，并进行了问卷调查以了解他们对 FC 的态度。结果发现，学生的相关研究技能有所提高，表明 FC 是一种合适的教学策略。①

2016 年教育部发布《关于中央部门所属高校深化教育教学改革的指导意见》，提出提高人才培养质量的任务之一是"着力推进信息技术与教育教学深度融合"。2016 年 6 月，教育部简报第 19 期以辽宁省混合式教学方式改革——"建立学生互评、课堂评估、期末考核等相结合的多维考核机制"为案例。② 自 2016 年以来，多省推进混合式教学方式。2019 年 10 月，教育部出台《"双万计划"国家级一流本科课程推荐认定办法》，提出推动"混合式一流课程"建设，打造在线课程与本校课堂教学相融合的混合式"金课"，尝试把"金课"建设作为混合式教学的目标。教育部依据"金课"标准，认定 6000 门左右首批国家级混合式一流课程。2020 年 6 月，国务院教育督导委员会办公室印发《2020 年对省级人民政府履行教育职责的评价方案》，省级人民政府履行教育职责评价工作，坚持定性评价与定量评价相结合、发展性评价与结果性评价相结合、正面引导与问题导向相结合、线上线下全融合的评价方法对教育教学进行督导评价。2020 年 2 月，教育部发布《关于在疫情防控期间做好普通高等学校在线教学组织与管理工作的指导意见》，组织 20 个在线课程平台制定了多样化在线教学解决方案，免费开放包括 1291 门国家精品在线开放课程和 401 门国家虚拟仿真实验课程在内的在线课程 2.4 万余门。2020 年 11 月，教育部公布首批国家级一流本科课程认定结果，混合式一流课程有 868 门。③ 2021 年 9 月，《教育部办公厅关于举办 2021 年全民终身学习活动周的通知》发布，活动

---

① Nada J. Alsaleh, "Flipped Classrooms to Enhance Postgraduate Students' Research Skills in Preparing a Research Proposal," *Innovations in Education and Teaching International* 57 (2020).

② 《辽宁省深入推进线上线下混合式跨校修读学分》，http://www.moe.gov.cn/jyb_sjzl/s3165/201606/t20160606_248322.html。

③ 《教育部关于公布首批国家级一流本科课程认定结果的通知》，http://www.moe.gov.cn/srcsite/A08/s7056/202011/t20201130_502502.html。

的主要内容之一是持续推进线上线下终身学习、推动全民阅读学习等。[①]
2022 年 2 月，教育部高等教育司在 2022 年工作要点中指出，"以高等教育
数字化为战略引擎，以培养卓越拔尖人才为核心目标"，"全面推进高等教
育教学数字化"，探索数字化时代教育教学合作新形态与新范式。[②] 2021
年 6 月，北京邮电大学网络教育学院教育技术研究所副所长李青教授在国
际标准组织 ISO 代表中国提案并牵头研制的国际标准ISO/IEC 23127-1，即
《信息技术学习、教育和培训在线学习促进者元数据第 1 部分：框架》。
ISO/IEC 23127 是一组由多个部分组成的系列标准，规定了一个用于描述
各类在线教育平台上在线学习促进者（OLF）信息的元数据结构，用于存
储、展示和交换 OLF 的信息，包括 OLF 的个人信息、隶属关系、教学能
力、教学实践、可提供的服务、学习者的评论和见证以及相关的社会网络
信息。

2018 年，教育部出版了《普通高等学校本科专业类教学质量国家标
准》（上、下）[③]，出台了 125 个学科质量标准。同时教育部还出台《教育
学类教学质量国家标准》，提出了社会和用人单位的评价与反馈机制等外
部反馈机制，并规定了相应的质量规范。《网络课程评价规范（CELTS-
22）》、《教育部关于数字教育资源公共服务体系建设与应用的指导意见》
（教技〔2017〕7 号）、《教育部关于加强网络学习空间建设与应用的指导
意见》（教技〔2018〕16 号）和《网络学习空间建设与应用指南》（教技
〔2018〕4 号）都涉及要进一步完善由教育行政部门或学校认定网络学习
空间的机制。2019 年优客联盟（UOOC）制定了 MOOC 课程制作的质量标
准。MOOC 质量标准主要由各省根据实际情况制定，如《海南省高校课程
共享联盟共享课程教学运行管理办法（试行）》和《海南省高校课程共享
联盟共享课程建设质量标准及管理办法（2020 年修订）》提出课程质量

---

① 《教育部办公厅关于举办 2021 年全民终身学习活动周的通知》，http：//www.moe.gov.cn/srcsite/A07/zcs_cxsh/202109/t20210913_562582.html。

② 《教育部高等教育司关于印发 2022 年工作要点的通知》，http：//www.moe.gov.cn/s78/A08/tongzhi/202203/t20220310_606097.html。

③ 教育高等学校教学指导委员会编《普通高等学校本科专业类教学质量国家标准》（上、下），高等教育出版社，2018。

评价内容涉及学生在课程学习结束后对课程满意度的评价、专家对学习过程中的各种数据（包括讨论课的出勤率及效果、网上讨论和互动情况等）以及学生的作业和考卷等进行的评价等。目前国内还没有形成比较权威且系统的 MOOC 质量评价体系。

**3. 思政课混合式教学的应用与评价**

面对互联网、大数据、人工智能、5G 等信息传播技术加速发展的新趋势，我们必须要改变思政课教学方式，思政课混合式教学的评价方式也要因势而变，因势而为，不断激发思政课教学改革创新，让思政课"道理"活起来。面对 MOOC 时代的来临，高校思政课不可能也不应该置身事外。"线上+线下"混合式教学是 MOOC 的主要教学模式。混合式教学为高校思政课带来了机遇同时又带来了挑战，如何借鉴慕课建设的经验，创新思政课教育教学模式，有效推动思政课教学改革等问题需要我们进一步思考。

近年来，高校思政课改革和建设不断推进，取得了良好的成效。思政课与一般的慕课课程相比有其特殊性，主要包括如下几个方面。一是思政课的政治性和意识形态性。二是思政课的教学目标尤其强调对教育对象的世界观、人生观、价值观进行系统塑造。三是思政课涉及的知识面和教学面大而广，需要多学科交叉、交融，需要形成更广泛的共识。2016 年 9 月26 日，全国首批高校思政课慕课正式开课，高校思想政治理论课程研究中心联合武汉大学马克思主义学院和北京科技大学马克思主义学院研制推出的首批 5 门思想政治理论课慕课课程同时在"爱课程"网中国大学 MOOC（http：//www.icourses.cn/imooc/）开课，开课当天即有 2 万人学习。这 5门思政课是武汉大学的"马克思主义基本原理概论""中国近现代史纲要""毛泽东思想和中国特色社会主义理论体系概论""思想道德修养与法律基础"以及北京科技大学的"形势与政策"，对应的是本科阶段的 5 门思政课。[①]思政课慕课建设的定位和目标并不是取代实体课堂，而是为了使线上大规模在线开放课程（MOOC）、校内专属在线开放课程（SPOC）和校内实体课堂的教学内容相互支持。2019 年 10 月，全球中文学习平台[②]正式

①　《全国首批高校思政课慕课 9 月 26 日正式开课》，http：//mkszyxy.fjnu.edu.cn/61/dc/c10956a156124/pagem.htm。

②　全球中文学习平台，https：//www.chinese-learning.cn/#/web。

上线，首批发起单位共 21 家，人民教育出版社任第一届理事长单位，科大讯飞股份有限公司任秘书长单位。教育部高等教育司在 2022 年工作要点中特别指出，"要强化需求牵引，开环建设、闭环管理，加快课程思政数字化资源库"建设，为线上教学资源建设提供制度依据。

教育部将 2017 年定为"高校思想政治理论课教学质量年"，出台了《高校思想政治理论课教学质量年专项工作总体方案》，提出"坚持导向优先、分类指导、综合施策、效为根本，以增强学生获得感为核心，以解决调研中发现的普遍性问题、提高思政课质量为目标"。2019 年 10 月，教育部出台《关于一流本科课程建设的实施意见》，其指导思想是"把立德树人成效作为检验高校一切工作的根本标准，深入挖掘各类课程和教学方式中蕴含的思想政治教育元素"，基本原则是突出"两性一度"，尤其是挑战度方面要"严格考核考试评价，增强学生经过刻苦学习收获能力和素质提高的成就感"。此外，该意见还提出要"科学评价，学生忙起来，以激发学习动力和专业志趣为着力点完善过程评价制度。加强对学生课堂内外、线上线下学习的评价，强化阅读量和阅读能力考查，提升课程学习的广度"。[1] 2022 年 3 月 28 日教育部举行国家智慧教育平台启动仪式，教育部党组书记、部长怀进鹏发言，国家智慧教育平台是教育系统贯彻党中央、国务院决策部署的实际行动，是教育数字化战略行动取得的阶段性成果。持续推进建设并充分运用国家智慧教育平台，将进一步缩小"数字鸿沟"，运用平台深化"双减"、赋能职教、创新高校教育改革、深化评价改革，要突出效果导向，推进应用服务支持。[2]

---

[1] 《教育部关于一流本科课程建设的实施意见》，http：//www. moe. gov. cn/srcsite/A08/s7056/201910/t20191031_406269. html。

[2] 《以教育数字化战略引领未来——教育部举行国家智慧教育平台启动仪式》，http：//www. moe. gov. cn/jyb_zzjg/huodong/202203/t20220328_611461. html。

# 第二章　高校思政课混合式教学评价现状分析

教学评价是对教学"实然"状况的检测。构建科学、合理、动态的思政课教学评价机制，并以此为依据来审视思政课教学状况，是开展思政课混合式教学的必要环节。结合教育部"打造思政金课，拒绝水课"的思政"金课"建设要求，构建一套逻辑自洽、系统科学、符合课程特点且与各高校教学实际相符的思政课教学评价体系，对深度融合线上线下各种教学资源，实现师师、师生、生生之间的紧密配合，客观公正检测、衡量师生"教"与"学"的实绩和质量，激励师生调整与适应新的教学理念与方式，促进思政课改革发展，提升思政课的亲和力与针对性，激发学生的学习积极性，培养学生综合能力，满足学生成长发展需求与期待，调动思政课教师的教学积极性、主动性与创造性具有极为重要的实践意义与理论意义，可有力促进思政课教师全面了解课堂教学的现状，客观分析教学影响因素并认真进行教学反思，通过自我提升、团队合作等方式提高思政课教学实效，从而推动高校思想政治理论课混合式教学的高质量发展。

## 一　高校思政课混合式教学评价机制的调研概况

思政课混合式教学并不是简单地利用现代化教学手段辅助思政课教学，而是运用现代化教学手段实现由教材体系向教学体系转化再向学生认知体系的转化。因而，混合式思政课评价并不是在传统思政课课堂教学评价的基础上增加对网络教学部分进行评价的环节，而是对整个教学过程及线上教学资源进行系统有机的评价。科学合理有效的混合式思政课评价机制是提升思政课教学实效的内在要求和重要抓手。

从理论上讲，混合式思政课教学全过程所涉及的方方面面都可以作为评价对象，包括教师、学生、课程、教师教学过程、学生学习过程、教学管理、教学效果、对教学评价进行再评价等。由于评价牵涉面甚广，评价主体与对象多元，各高校依据学校实际设定的评价标准各具特色。

为充分了解各高校混合式教学评价机制现状，课题组设计并发放了调查问卷，对高校思政课混合式教学评价体系进行了调研。通过调研数据分析混合式教学的实施状况，以期为改进和提升混合式教学效果提供实证依据和理论参考，并构建逻辑自洽、适合混合式思政课教学的评价机制与指标体系。本次调研针对国内各高校混合式思政课教学评价机制，依据各高校混合式教学实际设计问卷。

**（一）调研对象和内容**

**1. 调研对象**

思政课教学具有教学主客体双向互动的典型特征。一方面，思政课教学是教师有意识地根据大学生学习的实际状况，自觉调整教学内容与学生学习之间的关系，以便更好地推动思政课教学目标的实现，引导学生掌握科学思维方法，在大是大非面前保持政治清醒，做出正确判断，引导学生勇担民族复兴大任，将个人奋斗目标同民族振兴伟大目标结合起来，树立共产主义远大理想，避免错误思潮侵扰；另一方面，大学生通过学习思政课，不断加深对马克思主义理论以及中国特色社会主义理论和社会主义核心价值观的认同，并把其内化为自身的理论认知和思想道德素质，树立正确的人生观、价值观与世界观。从这个意义上讲，教师的"教"和学生的"学"都应该作为教学评价的重点内容。

根据此特点，本研究分别设计了教师问卷与学生问卷，并通过问卷网发放，其中学生问卷共 10470 份，经过清洗后有效问卷为 10419 份，有效率为 99.51%。教师问卷共收到 418 份，其中有效问卷为 413 份，有效率为 98.80%。来自全国 84 所高校的大学生回答了调查问卷，学校类型包含 985 高校、211 高校、普通本科院校、高职高专等，高校分布也较为广泛（见

表 2-1）。课题组运用 SPSS 26.0 软件对调查问卷结果进行信度分析、频数分析与相关性分析等，以期为思政课的混合式教学评价机制构建提供参考与借鉴。

表 2-1　样本基本信息一览

| 背景变量 | | 类别 | 数量（人） | 比例（%） |
|---|---|---|---|---|
| 学生 | 性别 | 男 | 5347 | 51.30 |
| | | 女 | 5072 | 48.70 |
| | 年级 | 大学一年级 | 4592 | 44.10 |
| | | 大学二年级 | 3886 | 37.30 |
| | | 大学三年级 | 1477 | 14.20 |
| | | 大学四年级 | 464 | 4.50 |
| 教师 | | 教学督导组专家 | 4 | 0.97 |
| | | 有听课任务的领导干部 | 22 | 5.33 |
| | | 思政课教师 | 387 | 93.70 |

**2. 调研内容**

思政课是立德树人的关键课程，思政课教学评价机制的建立和完善关系到思政课教学质量与教学改革的成效，关系到学生的学习成效及获得感，关系到思政课教师队伍建设，关系到立德树人根本目标的实现。以学生为中心是以学生的学习效果作为教学评价的核心。由此，课题组从教师和学生的视角讨论以下几个方面的问题：教师和学生对线上教学平台的选择及满意度、思政课线上资源的来源选择及满意度、喜欢的教学方式、对混合式教学的喜爱程度及对其重要程度的认知等。

面向学生的问卷调查，一方面收集学生的背景信息，另一方面则是了解学生对混合式思政课教学的情感态度。面向教师的问卷调查，一是了解思政课教师与思政课相关的背景信息，二是了解相关教师基于专业角度对混合式思政课教学的评价情况。

**3. 数据处理**

对于调研数据，主要运用 SPSS 26.0 进行处理分析。

第一，数据处理。问卷调查获得的数据需要经过处理才能用于后续分析。数据处理主要包括以下几个方面。

数据核查。为了确保调查问卷的完整性及质量，在调查结束后，需要对回收的问卷数据进行校订并进行缺省值处理。

数据编码。数据编码使用事后编码。

缺省值处理。进行问卷的缺省值处理时，若问卷中出现大量数据缺失，则将整个问卷作废，以此经过筛选得到有效的样本。在有效问卷中，部分缺省值可以使用该变量取值的均值来代替，在描述统计及二元选择模型确定时采用变量平均值代替的方法，针对排序型变量的缺省值则采用回归分析和判别分析的方式。

第二，数据检验。我们采用信度分析、效度分析对问卷数据的内在一致性、随机性进行检验。

信度分析指的是对问卷测量结果准确性进行的分析。信度分析结果可以反映被测特征的真实程度。我们依据 Cronbach 信度测量问卷项目的内在一致性系数，信度系数的取值范围为 $[0, 1]$。Cronbach 信度系数 $\alpha$ 测量公式如下：

$$\alpha = \frac{k}{k-1}\left(1 - \frac{\sum Si^2}{St^2}\right)$$

其中，$k$ 为量表的总题数，$Si^2$ 为第 $i$ 题得分的题内方差，$St^2$ 为全部题项总得分的方差。从公式中可以看出，Cronbach 信度系数评价的是量表中各调查项目得分的内部一致性。信度系数越大，说明测量的可信度越大。

利用 SPSS 26.0 软件，采用 Cronbach 信度系数法对教师和学生问卷满意度的结果进行分析，得出信度分析结果（见表 2-2、表 2-3）。

表 2-2　教师问卷满意度量表信度系数

| 可靠性统计（教师问卷） | | |
| --- | --- | --- |
| Cronbach 信度系数 $\alpha$ | 基于标准化项的 Cronbach 信度系数 $\alpha$ | 项数（项） |
| 0.968 | 0.968 | 10 |

**表 2-3　学生问卷满意度量表信度系数**

| 可靠性统计（学生问卷） | | |
|---|---|---|
| Cronbach 信度系数 α | 基于标准化项的 Cronbach 信度系数 α | 项数 （项） |
| 0.951 | 0.951 | 10 |

可以看出，教师问卷关于混合式思政课教学的满意度量表的 Cronbach 信度系数 α=0.968，学生问卷满意度量表的 Cronbach 信度系数 α=0.951。这说明此次调查问卷的结果内在一致性较好，且具有较高信度。

本调查的信度检验结果说明问卷分类合理，量表内在一致性高（见表 2-4）。

**表 2-4　信度检验结果**

| 层面 | Cronbach 信度系数 α | 项数 （项） | 信度评价 |
|---|---|---|---|
| 教学资源满意度 | 0.568 | 2 | 很好 |
| 教学内容满意度 | 0.884 | 2 | 很好 |
| 教学方式满意度 | 0.766 | 2 | 很好 |
| 教学评价满意度 | 0.820 | 2 | 很好 |
| 教学态度满意度 | 0.794 | 2 | 很好 |

效度分析。内容效度体现所设计的题项能否代表所要测量的内容或主题。各分量表与总量表之间的相关性可作为考察量表内容效度的指标，检测某量表所能代表的主题的多少。

效度分析分为内容效度分析和结构效度分析。我们用各项目分数与总分数的相关系数判断各项目的代表性。用因子分析进行结构效度分析，以判断问卷维度分类是否合理。内容效度分析结果如表 2-5 所示。

**表 2-5　内容效度分析结果**

| | 教学资源满意度 | 教学内容满意度 | 教学方式满意度 | 教学评价满意度 | 教学态度满意度 |
|---|---|---|---|---|---|
| 相关系数 | 0.568 | 0.884 | 0.766 | 0.820 | 0.794 |
| p | 0.000 | 0.000 | 0.000 | 0.000 | 0.000 |

由表 2-5 可以看出，各因子与总量表得分之间的相关性显著（p 值均

小于 0.05），这表明量表具有较好的内部一致性，问卷数据可信度高。

结构效度分析。结构效度是指测量结果体现出来的某种结构与测值之间的对应程度，为说明满意度分析分类的合理性，要用到因子分析。

我们先用 KMO 与 Bartlett 球形度检验判断数据是否适合进行因子分析，如果适合再用因子分析提取能代表整体信息的主成分，并将其与我们设定的三个成分进行对比，判断分组是否合理。利用 SPSS 26.0 计算的问卷 KMO 系数为 0.950，Bartlett 球形度检验 p 值为 0.000，小于 0.05，问卷的结构效度良好（见表2-6、表2-7）。

表 2-6　KMO 与 Bartlett 球形度检验（教师问卷）

| KMO 系数 | | 0.950 |
|---|---|---|
| Bartlett 球形度检验 | 近似卡方 | 4842.633 |
| | 自由度 | 45 |
| | p | 0.000 |

表 2-7　KMO 与 Bartlett 球形度检验（学生问卷）

| KMO 系数 | | 0.950 |
|---|---|---|
| Bartlett 球形度检验 | 近似卡方 | 103756.2 |
| | 自由度 | 45 |
| | p | 0.000 |

上述检验结果表明，调查问卷能够达到本次调查目的。

**4. 调研数据解读**

（1）学生调研数据解读。关于线上教学平台的选择，线上教学平台提供的海量教学资源大大开阔了大学生的眼界，大学生足不出户即可尽享线上优质教学资源。课题组针对高校思政课教学平台的选择及满意度进行了相关调研。依据调研数据，有 29.8% 的大学生参加过 1 门线上思政课学习，有 44.5% 的大学生参加过 2 门线上思政课学习，参加过 3 门和 3 门以上的占比分别为 9.7% 和 16.0%（见表2-8）。

表 2-8　你参加过几门线上思政课的学习?

| | | 数量（人） | 占比（%） | 有效占比（%） | 累计占比（%） |
|---|---|---|---|---|---|
| 有效 | 1 门 | 3106 | 29.8 | 29.8 | 29.8 |
| | 2 门 | 4637 | 44.5 | 44.5 | 74.3 |
| | 3 门 | 1012 | 9.7 | 9.7 | 84.0 |
| | 3 门以上 | 1664 | 16.0 | 16.0 | 100.0 |
| | 总计 | 10419 | 100.0 | 100.0 | |

本次调研数据显示，目前有混合式教学思政课的学生占比为 77.7%，没有混合式教学思政课的学生占比为 22.3%（见表 2-9）。

表 2-9　你目前是否有混合式教学思政课?

| | | 数量（人） | 占比（%） | 有效占比（%） | 累计占比（%） |
|---|---|---|---|---|---|
| 有效 | 否 | 2325 | 22.3 | 22.3 | 22.3 |
| | 是 | 8094 | 77.7 | 77.7 | 100.0 |
| | 总计 | 10419 | 100.0 | 100.0 | |

依据调研数据，46.4% 的受访者认为大学一年级进行线上思政课学习最频繁，38.7% 的受访者选择大学二年级，11.2% 的受访者选择大学三年级，3.7% 的受访者选择大学四年级（见表 2-10）。

表 2-10　你在哪个年级进行线上思政课学习最频繁?

| | | 数量（人） | 占比（%） | 有效占比（%） | 累计占比（%） |
|---|---|---|---|---|---|
| 有效 | 大学一年级 | 4836 | 46.4 | 46.4 | 46.4 |
| | 大学二年级 | 4031 | 38.7 | 38.7 | 57.6 |
| | 大学三年级 | 1164 | 11.2 | 11.2 | 61.3 |
| | 大学四年级 | 388 | 3.7 | 3.7 | 100.0 |
| | 总计 | 10419 | 100.0 | 100.0 | |

依据调研数据，学生最喜欢的线上教学方式从高到低依次为：线上直播+QQ 群辅导（43.1%）、录播授课+QQ 群辅导（26.6%）、已有的线上资源+QQ 群辅导（20.5%）、录屏+QQ 群辅导（5.9%）、会议研讨+QQ 群辅导（3.6%）。由数据可以看出：学生更喜欢直观的课程体验（直播）和更多

的交流互动，相较于录播和自学，学生更倾向于直播授课（见表 2-11）。

表 2-11　你最喜欢哪种线上教学方式？

| | | 数量<br>（人） | 占比<br>（%） | 有效占比<br>（%） | 累计占比<br>（%） |
|---|---|---|---|---|---|
| 有效 | 会议研讨+QQ 群辅导 | 374 | 3.6 | 3.6 | 3.6 |
| | 录播授课+QQ 群辅导 | 2773 | 26.6 | 26.6 | 30.2 |
| | 录屏+QQ 群辅导 | 613 | 5.9 | 5.9 | 36.1 |
| | 其他 | 28 | 0.3 | 0.3 | 36.4 |
| | 线上直播+QQ 群辅导 | 4487 | 43.1 | 43.1 | 79.5 |
| | 已有的线上资源+QQ 群辅导 | 2144 | 20.5 | 20.5 | 100 |
| | 总计 | 10419 | 100.0 | 100.0 | |

依据调研数据，学生最满意的直播平台分布情况为，腾讯会议占比为 50.2%，QQ 群直播占比为 18.3%，哔哩哔哩占比为 14.4%，分列前三位。随着混合式教学方式的推广运用，腾讯会议和 QQ 群直播因其强大的功能被思政课教师广泛使用。但不容忽视的是哔哩哔哩平台在 00 后大学生中有较大影响力，成为 00 后大学生群体获取资讯及教学资源的重要途径（见表 2-12）。

表 2-12　你最满意的线上直播平台是？

| | | 数量（人） | 占比（%） | 有效占比（%） | 累计占比（%） |
|---|---|---|---|---|---|
| 有效 | 哔哩哔哩 | 1496 | 14.4 | 14.4 | 14.4 |
| | 其他 | 215 | 2.1 | 2.1 | 16.4 |
| | 腾讯会议 | 5228 | 50.2 | 50.2 | 66.6 |
| | 网易云课堂 | 258 | 2.5 | 2.5 | 69.1 |
| | QQ 群视频 | 1320 | 12.7 | 12.7 | 81.7 |
| | QQ 群直播 | 1902 | 18.3 | 18.3 | 100 |
| | 总计 | 10419 | 100.0 | 100.0 | |

（2）思政课教学资源的满意度。关于学生最满意的线上课程资源，对超星线上资源的满意度高达 65.94%，对中国大学 MOOC 的满意度为 48.19%。课题组通过对多个教学平台的教学资源满意度调查数据的分析发

现，学生对教学平台提供教学资源的满意度相差不大。由此可以看出，各个教学平台都注重集中优质师资，打造质量较高的教学资源，教学平台使用方便快捷，为混合式教学提供了有力的技术支撑，各教学平台提供的优质教学资源得到了思政课教师及大学生的广泛认可。

（3）重要程度与满意度评价。关于重要程度和满意度的调查量表内容包括教学课件及内容、线上课占比、线上直播平台、线上教学方式、线上课程资源、线上资源形式、教师备课情况、师生互动情况、上课纪律、课程作业等十个维度，共 20 个题项，均采用李克特五级量表计分方式，为正向计分，从"1"到"5"分别表示这种描述与实际情况的符合程度由低到高，以"非常不满意、不满意、一般、满意、非常满意"和"非常不重视、不重视、一般、重视、非常重视"为评价质量等级。

采用 SPSS 26.0 对 10419 份有效问卷进行统计分析，学生对线上思政课教学重要程度及满意度的评价结果如表 2-13 所示。

表 2-13　学生对线上思政课教学重要程度及满意度的评价结果

| | 重要程度 | | 满意度 | |
| --- | --- | --- | --- | --- |
| | 平均数 | 标准差 | 平均数 | 标准差 |
| 1. 教学课件及内容 | 4.37 | 0.79 | 4.37 | 0.77 |
| 2. 线上课占比 | 4.31 | 0.72 | 4.28 | 0.68 |
| 3. 线上直播平台 | 4.46 | 0.72 | 4.22 | 0.78 |
| 4. 线上教学方式 | 4.52 | 0.71 | 4.41 | 0.71 |
| 5. 线上课程资源 | 4.25 | 0.72 | 4.41 | 0.78 |
| 6. 线上资源形式 | 4.34 | 0.69 | 4.48 | 0.71 |
| 7. 教师备课情况 | 4.36 | 0.69 | 4.38 | 0.69 |
| 8. 师生互动情况 | 4.37 | 0.75 | 4.36 | 0.71 |
| 9. 上课纪律 | 4.38 | 0.71 | 4.38 | 0.72 |
| 10. 课程作业 | 4.46 | 0.78 | 4.53 | 0.72 |

结果显示，参与思政课混合式教学的大学生认为较重要的指标分别为线上教学方式、课程作业、线上直播平台、上课纪律、教学课件及内容等，认为较不重要的分别是线上课占比、线上课程资源、线上资源形式等；满意度

较高的分别是课程作业、线上资源形式、线上教学方式、线上课程资源等，感到较不满意的分别是线上课占比、上课纪律、师生互动情况等。

关于线上思政课占比多少最适宜，52.2%的学生选择了 1/4～1/3，26.3%的学生选择了 1/4 及以下，14.3%的学生选择了 1/3～1/2，7.2%的学生选择了 1/2 以上（见表 2-14）。由此数据可以得出：1/4～1/3 是学生认为线上课最适宜的占比。由此看出，虽然线上教学得到大学生的广泛认可，但线上教学并不能完全取代课堂教学。

表 2-14　你认为线上思政课占比多少最适宜？

| | | 数量（人） | 占比（%） | 有效占比（%） | 累计占比（%） |
|---|---|---|---|---|---|
| 有效 | 1/2 以上 | 754 | 7.2 | 7.2 | 7.2 |
| | 1/3～1/2 | 1488 | 14.3 | 14.3 | 21.5 |
| | 1/4～1/3 | 5441 | 52.2 | 52.2 | 73.7 |
| | 1/4 及以下 | 2736 | 26.3 | 26.3 | 100.0 |
| | 总计 | 10419 | 100.0 | 100.0 | |

（4）线上思政课教学困境调研。关于线上思政课最长持续多久最适宜，44.4%的大学生选择 45～90 分钟（1 节至 2 节课），42.8%的大学生选择 45 分钟（1 节课）及以内，8.4%的大学生选择 90～180 分钟（2 节至 4 节课），只有 4.4%的大学生选择 180 分钟（4 节课）以上（见表 2-15）。

表 2-15　你认为线上思政课最长持续多久最适宜？

| | | 数量（人） | 占比（%） | 有效占比（%） | 累计占比（%） |
|---|---|---|---|---|---|
| 有效 | 180 分钟（4 节课）以上 | 455 | 4.4 | 4.4 | 4.4 |
| | 45～90 分钟（1 节至 2 节课） | 4629 | 44.4 | 44.4 | 48.8 |
| | 45 分钟（1 节课）及以内 | 4456 | 42.8 | 42.8 | 91.6 |
| | 90～180 分钟（2 节至 4 节课） | 879 | 8.4 | 8.4 | 100.0 |
| | 总计 | 10419 | 100.0 | 100.0 | |

由此得出，大学生能专注于线上课程的时间多为 45～90 分钟（1 节至 2 节课），之后就会出现一定程度的注意力不集中现象。线上教学对大学生的专注度、学生自制力、自主学习能力提出较高要求。线上教学不同于传统课

堂教学，上课时师生隔着屏幕，学生容易与授课教师产生距离感，教师在直播或授课过程中无法及时关注到学生的听课状态。因而，混合式的思政课教学若要达到较好的授课效果，就需要教师凝练自己的核心观点，并将其通过严密的论证、切合的举例完整清晰地表达出来，[①] 在较短的时间内，准确传达课堂内容。因此，线上教学对教师的教学能力和掌控课堂的能力提出更高要求。

关于"你进行线上思政课学习会遇到哪些问题"的回答，选择"注意力不集中"的占比高达 43.49%，选择"课程内容晦涩难懂"的占61.72%，选择"网络差"的占 16.14%，选择"重难点不够突出"的占21.98%，选择"作业得不到及时批改"的占 7.79%。

高校思政课政治性强、理论抽象、内容宏阔，有些教学内容较为深奥，对学生而言要完全掌握教学内容具有较大的难度，而且由于课程内容和学生的实际生活有一定的时空距离，学习难度进一步加大。

针对上课时注意力不集中的问题，思政课教师可以通过丰富多样的互动环节提高学习的积极性；灵活安排课程及课间休息时长，使学生在完成学习任务的同时得到一定休息，劳逸结合；合理安排作业量，提高作业的针对性，加强课后监督和指导工作；教师课前将上课资料提供给学生进行预习，提供更多的优质线上资源；尽量统一授课平台；多鼓励学生，激发学生学习的热情，提高课堂趣味性，减少师生由于线上教学而产生的距离感与不适感。

关于"你经常因为哪种原因进行线上思政课学习"这一问题，选择"教学大纲安排"的占 47.96%，选择"更好体现学生主体地位"的占14.92%，选择"节假日引发课程调整"的占 34.65%，选择"教学改革需要"的占 34.44%，选择"信息化时代的需要"的占 19.83%，选择"提升学生学习效率/增加便捷性"的占 14.79%。

关于"你认为哪种形式思政课学习更适宜"这一问题，有 34.1%的学生选择了混合式教学，34.7%的学生选择了线上教学，选择线下教学的占

---

① 王桃珍、高国希：《思想政治理论课慕课建设实践与思考——基于复旦大学"思想道德修养与法律基础"课慕课的探究》，《思想教育研究》2017 年第 6 期。

比为 31.2%（见表 2-16）。

表 2-16　你认为哪种形式思政课学习更适宜？

| | | 数量（人） | 占比（%） | 有效占比（%） | 累计占比（%） |
|---|---|---|---|---|---|
| 有效 | 线上教学 | 3615 | 34.7 | 34.7 | 34.7 |
| | 混合式教学 | 3551 | 34.1 | 34.1 | 68.8 |
| | 线下教学 | 3253 | 31.2 | 31.2 | 100.0 |
| | 总计 | 10419 | 100.0 | 100.0 | |

对于"你认为相较于线下教学，混合式教学具备以下哪些优势"这一问题，选择教学内容更广泛的学生占比 40.61%，选择教学资源更丰富的占比 55.58%，选择教学方式更便捷的占 51.78%。

线上教学通过视频资源呈现共性知识，思政课教师通过对知识点的讲授，为学生提供认识理论问题与现实问题的基本思路与方法。线下课堂则针对青年大学生的现实困惑，在教师的组织下展开深度研讨，各抒己见，使得真理越辩越明，在广泛参与讨论的氛围中实现价值认同。

混合式教学方式获得学生认可的原因主要在于以下几个方面。一是便捷性。线上课程突破了时空限制，使学生在学习时间与空间上有更自主的选择。二是互动性。传统的思政课课堂，由于学生较多，课时有限，师生互动受到一定限制，混合式教学为师生交流与生生互动提供了更多机会与平台。三是生动性。线上教学资源整合利用多媒体技术，使课程的呈现方式更加生动，视频资料、文献资料等多种要素融合进课程，大大增加了思政课的生动性和感染力。[①] 线上教学平台可以使学生突破定时定点的限制，只要有网络，学生即可通过手机或电脑客户端随时随地进行学习，突出了学习的灵活性。同时，学生可以反复观看视频，这更好地照顾到不同学生的学习需求，体现学习的个性化。[②]

---

[①] 吴争春：《基于 SPOC 的高校思想政治理论课混合式教学模式改革探究》，《思想政治教育研究》2017 年第 5 期。

[②] 王桃珍、高国希：《思想政治理论课慕课建设实践与思考——基于复旦大学"思想道德修养与法律基础"课慕课的探究》，《思想教育研究》2017 年第 6 期。

## （二）教师问卷情况解读

依据调研结果，选择听/授过 1 门混合式教学思政课的教师有 191 人，占比 46.2%；2 门的有 134 人，占比 32.4%；3 门的有 34 人，占比 8.2%；3 门以上的有 54 人，占比 13.1%（见表 2-17）。依据笔者所在高校多数思政课教师只讲授 1 门思政课的事实，选择听/授 1 门混合式教学思政课占比最高属正常现象。各高校由于经费、师资力量、教材更新等原因，尚未把思政课程资源全部上网，仍利用已有线上优质教学资源进行思政课教学。

表 2-17　您听/授过几门混合式教学思政课？

| | | 数量（人） | 占比（%） | 有效占比（%） | 累计占比（%） |
|---|---|---|---|---|---|
| 有效 | 1 门 | 191 | 46.2 | 46.2 | 46.2 |
| | 2 门 | 134 | 32.4 | 32.4 | 78.7 |
| | 3 门 | 34 | 8.2 | 8.2 | 86.9 |
| | 3 门以上 | 54 | 13.1 | 13.1 | 100.0 |
| | 总计 | 413 | 100.0 | 100.0 | |

依据调研结果，在有效调查问卷中，思政课线上成绩占课程总成绩的比重情况为：占比 1/2 以上的为 5.6%，1/3～1/2 的为 14.3%，1/4～1/3 的为 31.7%，1/4 及以下的为 48.4%（见表 2-18）。此数据表明：各高校混合式思政课成绩构成中，线上成绩占课程总成绩 1/4 及以下的比例最高。由此可以得出，线上教学仍只是作为课堂教学的有益补充而存在，没有成为教学的主要方式。

表 2-18　您听/授思政课线上成绩占课程总成绩的比重？

| | | 数量（人） | 占比（%） | 有效占比（%） | 累计占比（%） |
|---|---|---|---|---|---|
| 有效 | 1/2 以上 | 23 | 5.6 | 5.6 | 5.6 |
| | 1/3～1/2 | 59 | 14.3 | 14.3 | 19.9 |
| | 1/4～1/3 | 131 | 31.7 | 31.7 | 51.6 |
| | 1/4 及以下 | 200 | 48.4 | 48.4 | 100.0 |
| | 总计 | 413 | 100.0 | 100.0 | |

**1. 教学平台选择**

从思政课教师的专业眼光看来，线上直播+QQ 群辅导的线上教学方式被 44.1%的教师所接受，其次为已有的线上资源+QQ 群辅导为 29.1%的教师所接受，其他的占比则相对较少（见表 2-19）。这与学生调研结果基本一致。由此可见：线上直播+QQ 群辅导与已有的线上资源+QQ 群辅导成为思政课教师与大学生的共同选择。

表 2-19　您认为哪种线上教学方式更适合学生？

| | | 数量（人） | 占比（%） | 有效占比（%） | 累计占比（%） |
|---|---|---|---|---|---|
| 有效 | 会议研讨+QQ 群辅导 | 23 | 5.6 | 5.6 | 5.6 |
| | 录播授课+QQ 群辅导 | 51 | 12.3 | 12.3 | 17.9 |
| | 录屏+QQ 群辅导 | 15 | 3.6 | 3.6 | 21.5 |
| | 其他 | 22 | 5.3 | 5.3 | 26.9 |
| | 线上直播+QQ 群辅导 | 182 | 44.1 | 44.1 | 70.9 |
| | 已有的线上资源+QQ 群辅导 | 120 | 29.1 | 29.1 | 100.0 |
| | 总计 | 413 | 100.0 | 100.0 | |

依据调研结果，思政课教师认为腾讯会议线上直播平台更适合学生的占比为 53.5%，选择 QQ 群直播的占 16.0%，选择网易云课堂的占 5.1%，选择哔哩哔哩的占 4.4%，选择 QQ 群视频的占 2.9%（见表 2-20）。

表 2-20　您认为哪些线上直播平台更适合学生？

| | | 数量（人） | 占比（%） | 有效占比（%） | 累计占比（%） |
|---|---|---|---|---|---|
| 有效 | 哔哩哔哩 | 18 | 4.4 | 4.4 | 4.4 |
| | 其他 | 75 | 18.2 | 18.2 | 22.5 |
| | 腾讯会议 | 221 | 53.5 | 53.5 | 76.0 |
| | 网易云课堂 | 21 | 5.1 | 5.1 | 81.1 |
| | QQ 群视频 | 12 | 2.9 | 2.9 | 84.0 |
| | QQ 群直播 | 66 | 16.0 | 16.0 | 100.0 |
| | 总计 | 413 | 100.0 | 100.0 | |

**2. 线上教学困境调研**

在线上思政课占比多少最适宜的问题上，选择 1/4～1/3 的思政课教师为 186 人，占比为 45.0%；选择 1/4 及以下的为 150 人，占比为 36.3%；选择 1/3～1/2 的为 65 人，占比 15.7%；选择 1/2 以上的为 12 人，占比为 2.9%。据此结果，接近半数的思政课教师认为线上教学占比 1/4～1/3 为宜，思政课教师多数认为线上教学是思政课课堂教学的有益补充，但线上教学无法与课堂教学平起平坐，更无法完全取代课堂教学（见表 2-21）。

表 2-21　您认为线上思政课占比多少最适宜？

| | | 数量（人） | 占比（%） | 有效占比（%） | 累计占比（%） |
|---|---|---|---|---|---|
| 有效 | 1/2 以上 | 12 | 2.9 | 2.9 | 2.9 |
| | 1/3～1/2 | 65 | 15.7 | 15.7 | 18.6 |
| | 1/4～1/3 | 186 | 45.0 | 45.0 | 63.7 |
| | 1/4 及以下 | 150 | 36.3 | 36.3 | 100.0 |
| | 总计 | 413 | 100.0 | 100.0 | |

对混合式思政课教学过程中可能遇到的问题，选择注意力不集中、课堂纪律差、网络差等其他原因的占比最高，为 29.3%；选择注意力不集中、网络差等其他原因的占比为 8.7%；选择注意力不集中、课堂纪律差的占 7.0%；选择注意力不集中、课堂纪律差、重难点不够突出的占比为 7.5%。若进行再次筛选，选择注意力不集中的占比高达 88.62%，选择课堂纪律差的占比 59.56%，选择网络差的占比 54.96%，选择课程内容晦涩难懂的占比 18.16%，选择重难点不够突出的占比 21.79%，选择作业得不到及时批改的占比 12.11%。由此结果可以看出：混合式教学过程中，学生注意力不集中、课堂纪律差成为思政课教师面临的亟待解决的问题，需要教师花心思想办法更好地掌控课堂，提高学生上课的注意力。

关于"学校经常因为哪些原因开展线上思政课教学"这一问题，选择教学改革需要、更好体现学生主体地位、信息化时代的需要的占比为 8.7%。选择教学改革需要、信息化时代的需要的次之，占比为 8.2%。由于是多选题，选择结果较为分散，但从调研数据来看，排名居前的选项大多包括了"教学改革需要"。进一步筛选，选择教学改革需要的高达 260 人，占比 62.95%；选择信息化时代的需要的紧随其后，占比 62.23%。由此可以看出，教学改革需要、信息化时代的需要倒逼思政课教师不断改进教学方式方法，是思政课采取混合式教学的重要推手，思政课采取混合式教学方式已被广大思政课教师所接受。

关于混合式教学具备的优势，选择教学内容更广泛、教学资源更丰富、教学方式更便捷的教师占比高达 49.6%，选择教学内容更广泛、教学资源更丰富、教学效果更好的占比 8.7%，选择教学资源更丰富、教学内容更广泛的占比 8.2%。若就单项内容来再次筛选，选择教学资源更丰富的多达 357 人，占比 86.44%；选择教学方式更便捷的达 302 人，占比 73.12%；选择教学内容更广泛的为 301 人，占比 72.88%；选择教学效果更好的为 85 人，占比 20.58%。据此结果，混合式教学由于其教学资源更丰富、教学方式更便捷、教学内容更广泛而得到思政课教师的广泛认可，但选择教学效果更好的占比只有 20.58%，表明从思政课教师的角度来看，混合式教学效果并不让人满意，具有较大的提升空间。

对于"您认为哪种形式思政课学习更适宜"这一问题，高校思政课教师选择混合式教学的为 321 人，比例高达 77.7%；选择线下教学的为 76 人，占比为 18.4%；选择线上教学的为 16 人，占比 3.9%。仅 18.4% 的思政课教师选择线下教学的事实表明，思政课的混合式教学方式由于其优势已被大多数思政课教师所接受和认可（见表 2-22）。

表 2-22 您认为哪种形式思政课学习更适宜？

| | | 数量（人） | 占比（%） | 有效占比（%） | 累计占比（%） |
|---|---|---|---|---|---|
| 有效 | 线上教学 | 16 | 3.9 | 3.9 | 3.9 |
| | 混合式教学 | 321 | 77.7 | 77.7 | 81.6 |
| | 线下教学 | 76 | 18.4 | 18.4 | 100.0 |
| | 总计 | 413 | 100.0 | 100.0 | |

### （三）对教师调研数据与学生数据的解读

**1. 对混合式教学方式的评价**

对于混合式教学方式的选择，学生与教师的选择较为一致。学生选择

"线上直播+QQ 群辅导"的比例为 43.1%，教师为 44.1%。由此可见，混合式教学方式已被广大师生所接受。

**2. 对线上思政课各平台教学资源的满意度**

对于各线上平台提供的思政课教学资源的满意度，基本情况为：对于超星线上资源，学生的满意度达 41.41%，教师的满意度为 73.61%；对于中国大学 MOOC 的线上资源，学生的满意度 25.11%，教师的满意度为 68.84%。从统计数据来看，超星与中国大学 MOOC 提供的线上资源得到大多数教师的认可。

### （四）线上教学困境调研分析

**1. 混合式教学方式被师生所接受**

教师中选择混合式教学的为 321 人，比例高达 77.7%；选择线下教学的为 76 人，占比为 18.4%；选择线上教学的为 16 人，占比 3.9%。

34.1% 的学生选择了混合式教学，34.7% 的学生选择了线上教学，选择线下教学的学生占比 31.2%。

**2. 线上思政课占比 1/4～1/3 最适宜**

教师中，选择 1/4～1/3 的思政课教师占比为 45.0%，选择 1/4 及以下占比为 36.3%，选择 1/3～1/2 的占比 15.7%，选择 1/2 以上的占比为 2.9%。

学生中，52.2% 的学生选择了 1/4～1/3，26.3% 的学生选择了 1/4 及以下，14.3% 的学生选择了 1/3～1/2，7.2% 的学生选择了 1/2 以上。

经过数据比对可以看出，在线上思政课占比问题上，思政课教师与学生的数据较为一致，线上课占比 1/4～1/3 是思政课教师和学生公认的合适的比例。

由此可以得出，混合式教学虽然被思政课教师和大学生广泛认可，但目前思政课教师与学生的共识是：虽然线上教学具有各种优势，但由于思政课教师及大学生尚不能充分运用混合式教学方式，在思政课教与学的过程中不能完全体现混合式教学的优势，因而目前大多数思政课教师与学生认为线上教学只能作为思政课课堂教学的有效补充，无法与课堂教学平起平坐，更无法完全取代思政课课堂教学。

**3. 进行线上思政课教学过程自律程度不够成为师生共识**

学生中，对于"你进行线上思政课学习会遇到哪些问题"的回答，选择"注意力不集中"的占 43.49%，选择"课程内容晦涩难懂"的占 61.72%，选择"网络差"的占 16.14%，选择"重难点不够突出"的占 21.98%，选择"作业得不到及时批改"的占 7.79%。

教师中，选择"注意力不集中"的占 88.62%，选择"课程内容晦涩难懂"的占 18.16%，选择"网络差"的占 54.96%，选择"重难点不够突出"的占 21.79%，选择"课堂纪律差"的占 59.56%，选择"作业得不到及时批改"的占 12.11%。

由此结果可以看出，线上思政课教学过程中，注意力不集中成为思政课教师认为的亟待解决的问题，需要教师花更多心思，想更多办法，以更好地掌控课堂。

对于"课程内容晦涩难懂"这个选项，思政课教师与学生的选择差异很大。学生选择此选项的比例高达 61.72%，而思政课教师选择此选项的比例则为 18.16%。同样的教学内容，为什么思政课教师与学生对教学内容的评价差异如此之大？思政课教师或许应该就这个问题从自身查找原因。是不是自己的讲课风格不够灵活？是不是教学语言不够接地气？语言不够幽默？教学重点是不是突出？对教学内容的难易程度是否有较好的把握？教学内容有没有贴近学生需求？是否能够满足学生期待？是否解决了学生的思想困惑？

鉴于 00 后已是大学生主体的这一现实，思政课教师应根据 00 后大学生的特点，实现教材语言体系向教学语言体系的转化，教学风格灵活多变，教学内容贴近学生需求，对社会热点焦点问题进行适度关注，内容讲解深入浅出，既授业又解惑，使学生听得懂、听得进，入脑入心。

"重难点不够突出"是教师与学生认为线上教学或学习存在的较突出的问题，混合式教学过程中，思政课教师由于无法准确掌握学生的学习状况，但根据教学大纲要求，又必须将知识点有效传达给学生，在教学过程中，便出现重难点不够突出的问题。这就要求思政课教师解构思政课教学内容，在讲授过程中，突出重难点，通过合理灌输与精细化滴灌相结合的教学方式，提升学生的获得感，提高大学生理论认同与价值认同度，提高学生的到课率、听课率、点头率。

**4. 教学改革和信息化时代的需要已成为师生共识**

学生中，选择"教学大纲安排"的占 47.96%，选择"更好体现学生主体地位"的占 14.92%，选择"节假日引发课程调整"的占 34.65%，选择"教学改革需要"的占 34.44%，选择"信息化时代的需要"的占 19.83%，选择"提升学生学习效率/增加便捷性"的占 14.79%。

教师中，选择"教学改革需要"的占 63.20%，选择"信息化时代的需要"的占 62.23%，选择"节假日引发课程调整"的占 32.69%，选择"提升学生学习效率/增加便捷性"的占 27.85%，选择"更好体现学生主体地位"的占 27.60%。

由此可以看出，在信息化时代潮流的冲击下，在多媒体技术提供强力支撑的条件下，混合式教学已经成为一种不可逆转的潮流而被广大思政课教师和学生所接受。思政课教师要顺应信息化时代潮流，提高运用线上教学平台进行混合式教学的能力，积极进行思政课教学改革，以满足思政课教学需要。

**5. 混合式教学的多重优势得到思政课教师与大学生认可**

学生中，选择"教学内容更广泛"的占 40.61%，选择"教学资源更丰富"的占比 55.58%，选择"教学方式更便捷"的占 51.78%，选择"教学效果更好"的占 17.15%。

教师中，选择"教学方式更便捷"的占 73.12%，选择"教学资源更丰富"的占 86.44%，选择"教学内容更广泛"的占 72.88%，选择"教学效果更好"的占 20.58%。

据此结果，混合式教学由于其教学方式更便捷、教学资源更丰富、教学内容更广泛已得到思政课教师和大学生的很大认可，思政课教师与大学生对线上教学资源的易得性、内容的广泛性、教学资源的丰富度都较为认可。

但是，就混合式教学效果而言，思政课教师和大学生对线上教学效果的认可度却较低，认为"教学效果更好"的占比较低。由此可见，混合式教学效果远没有达到思政课教师和学生所期望的状态，师生对教学效果的满意度较低，思政课教学效果还有很大的提升空间。

与传统教学方式相比，教师认为在线教学方式的优势主要在于通过构建 QQ 群或微信群，可以形成稳定的沟通渠道，有利于教师与学生进行实时交流，教师通过师生交流可以了解学生对知识点的掌握情况，对观点的理解状况；有丰富的视频和音频资料，对于没有学会听懂的知识点，学生可以反复学习而不受时间限制，可提高学生学习的自由度，提高学生对碎片时间的利用率，同时也可帮助教师实现对学习能力强与弱学生的差异化教学，提高教学的针对性；教师可对学生进行一对一或一对多辅导，更能做到因材施教；线上平台签到效率比线下更高。

教师可以适当调整线上教学内容，使教学内容更加适应线上教学；教学过程中更多设置讨论环节，以问卷或匿名回答的方式加强与学生的实时互动交流，依据笔者作为思政课教师的经验，采用匿名方式更能了解学生对所讨论问题的真实看法，便于思政课教师及时了解学生对教学内容的掌握情况及观点正确与否，从而可进行纠偏或进行针对性教学；加大课程建设力度，丰富课程资源，更新教学视频，强化课程特色；鼓励学生自主学习，增加学生自主学习内容，满足大学生的多元化需求；提供优质课程资源，加深学生对课程的理解；教师基于自己的专业化眼光，在学习群内向学生发放学习资料、参考文献、阅读书目以拓宽学生视野，在线下课堂进行文献导读与专题研讨，使学有余力的同学真正"解渴"。

综上，基于教学改革需要和信息化时代需要，思政课混合式教学已成为不可逆转的潮流且被广大师生所接受和认可，师生对思政课混合式教学过程中提供的教学平台、教学方式、教学资源等给予了正面积极的评价，满意度和重视程度都相当高，对于线上思政课教学方式的优势也基本达成共识，但是师生对于混合式思政课教学应占比为 1/4 ~ 1/3 的选择却令人诧异。同时，认为混合式教学更为适宜的师生占比均为 20% 左右。由此可见，思政课的混合式教学效果还有较大的提升空间，值得思政课教师及相关部门进行深入研究。

## 二　高校思政课混合式教学评价
## 机制存在的问题

马克思主义认为，主体是认识和实践活动的承担者，客体是主体实践活动和认识活动指向的对象。马克思主义认识论的贡献之一是将人与动物区别开来，认为人的实践活动是一种有意识的活动，人作为认识主体不断认识世界、改造世界，并随着实践和认识能力的提高不断改变自身。马克思主义主体与客体的哲学观，启发高校开展教师教学评价时应确认评价中的主体与客体，并明确主客体关系。教师教学评价过程不仅是认识教师教学的过程，而且是改进教师教学的过程，同时还是帮助教师认识教学过程、提升个人教学能力的过程。[①]

泰勒认为："评价过程实质上是一个确定课程与教学计划实际达到教育目标的程度的过程。"[②] 克隆巴赫（Lee Cronbach）把评价定义为收集和使用信息，以对某个教育项目进行决策的过程。[③] 评价的最终目的在于改进。评价的本质是价值判断，而价值反映的是人同满足其某种需要的客体属性之间的一种关系，即主体与客体间的关系，评价过程是主体对客体有无价值及价值大小进行判断的过程。客体的固有属性只有被主体需要，才会被认定为有价值，满足主体需要的程度越高，客体就被认为价值越大。由此，客体价值的大小判定具有主观性，受主体所具有的价值观、知识、经验等因素的影响。

评价是在系统收集信息的基础上进行的价值判断，其目的是为教学提供反馈，对教育质量进行监测，对教育系统的运作开展问责，为教育决策提供依据，并最终实现提升教育质量的目标。[④] 高校思政课教学评价主体是指参与思政课教学评价活动的组织与实施，按照一定标准对评价客体进

---

① 史晓燕：《教师教学评价》，北京师范大学出版社，2020，第4页。

② 参见〔美〕拉尔夫·泰勒《课程与教学的基本原理》，施良方译，人民教育出版社，1994。

③ Lee Cronbach, "Course Improvements Through Evaluation," *The Teachers College Record* 64 (1963).

④ 王烨晖、辛涛、边玉芳：《课程评价的理论、方法与实践》，北京师范大学出版社，2020。

行价值判断的个人或团体，主要是解决"由谁来评"的问题。确定评价主体是开展高校思政课程评价的前提，评价主体确定的科学程度直接关系到高校思政课评价的科学性与准确性。教学评价具有极强的丰富性和复杂性，评价的生命力在于评价活动是多主体共同参与和协商的活动。仅靠单一主体实施评价，由于信息来源渠道的单一性以及评价主体自身认识的局限性，难免会影响评价结果的客观性、真实性和准确性。[①] 目前，在思政课教学评价实践中，为最大限度地保证评价的科学性与精准性，高校多采用多元主体评价的方式。

## （一）思政课教学评价现状及存在的问题

科学有效的评价模式是促进学生发展、保证教育教学质量和课程可持续发展的关键。思政课教学评价对思政课质量建设及教学改革发挥了重要作用。但随着混合式教学方式的广泛运用，思政课教学评价及指标体系不可避免地受到信息技术的冲击，不能准确全面评价混合式教学的各要素，影响到其正确引导作用的发挥。

### 1. 没有独立的针对混合式思政课教学的评价体系

高校思政课既有较强的知识性和理论性，又具有较强的政治性和思想性。其较强的政治性与思想性决定了思政课教学评价体系应当具有其独特的评价体系。异于自然科学课程和社会科学课程侧重于知识和技能掌握与运用的评价标准，思政课评价体系更讲求的是知识、技能和情感、态度、价值观并重。思政课最鲜明的特征是以实践为基础的科学性与革命性的统一，思政课的教学评价涉及人的情感、品性、理想、信念等非认知领域，其评价结果具有模糊性和不确定性，这是该学科的教学评价结果特殊性的表现之一。[②]

各高校从管理角度出发，为便于全校进行学科比较和数据统计分析，往往把思想政治理论课教学质量评价简单等同于一般的教学评价，评价方式、内容、目标和指标体系等与其他学科没有本质区别，评价时更注重课

---

① 冯永刚：《复杂科学视域下的德育评价》，《外国教育研究》2007 年第 11 期。

② 董亚平：《高校思想政治理论课教学评价存在的主要问题》，《学习月刊》2016 年第18 期。

程的普遍性，忽视了思政课程的特殊性，不能较好地反映思政课本身的特点和价值。①

**2. 思政课教学评价采取"一刀切"的评价标准导致年轻教师没有足够的成长空间**

混合式教学模式的教学评价体系是以建构主义思想为指导的，注重教师的发展性评价。这种评价更为关注教师的知识背景和基础，既重视教师当前的水平和表现，又着眼教师的未来。教学评价对教师的根本意义在于帮助教师提升教学的质量，实现思政课教师通过教学促进学生个人发展的终极目的。而传统的量化教学评价实际上把教师置于被审视、被评判的被动地位，压抑了教师作为教育教学主体对自己教学行为关注的积极性，忽视了教师在教学实践与个人专业素质提升所需要的时间和空间，对于教师教学改善与专业发展并无太大益处。②

思政课"金课"建设对思政课教师提出了更高要求：一是思政课教师应及时把握学术界最新理论成果并将其与教学内容相结合；二是思政课教师要及时准确把握国情、党情、世情，及时解决学生对某些现实问题的困惑；三是思政课教师要采取多种手段走近学生，及时了解学生的思想实际，使思政课教育教学更具针对性。

教育部 2020 年印发的《新时代高等学校思想政治理论课教师队伍建设规定》（中华人民共和国教育部令第 46 号），强调高等学校应当根据全日制在校生总数，严格按照师生比不低于 1∶350 的标准核定专职思政课教师岗位。各高校大量引进思政课专任教师，其中还有相当比例的硕士。这些年轻的思政课教师有活力，对思政课教学充满热情。与其他公共课和专业课教师一样，高校思政课教师要站稳思政课程讲台，需要时间的积累，要高质量完成思政课教学，成为学生成长成才路上的引路人与"人师"，更需要扎实的基本功和充足时间的磨炼与积累，需要一定的成长时间与空间。青年思政课教师若要实现专业成长和授课能力提升，需要正确看待教学评价，以此激发思政课教师对教学本身、对教材、对学生、对自身已有

---

① 董亚平：《高校思想政治理论课教学评价存在的主要问题》，《学习月刊》2016 年第18 期。
② 杨向东、崔允漷：《课堂评价促进学生的学习和发展》，华东师范大学出版社，2012，第109 页。

观念的反思与审视，从而有意识地、有针对性地提升个人素质与教学能力。但高校针对教师"一刀切"的评价标准，并没有留给高校青年思政课教师足够的成长时间和空间，青年思政课教师在承担繁重的教学任务的同时还要完成一定的科研工作量，除了部分能力较强的青年教师能做到游刃有余外，多数青年思政课教师往往为完成规定的工作量无暇他顾，从而产生职业倦怠感，这种情形不利于青年教师的成长，也不利于思政课教师队伍的稳定。

**3. 不同主体评价视角存在较大差异**

开展评价的一方，被称作评价主体。思政课的特殊性决定了思政课教学评价体系不同于一般的自然科学课程和其他的社会科学课程。20 世纪 70 年代末单一主体评价广受诟病。1978 年派特的 *Utilization-Focused Evaluation* 一书，打破单一主体评价观，创立了多元主体评价模式。20 世纪 90 年代后，多元主体参与评价有了实质性进展。1992 年，加拿大学者柯森斯（J. B. Cousins）和俄利（L. M. Earl）提出了参与评价模式（participatory evaluation model），指出吸收多元主体直接参与到评价过程的每一个环节中。最早在教师教学评价中践行多元主体参与评价思想的，当属英国建立的发展性教师评价制度。多元化的评价主体可以扩大信息交流范围，提高问题分析的全面性，重视教师的个体发展目标和价值，也有利于被评教师多角度地认识问题和反思自己的教育教学行为。

单一主体评价具有局限性，如专家对评价对象及实际情况了解不足，只凭主观经验，难以找到评价对象身上的真正问题及这些问题形成的原因，自然指导不力。各评价主体囿于自身视野及感受，学生、督导、有听课任务的领导干部、思政课教师同行对思政课教师的教学评价标准不一、侧重点不一、关注的指标不一，最终的结果就是对同一位教师的评价结果迥异，思政课教师无所适从，评价缺乏信度、效度等。

教师教学评价是评价者依据一定的评价标准，采取一定的评价模式对教师所组织的教学活动进行价值判断的活动，评价主要涉及评价者、评价对象、评价标准、评价模式等基本要素。从高校思政课评价体系来看，评价主体掌握着评价的主动权。评价主体可以选择评价客体、评价标准、评价角度，可以获取和解释评价客体的信息，并根据评价结果采取相应措施，最终达到改善教育活动的目的。

传统的思政课教学评价主客体关系是明确的，主体是教师，客体是学生。主体性表现为主体在发动、组织和实施思想政治教育时所体现出来的主动性、主导性、创造性等；客体性表现为思想政治教育客体的受动性、受控性和可塑性。[①] 在传统思想政治教育过程中，教师居于主动、主导地位，能始终控制和把握思想政治教育的实际进程和方向，掌握着思想政治教育内容的选择权和支配权，而作为客体的学生则始终受到主体的主导、支配和调控，处于被塑造的从属地位。[②] 目前学界多持教师学生"双主体"论。教师是"教"的主体，学生是"学"的主体，是认识和发展的主体。没有学生的发展，教学这一实践活动就没有了承载者。因此，在教师教学评价活动中，评价者与被评教师构成了"双主体"关系。评价者相对于被评教师是主体，而被评教师是发展的主体，在教学评价活动中同样居于主体地位。

教学质量贯穿高校人才培养的全过程，利用多元主体对教学质量进行全方位、多角度监控，克服评价的片面性是各高校的通常做法。高校教学评价进行的方式主要有两种：一种为督导组专家、有听课任务的领导干部、同行就思政课教师的某一堂课进行评价，评价主要侧重教学目标的实现程度、教学内容的设置、教学方法的选择、教学手段的使用以及教学效果；另一种方式为学期末由学生对思政课教师进行的总体评价，基于教师的教学态度、师德师风、课堂互动状况等进行评价。

基于调研实况，各高校采用多元主体评价的方式对思政课教师的教学进行评价以增加评价的科学性与合理性。评价主体主要包括学生（评教）、教师同行（评价）、教学督导（评价）、教师（自评）等。

（1）学生评教现状及存在的问题。学生作为教学评价主体开展的教学评价活动被称作"学生评教"，是思政课教学质量评价的重要构成部分。学生评教是高校教学管理的重要手段和教学质量监控的重要环节，是指教育管理部门（教务处）组织学生对教师的教学态度、师德师风、教学内

---

① 参见骆郁廷《思想政治教育原理与方法》，高等教育出版社，2010。
② 郭莉、黄柯：《论网络条件下高校思想政治教育的主体间性》，《江西社会科学》2012 年第 7 期。

容、教学方法和教学效果等进行评估，并在分析评价结果与学生意见的基础上向思政课教师所在学院反馈，评价结果为学院了解思政课教师的教学状况提供了一定的参考依据，思政课教师所在学院可有针对性地对排名较后的思政课教师进行相应引导，以提升其思政课教学效果。

学生作为教学活动的最直接参与者，是思政课教师"教"的客体和学生"学"的主体。学生对思政课教师的教学活动具有直接感受，其获得感、满意度与思政课教师教学效果密切相关，在教师教学评价问题上很具发言权。学生基于高校设定的评价指标对教师教学过程进行评价，大学生具备日渐成熟的认识问题与分析问题的能力，因而高校管理部门有理由把学生评教作为评价思政课教师教学效果的重要手段。

不可否认的是，学生由于受自身知识水平影响，对教师的教学目标、授课内容的适合性、教学重难点的处理和教学方法的运用、评分标准等的把握能力明显不足，再加上部分学生在评分时带有较多个人感情色彩，其评价的客观性仍有待商榷。

据笔者调研，高校学生评教侧重于对教师教学的评价，主要基于教师师德师风、教学内容、教学方法、教学效果等方面对思政课教师教学进行评价，评价指标如下。教师备课情况及教师对教学投入程度；课堂讲授内容的目的性及前瞻性，有没有介绍及联系学科前沿；课堂讲授技巧及教师的语言表达能力；教师批改作业情况；教师上课时板书情况；课堂气氛；教学辅助手段使用情况；课程进度安排情况；教师上课纪律情况；辅导答疑情况；等等。中央财经大学冯秀军教授提出的"有深度、有内涵、有实效"的教学，主要表现为注重教学内容研究，但不忽视教学方法；注重教学过程展开，但不忽视价值导向；注重学生思考，但不忽视教师主导及教师成长。

麦克莱恩（Lauren McClain）等认为当学生获知评价结果能有效衡量教学质量时，他们在参与评价时将表现得更加诚实认真。[①] 各高校在实际操作过程中，学生评教结果有时处于失真状态。因而学界对学生评教结果存

① Lauren McClain, Angelika Gulbis, Donald Hays , "Honesty on Student Evaluations of Teaching: Effectiveness, Purpose, and Timing Matter!" *Assessment & Evaluation in Higher Education* 43 (2018).

在争议，这些争议聚焦于学生评教的结果是否可信以及是否能够促使思政课教师改进教学。

第一，学生对课程与思政课教师的情感态度左右其对教师教学评价的客观公正性。习近平总书记指出，"马克思主义理论就是彻底的理论。思政课教师所讲的理论、观点、结论要经得起学生各种'为什么'的追问，这样效果才能好"，"要练就不怕问、怕不问、见问则喜的真本领，不能见学生提问就发怵"。① 这要求思政课教师经得住"为什么"的追问，并且积极引导学生去追问。思政课教师要经得住追问，就要深入学习理解掌握马克思主义理论，读原著悟真理，用扎实的理论功底、透彻的理论讲解征服学生，增强思政课的理论性。

在对思政课教学评价的过程中，督导专家对喜欢讲深刻理论的思政课教师的授课给予较高评价，同行对思政课教师的教学也相当认可，但学生的评教结果可能出人意料，主要原因在于如下两方面。一方面，学生限于自身的知识体系，无法准确判断教师的教学目标是否明确，也无法准确判断教师教学内容的先进性与前瞻性，学生的评价往往基于自己的"感觉"，高深的理论可能并不那么吸引学生，略显枯燥，因而打出的分数不高。另一方面，大学生往往认为思政课无关其前途命运，对作为立德树人关键课程的思政课的重要性认识不足，再加上思政课理论性较强难以吸引学生听课兴趣，因而学生对思政课教师评分较低。与此相反，学生对与其利益直接相关的专业课教师则打分相对较高。②

第二，评价时间相对滞后，以至于学生不能给出准确评价。学生是教师教学活动的承载者，学生对教师的评价最能直观反映思想政治理论课的教学效果。根据笔者的调研，高校安排学生对思政课教师教学进行评价，大多安排在期末或下一学期开学之后，教学评价一般以线上评教的方式进行，此时思政课已结束较长时间，课程教学效果好坏已与学生本身关系不大，评价的准确性难以保证。

第三，学生对教师教学的认知偏差直接影响评价的公正性。作为教师

---

① 习近平：《思政课是落实立德树人根本任务的关键课程》，《求是》2020年第17期。

② 董亚平：《高校思想政治理论课教学评价存在的主要问题》，《学习月刊》2016年第18期。

教学评价的主要手段，学生评教的客观程度、有效性与可靠性确认难度较大，学者对学生评教的有效性与可靠性的意见不一。斯波伦（Pieter Spooren）基于学生评教的元验证模型认为学生评教的效用和有效性应该继续受到质疑，[①] 这进一步引发学界对学生评教价值的争议。

学生评教打分有很大的随意性，"跟着感觉走"，对思政课的喜爱程度、对老师讲课方式的适应程度、对老师讲课内容的接受程度、同学之间学习感受的交流等都可能影响学生对教师教学的评价。因而，学生评教的结果是否可信以及反馈结果是否有利于提高教师教学效果无法确认。甚至出现某些教师为"迎合"学生的喜好而授课，学生为满足教师期望而评价的情况，这看似"共赢"，实则不能实现有效教学。[②] 部分学生对评教活动存疑，导致他们参与评教的积极性不高，也难以充分、广泛地参与到整个评教活动中，从而影响学生评教的信度与效度。

（2）教学督导评价现状及存在的问题。20 世纪 80 年代中后期，在高校扩招的大背景下，在加强高校本科教学工作、提高教学质量的要求下，多数高校开始实施教学督导制度，对高校教师的教学活动进行监督和评价。随着高等教育教学评估工作的制度化，教学督导制度在高校得到普及。《中华人民共和国教育法》明确规定学校及其他教育机构要实行教学督导与评估制度。

教学督导制度是指由督导组专家对教师在课堂教学中所反映出的教学能力、专业水平、教学效果等进行检查指导，以督促教师不断改进教学方法手段、提升教学能力与职业素养，是高校为完善教学质量监测体系而设立的，是学校教学质量监控体系的重要环节，是促进教学质量提升的有效方法，是教学治理的重要内容。教学督导的范围和内容基于教学工作，其出发点和归宿是提高教育教学质量，其目的在于"以督促教，以督促学"，发挥"监督、指导、评估"的重要作用。

高校通过实行教学督导制度，对思政课教学进行全员、全过程、全方

---

① P. Spooren, "On the Validity of Student Evaluations of Teaching," *Review of Educational Research* 83（2013）.

② 郭丽君、陈春平：《21 世纪以来大学教学评价研究的现状和趋势——基于社会科学引文索引数据库的计量分析》，《现代大学教育》2019 年第 6 期。

位的教学质量指导，督促思政课教师不断更新教学理念、改进教学方法、提升教学质量。[①] 督导对听课过程中发现的问题及时进行分析研究，提出解决的路径与方法，为深化教学改革、完善教学管理、提高教学质量提出有参考价值的意见和建议，为高校管理部门制定相关政策提供必要依据。

教学督导通常是具有丰富教学经验的专家，一般由各学院教授、副教授兼任或由返聘专家进行专职督导。督导评价通常由督导组专家深入教学一线，采取随堂听课的方式，对教学活动进行监督检查评估与指导。教学督导通过听课、评课、检查、指导、反馈等，督促教师认真对待教学工作，端正教学态度，有助于教师养成良好的教学习惯，使教师充分认识到课堂教学的重要性，激发思政课教师的自我发展意识，不断提升思政课教师的授课能力，深化思政课教学改革，提升思政课教学效果。

教学督导对教师教学活动的评价内容主要包括思政课教师在教学过程中对教学大纲的遵守程度、教学目标的实现程度、教学内容是否兼顾学科前沿、教学重点难点处理是否恰当、教学方法运用是否熟练、师德师风如何、教师备课是否充分、讲课是否充满激情等。此外，学生到课情况及听课表现也经常被督导作为重要的考核指标。学生的听课情况往往能够反映教师讲课情况及学生对教师授课方式的接受程度，能较为准确地反映教师授课情况。除此之外，督导借助检查学生作业和教师的教案及教学材料、召开师生座谈会等方式了解思政课教师的教学状况。教学督导通过对教学的督与导，促使教师不断改进教学方法，提高思政课课堂教学吸引力；通过督学，调动学生学习的积极性和主动性，充分发挥学生的主体作用，促使学生积极参与课堂教学活动，真正实现教学相长。

在各高校思政课督导评价的实践过程中，存在督导目的不明晰、内容与方式单一及评价的准确性存疑等问题。

第一，督导目的不明晰。检查与监督是督导手段，指导和帮助是督导目的，坚持"以导为主"是教学督导工作的根本。督导发现思政课教师在教学过程中存在的问题，有针对性地进行研究和分析，提出具有专业性的

---

① 肖贵清：《论新时代思想政治理论课的制度化建设》，《思想理论教育导刊》2021 年第4 期。

意见和建议，对教师进行有效指导，这样才能达到预期效果。在走访调研的高校中，部分学校督导工作存在只重视"督"的过程，不重视"导"的环节，只注重找问题，而没有从中发现发掘好的教学方法，因而导致教学督导人员变成了"找碴儿者"，导致教学督导工作流于形式，甚至导致被听课思政课教师产生抵触情绪。

第二，督导内容单一。多数的受调研高校还是以教学督导为主，多数高校教学督导偏重于理论教学监督，对实践和实训教学的关注较少。

第三，督导方式单一。督导的主要方式为听课、抽查等，督导方式较为单一，检查内容局限于课堂教学、教师所带教学资料的完整度、学生到课及听课状况，暂未开展督学、督管和全覆盖的督导工作。督导工作主要针对教师的某一节课进行检查，缺乏对整个教学工作的全程监控，更没有对教学中存在的问题进行深入探讨和指导，没有充分体现教学督导工作的真正价值。

教学质量评价只有变成教学信息反馈给教学运行管理部门或相关教师，促使其整改，才能保证教学质量的真正提升。但现实状况是督导工作只有教学质量的评价而没有教学信息的反馈，因而没有真正形成闭合回路，思政课教师不能从督导处得到及时准确的反馈信息，因而整改提升效果甚微。

第四，听课时间有限，无法对被听思政课教师做出准确客观判断（评价准确性存疑）。虽然教学督导对思政课教师教学起到了一定的促进作用，但同时我们也应看到，受人力、时间、专业、个人认知、尺度把握的限制，而且又是随机听课，教学督导深入课堂听课的时间和频次有限，单靠一次听课或与教师短时间交流无法对思政课教师的教学能力做出全面、真实、准确的评价，有时不免失之偏颇，不能给思政课教师以合理的评价和正确引导。因此，需要教学督导对思政课教师进行长时间的观察，借助于跟踪听课或观看教学录播等手段，认真观察揣摩思政课教师课堂教学实况，从而给出恰当的评价，并及时将意见建议反馈给思政课教师，督促思政课教师做出相应调整。

督导评价的优点在于操作简便，可以较为全面地考察思政课教师教学过程；缺点是评价可能缺少数据支撑和定量分析，并且评价质量在很大程度上取决于督导专家的工作态度。

（3）思政课教师同行评价现状及存在的问题。思政课教师同行评价以教学目标为依据，由同一领域的思政课教师运用一定的评价技术，对思政课教师的教学行为和过程、教学效果进行测定、分析并给予客观评价。同行评价作为思政课教学评价实践中的客观存在，是促进教师专业发展的有效手段之一，影响着思政课教师的职业成就感、心理健康水平和学校的发展。同行评价大致可分为三类：一是以促进被评价对象教学改进为目的的问题诊断性评价；二是以向被评价对象学习为目的的观摩性评价；三是以评定教师教学水平和教学效果为目的的结果判定性评价。[1]

同行评价是高校教师教学评价的一种重要方式，在评价的民主性、科学性、专业性、公正性等方面，有其独特优势。学术共同体的共同决策决定了教师同行评价的民主性；大学教师职业的自主性决定了教师同行评价的专业性；大学教师的学科归属感决定了教师同行评价的公正性。[2]

与其他评价主体相比，同行专家更能鉴别课程知识的综合性、知识呈现方式的有效性、教学思维的创新性，能敏锐地发现教学过程中的缺点与不足。同行评价是思政课教师同行之间进行的教学质量评价活动，有利于教师之间相互学习和交流，具有教学改进和助力教师专业成长双重职能。王芳亮和道靖认为"同行评价是高校教师教学评价的一种重要方式，在评价的民主性、专业性和过程性方面，有着超越传统评价模式的独特优势"[3]。但目前，同行评价也存在诸多不足。

第一，同行评价无法排除人情因素，从而造成结果失真。目前，高校对教师教学质量的评价关注点为教学内容、教学方法、教学手段、教学研究等，侧重于总结性评价，并且把教学评价结果作为对教师人事管理的重要依据，评价结果与思政课教师职称评定、定岗定编、奖励、晋级等相挂钩，关乎思政课教师切身利益。因此，在进行同行教学评价时无法完全排

---

① 赵宝柱等：《同行评教评价要素的质性分析——基于第四届全国高校青年教师教学竞赛决赛互动资料》，《河北科技师范学院学报》（社会科学版）2019 年第 4 期。

② 周玉容、沈红：《大学教学同行评价：优势、困境与出路》，《复旦教育论坛》2015 年第 3 期。

③ 王芳亮、道靖：《高校教师同行评价有效性的影响因素及路径选择》，《当代教育科学》2012 年第 11 期。

除人情因素，从而造成同行评价结果失真的问题，无法为被评价教师改善教学、提升教学质量提供有效参考，不能给教师的教学和专业发展提供有益指导。

第二，评价机制不健全、评价不客观、评价不透明，影响同行评价的信度与效度。同行教师熟悉所评课程的特点和教学要求，"内行人评行内人"有一定优势。但在高校思政课教师同行评价实践中，由于评价机制不够健全，评价过程中存在评价标准模糊、评价不够客观、评价不够透明等诸多问题，影响同行评价的信度与效度，无法为管理机构提供有效参考。

第三，评价者缺乏同行评价经验，对同行评价标准的执行力不足，导致评价结果失真。评价者对评价标准与评价内容缺乏深入认知与深刻理解，导致评价结果无法反映思政课教师的真实情况；管理部门把同行评价作为教学管理的一种手段，重结果轻过程，对同行评价的重要意义认识不足，忽略了评价对思政课教师个人及职业发展的意义，导致通过教学评价引导改进教学和促进专业发展的功能不能得到有效发挥。

在形成性评价愈来愈受到重视的大环境下，思政课教师应摒弃同行之间的偏见，以共同提高为目的，以真诚合作为基础，互相给予同行真实评价，增强同行评价的效度与信度。教师应该重视同行评价的引导作用，促进思政课教师共同提高与发展。

同行之间可以经常进行互相听课、课堂观察和分析反馈，保证教学交流的频度，可以结合各教研室的教学法活动，进行更为深入的探讨与交流，分享教学心得及听课心得体会，实现"日常性""针对性"的评价，这有助于教师以发展的眼光进行同行评价，既减少"人情化"的柔性评价，也防止"功利化"的量化评价，使每位思政课教师得到公允科学的同行评价，充分实现思政课评价的客观性、准确性与科学性，从而给教师同行以更为有效及准确的引导，真正发挥教师同行评价的作用与优势。

（4）有听课任务的领导干部评价现状及存在的问题。目前，领导干部听课工作是本科教学工作合格评估的考察项目之一，已被正式纳入教育部"高等教育质量监测国家数据平台"数据统计范围。领导干部走进思政课课堂听课，及时了解思政课教师教学情况和学生学习情况，解决教学中实际存在的问题，是抓好本科教学工作、提高人才培养质量、规范教学秩序、强化教学工作中心地位和完善教学质量监控体系的有效途径，也是高校立足人才培养，创新协同育人模式，加强教学管理、确保教学质量的重要举措，对鼓励思政课教师不断提高自身业务素质和教学水平、引导学生学好思想政治理论课具有积极推动作用。

领导干部听课以随机听课、随堂听课为主，同时根据教务督导部门的安排进行针对性听课。部分高校要求领导干部要"和老师站在一起，和学生坐在一起"进行听课看课。听课过程中领导干部原则上只听课、观察，不发言。领导干部听课主要考察思政课教师的教学态度、教学组织、教学方法和教学效果。其中，教学态度包括课前准备、治学态度，教学组织主要涉及思政课教师的教学计划完成度、教学环节的完整度，教学方法主要涉及教师教学设计、学生听课反应，教学效果主要涉及师生互动情形、教学信息量、学生能力培养状况等。听课过程中，领导干部既要关注思政课教师个体发展中的共性问题、教师成长的规律性问题，又要关注教师课堂教学的思想和行为、关注课堂上学生的学习行为表现以及思想道德、行为习惯、创新精神等素质现状。

领导干部听课后与上课学生进行交流，并就课程目标达成度、学生参与度、学生满意度与获得感等与思政课教师进行深入交流，提出针对性建议。通过沟通与交流，可有效指导思政课教师调整今后的教学思路与方向，使教师端正教学态度、更新教学方法、注重提升教学效果、关注营造和谐课堂氛围等。作为思政课教师，更要不断提升内涵修养，强化教学技能，关注社会，了解学生需求，切实增强思政课课堂教学的针对性与实效性，把思想政治理论课打造成学生真心喜爱、毕生难忘、终身受益的课程。当前，领导干部评价主要存在如下问题。

第一，领导干部忙于日常行政事务，听课可能流于形式，评价信度有限。有效评课可以使思政课教师在接受评价的过程中认识自己的不足，从而有效提升自己的授课能力。领导干部通过听课，了解课堂教学情况，将有关意见建议认真做好原始记录交至教务处，由教务处负责收集、整理和归档。目前各高校均十分重视领导干部听课评课，但不可否认的是部分领导干部存在听课时间较短、记录不完整、敷衍了事走过场情况，有的领导干部听课结束之后匆忙离开，不向思政课教师反馈听课状况，这样的听课与评价对思政课教学改革、提升思政课教学实效并无实质性作用。

第二，部分领导干部对评价标准及指标的运用能力有限，评价有效性不足。根据听课制度对领导干部的要求，听课的领导干部应通过听课剖析教学活动中存在的问题并及时向思政课教师提出，此外，对整个教学过程和效果进行总体评价，总结优点，并提出有关改进和加强课程建设、教学工作和学生工作的意见和建议，引导思政课教师不断改进教学方法、提高教学水平。但是，部分行政部门的处级干部，本身可能没有从教经历，对评价指标及评价标准的运用能力有限，不能站在更高的高度对思政课进行评价，评价多是"跟着感觉走"，不能给思政课教师以合理的反馈及建议，更不能为思政课教师提供正确的引导，评价的可靠性及有效性存疑。

综上可知，虽然混合式思政课教学模式在各高校广泛运用，但目前的思政课教学评价仍然采用的是传统的评价方法，主要由学生评教打分、督导组专家打分、听课的领导干部打分、同行评价，部分学校还采取匿名的信息员反馈制度。虽然高校采取了多元主体评价，但评价方法仍缺乏多样性，评价结果仍然不够客观，评价的信度及有效性有待进一步提升。各评价主体评价的过程中，更多关注教师的教学过程如何，对于教师的课前准备情况、成绩评定情况的评价则相对较少，部分评价侧重于评价思政课教师教学资料的完备程度、各项成绩打分是否合理、统分有无错误等，工作流于表面。思政课教师同行虽然具备一定的评价能力，但比较客观、准确地评价同行的思政课教学效果并不容易。这些问题直接影响评价的准确性，从而弱化思政课教学评价导向功能。

## （二）混合式教学评价标准现状及存在的问题

评价是价值判定的过程，进行价值判定要依据一定的评价标准。评价标准是评价体系的核心，主要解决"评什么"的问题，是评价主体据以衡量客体有无价值及价值大小的尺度或依据。面对相同的评价客体，不同的评价主体具有不同的评价标准，这就是评价标准的多元性。随着教育评价的发展及新的评价理念的建立，评价不再拘泥于甄选的功能，而主要是为了改进和发展。以改进和发展为目的的教师教学评价则更看重非预定式的评价标准。此标准不是预设的，而是在评价过程中不断生成的。[①]

**1. 以泰勒的行为目标模式为理论基础的终结性评价不利于教师改进工作和提升自我**

美国著名评价专家林肯和库巴将教育评价分为四代，前三代教育评价模式被认为是预定式评价，即先预定标准再实施评价，而且这个标准是根据评价的目的由实施评价的主体统一预设的，评价过程就是对照这个预设的标准来考查达成度，实际上是将评价当成测量工具，其根本目的是为选拔和奖惩服务。在对评价对象进行评价时，为了体现公平性，需要统一的标准或尺度，以保证评价的客观性。

当前以泰勒的行为目标模式为理论基础的终结性评价仍是主流，仍然是预定性评价，把目标（标准）当作教师教学评价的主要依据，判断教师教学行为达到预设目标的程度。[②] 其评价标准是根据目标提前预设生成的，而对教师教学的评价也主要是对照标准考察其目标达成度，这样的评价标准与价值取向单一，有利于管理，但对教师专业发展的作用不明显，对教师改进工作和提升自我的作用有限。

鉴于预定式评价在实践中的不足，学者提出实行非预定标准评价，即开放性的教师教学评价，打破预定的评价程序，将教师教学评价过程变成对教师的培养、发展过程，在实践中不断检验与修正，在评价过程中发现问题，为教师提供反馈，以期使教学评价具有发展性，促进教师的专业与个性发展，提升教学实效。

**2. 各高校思政课评价标准不科学不完备的现象依然存在**

教学评价是教学活动的重要环节，它规定着教学活动的走向与发展。思政课在教学目标、教学内容、知识体系、教学模式等方面都与其他课程差别较大，因而思政课教学更需要有相对独立、适合思政课特点的评价标准。各高校在长期的评价运行中，逐渐形成了适合各自学校特色的评价模式与评价指标体系。

相较于传统的思政课教学，混合式思政课评价着重关注教师的"教"

---

① 史晓燕：《教师教学评价》，北京师范大学出版社，2020，第 7 页。
② 史晓燕：《教师教学评价》，北京师范大学出版社，2020，第 78 页。

与学生的"学"，不仅要关注对教师教学的评价，关注对学生"学"的评价，同时还要关注对教学资源、教学内容、教学方法、教学效果的评价以及对教学评价的再评价等。

由于混合式思政课教学在各高校运行的时间并不长，再加上对混合式教学认识不足，各高校尚未建立起针对混合式教学模式的评价标准。现行对混合式思政课的教学评价仍基于传统课堂教学的评价标准，评价标准不能完全适用于线上教学部分，即评价标准不完备、不科学的现象依然存在。

**3. 当前思政课评价主要采取"以教论教"评价方式**

当前对思政课的教学评价仍停留在"教师教得怎么样"层面，是以思政课教师的投入为导向的教学评价。混合式思政课教学要求以"学生学得怎么样"为标准，是以产出为导向的教学评价。以产出为导向的教学评价指向学生的学习，即"以学论教"，以学生为中心，以学生发展为核心，重视对学生学习过程的评价，重视学生思维能力的发展。

由于对教师"教"的评价相较于对学生内化效果而言更容易被量化，当前思政课评价的内容侧重于教师的教学态度、教学内容、教学方法、教学效果、师德师风等；同行评价往往基于思政课教师的专业视角，注重核心概念、基本理论讲解的准确性与理论深度、对教学内容重难点的把握等；教师自我评价侧重教学或学习的自我反思与质性分析；督导评价往往从管理者视角出发，更看重课堂上教师表现及教学资料齐全程度、教材知识的覆盖面，教学内容的条理性，学生到课率、听课率等。

**4. 现行的混合式教学评价标准侧重于教师的"教"，对学生"学"的评价较少**

线上丰富的教学资源更多的是为了帮助学生学，而不仅是方便教师教，"以学生为中心的教学设计"的学习资源更适合混合式教学对教学资源的要求。教学资源要经过筛选与加工，以支持学生个性化学习。现行的评价标准主要侧重于对教师"教"的评价，对教育的最主要对象——学生的"学"及学生内化效果的评价则关注较少，评价不够全面。

对教学资源的评价标准为：课程所使用的在线平台功能强大、网络稳定不卡顿、操作方便、在线资源质量高。判断线上教学资源的重要标准，就是看所选资源能否支撑和服务于学生的学习，能否帮助学生完成学习任务，实现学习目标。

对教学内容的评价标准为：课件内容质量较高、信息量大、逻辑严谨、重难点突出、体现时代特色。线上教学要重难点突出，关注学科前沿知识或观点体现为既有知识传达又有价值观植入，既有大纲规定教学内容，又紧贴时政热点与学生需求。

对教师教学态度的评价标准为：教师备课充分；教师能熟练运用在线平台进行教学；教学目标明确；教师讲课有感染力，能吸引学生注意力，对教学充满热情。思政课教师要严格要求学生，教态端正，教学语言运用得当；耐心辅导学生，答疑解惑，关心学生。

对教学方法的评价标准为：教学方法要体现互动性，使学生从被动的参与者变为主动参与教学活动的学习主体，构建师生双向互动的"教学共同体"，培养学生的主体意识。学生能积极主动参与教学，发表新见解；教师则能沉着应对，正确处理学生提出的高难度问题，能熟练操作与运用线上教学平台并驾驭课堂，能较为适时地调节课堂气氛与学生听课情绪，控制讲课节奏，使线上教学能够与线下教学同质等效。

对教学效果的评价标准为：完成教学计划；教学能激发学生兴趣，课堂气氛活跃；培养学生的创新性思维，提升学生利用所学知识分析问题解决问题的能力；培养学生树立正确的人生观价值观与世界观，完成人才培养目标。

对教学评价的再评价标准为：学生参与教学互动的便利程度，可以随时与教师及学生进行讨论；学生上课在线率高；教师批改作业及时认真，学生能及时得到需要的教学反馈。

对学生"学"的评价指标要体现知识、能力、品德并重。这些指标应该包括学习态度、学习动机、学习能力、学习价值与实践能力等。学生的学习态度体现为积极到课与认真听课。学习动机体现为以学为乐，积极热情投入学习，不断进取。学习能力体现为独立思考，具有创新精神。学习价值体现为认识到学习该课程的重大意义，尤其是对个人的重要意义。实践能力体现为学生的思想进步水平及用理论解释问题、解决问题的能力。

### （三） 混合式教学评价方式现状及存在的问题

教学评价方式 （measure of evaluation） 主要包括质性评价与量化评价两种。质性评价，以建构主义为理论基础，反对科学实证主义的基本观点，反对把复杂的教育现象和课程现象简化为数字。质性评价认为通过测量所得到的数据并不足以对教育现象及其背后的原因做出合理解释，且有可能丢失重要信息。质性评价认为通过调查，可以全面充分地描述评价对象的各种特质，主要有观察法、谈话法、调查法、档案袋法等。

教学评价是对教学活动满足社会与个体需要的程度做出判断，是对教育教学活动现实或潜在的价值做出判断，以期达到教育增值。这样的特性决定了教学评价活动本身具有"量"的维度。量化评价把复杂的教学现象简化为数据，从数据的分析比较中对对象进行评价。

**1. 对学生的评价仍以终结性评价和量化评价为主**

无论是传统课堂教学还是混合式教学，对思政课的评价归根结底都要落脚到对思政课教学效果的评价上。无论是教学要素的优化组合，教学内容的重构，还是教学过程的实施，最终都体现在教学效果上。①

在实际教学过程中，由于学生的理想、信念、情感、道德等内化状况难以量化，因而需要将质性评价作为学生评价的重要方式。虽然线上教学平台可以做到对学生学习过程"留痕"，但对学生学习状况的考核仍基于平时的师生互动、章节测试成绩、教学视频完成程度及期中期末考试成绩。

在实际的教学评价当中，阶段性考核或终结性考核，仍然把理论知识的掌握程度放在首要位置，在学生成绩构成中占有相当比例。思政课教师为了简化评价方式，通常通过考试与测验的方式来考查学生对基础知识的掌握程度，并以此作为衡量教学效果的重要标准。思政课教师为在有限的时间内完成教学任务，达成教学目标，在教学中更注重知识点的讲授，相对忽视学生的现实关切；在教学方法上，以思政课教师讲授为主，与学生的互动不足，学生主动参与不够；期中期末考试中，识记类题目占比 70%

---

① 骆郁廷：《试论高校思想政治理论课教学评价的特殊性》，《教学与研究》2007 年第 4 期。

以上，考查学生分析问题和解决问题能力的题目占比不足 30%。这与思政课立德树人的初衷、与培养社会主义事业的建设者和接班人的要求有一定差距。

**2. 对思政课教学的评价仍以量化评价为主**

"立德树人"总目标和宗旨要求思政课必须坚持以人为本，重视人的价值，关注人的发展，在评价过程中不是为了"管理"而评价，而是为了发展而评价；不是为了"成绩"而评价，而是为了学生道德发展而评价。在发展评价阶段，不强调排名、诊断、甄别，而是要充分发挥评价的激励、导向作用，评价要紧紧围绕新时代党和国家对高校思政课的总体要求和大学生全面发展成长的实际需要。[①]

现行的对思政课的教学效果的评价多采取量化的评价方法，高校通常的做法是通过考试对思政课教学效果进行评价。这种评价方法简单易行，可以快速判断学生对理论知识的掌握程度，但对思政课教学的特点和特殊性考虑不足。

思政课涉及作为评价主体和被评价主体的学生的思想、观点、思想品质等诸多方面要素，其构成及呈现较为复杂和内隐，学生的理想信念、情感、道德等内化部分难以进行量化评价，尤其是思政课的教学效果具有潜在性和滞后性的特点，因此客观地量化教学效果较为困难。一方面，部分思政课教师没有真正弄明白思政的终极教学目标是什么，把对思政课的教学评价等同于对其他专业课的教学评价。另一方面，理论知识的考核和评价，相对比较简单，容易操作，而思想素质的考核很难量化，操作起来比较麻烦，需要投入更多的时间和精力。[②]

### （四）混合式教学评价内容现状及存在的问题

随着信息技术的飞速发展，各教学平台提供海量且免费的线上教学资源，对某个专题有研究专长的思政课教师针对某一专题进行深入阐释，这些教师知识结构各异、教学风格与思维方式多变，增强了思政课内容的丰

---

[①]　冯刚等：《高校思想政治教育工作质量评价研究》，人民出版社，2021，第113页。
[②]　孙明慧、周博：《"三个自信"视域下高校思政课教学评价提升探析》，《未来与发展》2016年第9期。

富性与多样性，开阔了学生视野，[1] 有利于提升大学生的综合素质。随着问题式专题化教学在各高校逐渐铺开，问题式专题化教学+专题式教学活页的方式逐渐获得各高校青睐。对教材内容之外的学生较为关注的社会热点和焦点问题，难点、重点问题，以专题式教学活页的形式呈现。这样教师既可完成教学大纲规定任务，又以专题活页的形式对接社会热点和焦点问题，回应学生关切，真正为学生解疑释惑，提升思政课的理论深度、知识广度和现实关注度，增强思政课的实用性，提升大学生利用所学理论分析问题和解决问题的能力，真正做到教学内容"因事而化、因时而进、因势而新"。

混合式教学方式以丰富的线上教学资源、便捷的授课方式、即时的线上互动等优势，获得了师生的高度认可。但目前对混合式思政课教学的评价对线上资源及线上教学部分的关注不够，评价时仍较少涉及，不能客观地对混合式思政课教学进行全面准确的评价，引导作用弱化。

**1. 思政课教学评价对教学内容的深度与广度的要求不高**

在"内容为王"的时代，教师在教学中要以重点难点问题为着力点，内容讲授既要契合课程的教学要求又要能吸引学生的"眼球"，更要经得起学生各种"为什么"的追问。传统的思政课课堂教学由于受到时间和空间、教学条件、教师教学能力等因素制约，教学内容多围绕教学大纲展开，以教材知识点的讲解为主，缺乏对知识点的综合讲授和拓展讲授，缺乏对教学重点的深度分析与解构，教学内容结合时政与社会热点问题不够，没有能够及时厘清学生的思想困惑，因而思政课感染力与吸引力稍显不足。

00后大学生是伴随网络发展成长起来的一代，他们思维活跃，了解获取时政信息的途径多样，同时，网络也形塑着青年大学生的世界观、人生观、价值观，改变着他们的行为方式。青年大学生关注各种社会热点、时政要点，既有自己的看法，又有困惑需要教师解答。现行的以教材为主要内容的思政课教学已无法完全满足学生期待与需求。部分学生在学习的过

---

① 王桃珍、高国希：《思想政治理论课慕课建设实践与思考——基于复旦大学"思想道德修养与法律基础"课慕课的探究》，《思想教育研究》2017年第6期。

程中产生厌倦、逆反等消极情绪，这会严重影响思政课教学目标的实现及教学效果的提升。

**2. 当前的思政课评价仍以"评教"为主而不能准确反映学生"学"的状态**

现行的思政课教学评价主要将教师的课堂教学内容、教学方法、教学效果、教学态度等作为课堂教学评价的重要指标，不能准确反映学生"学"的状态。随着混合式教学的广泛运用，对思政课的教学评价越来越受到各高校重视，学界也开始出现了"以学论教"的声音，教学评价正在由以教师为中心向以学生为中心转变，以学生"学"的感受为标准来评价教师"教"的状况，通过对学生"学"的状况的考察，将对思政课教师教学效果的评价转换为思政课教学是否使学生觉得"清楚易懂"、课堂互动是不是让学生觉得有启发和提高了听课兴趣等。传统的思政课课堂教学多是思政课教师的"满堂灌"和"大水漫灌"，学生被动和机械地认知和记忆，课堂教学缺乏学生自主批判和探索过程，学生的自我学习能力和思考能力、创新能力和实践能力提升有限。将评价思政课教师的"教"转化为学生"学"的满意度，可从"知识习得"满意度、"能力提升"满意度、"情感体验"满意度三个维度进行相应考核。

**3. 当前的思政课评价体系对线上教学资源和教学活动的质量监督较少涉及**

目前高校进行混合式思政课教学主要有三种形式：第一种是利用线上已有教学资源进行教学，学生可以通过学习线上教学平台提供的教学资源自行学习，通过与思政课教师的线下互动来澄清思想困惑；第二种方式是思政课教师按课表通过网络直播进行授课，学生通过线上教学平台提交课后作业；第三种方式是教师依托线上教学平台制作教学视频进行授课并与学生进行线上互动。

成功的混合式教学，需要思政课教师对教学内容进行重构。思政课教师要以系统和先进的理论武装学生头脑，以透彻的学理回应学生困惑，以生动的事理说服学生，以理论的魅力鼓舞学生，将理论灌输与批判错误思潮结合起来。思政课教师讲课一定要有理论深度，不能"理论不够故事来凑"，不能用观摩影视作品来代替深刻理论的讲授，背离教学的本质要求。

思政课教师可将基础知识点的讲授在线上进行，引导学生利用在线课堂自主完成基础知识学习。

现行的评价体系仍是基于对传统思政课课堂教学的评价，对混合式思政课教学中重要的组成部分——线上教学资源质量的评价指标则几乎没有涉及，不能准确地对混合式思政课教学进行评价，不能准确反映混合式教学现状。现行的利用已有线上教学资源进行教学的方式，没有学情分析，没有考虑学生所学专业状况，学生对线上教学资源没有选择权，只能被动接受教师安排。高校为了方便管理，提供给学生的资源并没有针对不同学习基础的学生设置梯度，没有提供不同层次不同种类的资源；学生学习线上教学资源更多的是为完成课程学习任务，教学资源的广度、教学内容讲解的深度、教学资源的承载度和挑战性体现得不是很充分；学生分析问题解决问题能力的提升状况、学生的深度思考状况、学生的学习动力状况、学生学习潜力状况等都不能予以充分体现。

**4. 当前的思政课评价体系对实践课教学活动关注较少**

习近平总书记在学校思想政治理论课教师座谈会上指出，要"坚持理论性和实践性相统一"，"用科学理论培养人……重视思政课的实践性，把思政小课堂同社会大课堂结合起来"，教育引导学生"立鸿鹄志，做奋斗者"。[①] 大学生处在世界观、人生观、价值观形成的关键阶段，坚持理论与实践相统一可有效增强高校思想政治教育的亲和力、凝聚力和实效性，带领大学生走出教室、走出学校，踏进社会大课堂，接受一线的、鲜活的教育，到社会中经风雨、见世面、长知识、练才干，引导大学生在实践中验证思政课学过的内容，将论文写在祖国的大地上。

社会实践活动对于帮助大学生了解国情、了解社情民意、增强为人民服务的体验、巩固与拓展所学知识，发挥着重要作用。大学生在实践中自觉改造世界观、人生观、价值观，解决思想困惑与迷茫，扣好人生第一粒扣子，树立起大学生与时代同向同行的远大理想和崇高信念，在实践中增强中国特色社会主义道路认同、理论认同、情感认同。

实践教学是课堂教学的延伸，既弥补了课堂教学的不足，又丰富和完

---

① 习近平：《思政课是落实立德树人根本任务的关键课程》，《求是》2020年第17期。

善了课堂教学，使思政课教学更丰富。通过社会实践，学生用所学的理论解决现实问题，在社会调查中加深对理论的理解，在社会实践中升华所学理论，实现理论与实践的相互促进。学生通过社会实践，可真切地感受到自身可能存在的政治信仰迷茫、理想信念模糊、价值取向失范和社会责任感不足等问题，逐步有意识地运用课本知识去分辨是非对错、澄清理论真伪、释疑解惑。

在思政课教学实践中，部分思政课教师及学生对思政课实践教学的认识存在一定误区：认为只要走出课堂的教学就是实践教学，将实践教学和课堂以外的参观、社会实践、主题活动等同。思想政治理论教学目标的重点在于强化对大学生价值观和行为的引领，实践教学的目标是通过体验活动，使学生对所学理论知识和观点产生认同，最终能用所学理论和知识对社会现象形成自我独特认知，解决生活中的现实问题。[①]

现行的思政课评价体系对思政课理论教学给予了足够的重视和关注，对思政课实践教学则关注甚少。各高校学生思政课成绩构成中实践成绩占比 20%~30%，但现行的高校思政课评价体系对实践教学的评价，普遍采取的做法是将实践教学与课堂教学、课程设置、教学成果等并列为教学管理下的二级指标，从专项经费的落实、指导教师的指定、校外实践教学基地的建立等方面加以评价，而没有把思政课实践教学作为思政课教学的重要构成部分来进行评价。

### （五）混合式教学效果评价现状及存在问题

现行的思政课考核大多采用试卷考试的方式进行，考试内容以书本知识为主，更多强调对学生知识掌握情况的评价。这种考核机制随着教育环境和学生诉求的变化，不仅无法真实检验学生的道德认知和价值认同水平，而且容易误导学生采取死记硬背的方式进行思政课学习，会严重影响思政课教学水平的提升。[②]

---

① 邵霭霞：《高校思想政治理论课的实践教学评价体系研究》，《重庆电子工程职业学院学报》2017 年第 2 期。

② 杨志超：《高校思想政治理论课混合式教学模式的建构路径探析》，《思想教育研究》2016年第 6 期。

教育部 2018 年颁布的《新时代高校思想政治理论课教学工作基本要求》指出，要采取多种方式综合考核学生对所学内容的理解和实际运用，注重考查学生运用马克思主义立场观点方法分析、解决问题的能力，力求全面、客观反映学生的马克思主义理论素养和思想道德品质，要坚持闭卷统一考试与开放式个性化考核相结合，注重过程考核。闭卷统一考试须集体命题，不断更新题库，提高命题质量。开放式个性化考核应具有严格的组织流程和明确可操作性的考核评价标准。要合理区分学生考核档次，避免考核走形式，引导学生更加重视思想政治理论课学习。[①] 要改变相对固化的试题形式，增强试题的开放性，减少死记硬背和学生刷题库应对考试现象。

**1. 思政课教师以平台记录为依据进行成绩评定，无法真实反映学生的学习状况，损害了部分学生的积极性**

混合式思政课教学过程中，思政课教师利用网络教学强大的功能，广泛运用启发式、参与式、互动式、研究式、案例式等教学方法，利用信息化教学手段，采用诊断性评价、形成性评价、终结性评价等评价方法，以学生线上学习的时间、频次、答题、互动等记录为重要依据对学生进行思政课成绩评定。

目前的评价制度中，教师是单一的评定者，数据是单一的评定依据。在虚拟的线上教学场域中，部分学生由于缺乏约束和自制力成为"刷课族"，参加线上学习时"刷课时"蒙混过关，并没有"真学"；部分学生为了完成学习任务，在学习任务截止时间之前突击观看学习视频，其目的是达到学习任务的"完成度"要求。对思政课教师而言，仅凭线上数据无法准确判断学生的学习状态，若只能依据线上平台的数据记录为学生评定成绩，会导致"挂机"学生与认真学习学生的成绩没有明显区分，损害认真学习学生的积极性。

**2. 在线教学活动中学生课堂参与的效果难以评判**

为了提升思政课的针对性和实效性，思政课教师在课前通过与学生的

---

① 《教育部关于印发〈新时代高校思想政治理论课教学工作基本要求〉的通知》，http://www.moe.gov.cn/srcsite/A13/moe_772/201804/t20180424_334099.html。

沟通交流，了解学生关注的热点话题，同时了解学生对相关知识的掌握程度，了解不同专业学生的不同需求与困惑，从而为提升思政课教学的针对性，为更好地进行课堂互动打下良好基础，在教学中更好调动学生的主动性、参与性，注重采用启发式教学，引导学生发现问题和思考问题，在不断启发中引导学生得出正确结论，激发课堂活力。

使用既有的线上教学资源进行统一教学，固然为思政课教师带来许多便利，同时学生也可学习到不同授课风格教师的讲课内容，拓宽学生视野。但与此同时，思政课教师根据教学大纲的要求，按照教材的知识体系，上课时按照预先准备好的教案进行讲授，对学生的专业状况、学生差异、个性特点、不同需求的关注不足，对认知规律和接受度差异的考量不足，采取"一锅烩"的方式，无法满足学生的个性化学习需要，因而学生的课堂参与度、点头率、关注度及教学目标的达成度均有待提高。

**3. 在"键对键"教学过程中教师的人格魅力和语言表述所产生的情感感染力被弱化**

以"罗森塔尔效应"来看，教师通过自己的情感、语言和行为向学生传达的关爱、信任和期望，有利于学生变得更为自尊、自信、自强，从而取得意想不到的进步。"罗森塔尔效应"启示我们要用充满情感的教育去感染学生，用理性的教育去说服学生。"理论只要说服人，就能掌握群众；而理论只要彻底，就能说服人。"[1] 同理，只有理论讲得透彻，思政课才能吸引学生。这就需要思政课教师提升思政课的亲和力与针对性，根据学生全面发展的需求，加大情感投入，使思政课接地气、聚人气、扬正气。有的思政课教师"关起门来讲理论"，由于理论功底不够深厚，大道理讲不透，小道理讲不清，歪道理驳不倒，反而弱化了思政课教学的实效性和感染力。

混合式教学中，"键对键"的学习方式使思政课教学缺乏师生"面对面"的情感交流，隔着屏幕，思政课教师的人格和思想魅力无法完全释放，由此，学生的情感认同在无形中被弱化，这也成为思政课教师与学生

---

① 申文杰：《马克思主义意识形态话语权理论阐释与实践探索》，人民出版社，2017，第1页。

对思政课教学效果的评价较低的重要原因之一。

**4. 部分思政课教师打分较随意导致严谨性不足**

根据调研,各高校思政课在期末考试的基础上,增加对平时成绩的评定。平时成绩常以小论文、调研报告、课堂演讲、课堂讨论情况等作为评价依据,目的是鼓励学生进行自主探索,考核方式灵活,考查维度多元,平时成绩的评定由教研室给予原则性标准,给思政课教师评定成绩一定的自由度。但部分思政课老师对成绩评定标准的把握不足,评价的随机性较大,打分较为随意,严谨性不足,甚至出现学习投入度较高者得低分、"划水者"得高分的窘境,诱发少部分学生功利地钻思政课评价不严谨的空子,造成评价失真现象,影响学生对思政课成绩的认可度。

**5. 思政课教师无法辨别团队中"搭便车"者从而影响学生学习积极性**

"搭便车"理论由美国经济学家奥尔森(Mancur Olson)于 1965 年在出版的《集体行动的逻辑:公共物品与集团理论》(*The Logic of Collective Action: Public Goods and the Theory of Groups*)中提出,作为经济学名词,其基本含义是"不付成本而坐享他人之利"。在思政课教学实践中,思政课教师经常会安排小组合作学习环节,鼓励学生集思广益,交流思想,以小组或团队合作的形式完成具有一定挑战度的实践作业,增强学生的获得感,提高思政课教学的针对性,也可以提高学生的协作能力,提升其团队意识。但在实际完成实践作业的过程中,思政课教师无法准确判断哪名学生是"搭便车"者,因而无法区别评定成绩。"搭便车"者不动手不做事,却可以获得与其他成员同样的成绩,引发同组或其他小组成员的不满,挫伤部分同学参与合作环节的积极性。

**6. 学习效果更多反映了学生的知识能力,对学习效果的内化与外化评价则较为困难**

根据罗杰斯的人本主义学习理论,"有意义的学习"指学习者在情感和认知两方面都能够全身心投入,主动发现、掌握、理解知识,并通过自我评价来判断学习是否满足了自己需要的学习活动。思政课是集"价值塑造、能力培养、知识传授"于一体的课程,既有助于填补大学生知识的空白,又有助于提升大学生认知水平和分析能力,塑造和涵养正确的价值观,提升思想境界,增强大学生的获得感。"获得感"是感性与理性的结合，指大学生在思政课学习过程中和学习后在知识、能力、情感、意志、思维、价值观念、行为等方面取得了实实在在的收获。

对于如何界定学生学习效果，学者肖映胜、张耀灿认为可以学生对基础知识的掌握情况，学生的情感、态度、价值观，学生的实践能力等为标准。[①] 思政课教学效果主要体现为"内化于心，外化于行"，但学生的获得感及外化效果比较难以准确衡量，无形中为客观评价思政课增加了难度。

现行的评价体系更多地反映出学生对思政课基础知识的掌握情况，对学习效果的内化（情感、态度、价值观）、外化（实践能力）情况的评价则较为困难。在实际操作过程中，往往把"以教代评"（评价思政课教师的教学状况）作为对学生评价的重要指标，同时，以学生的知识掌握程度（即知识维度）作为反映学生知识、能力、情感态度价值观三维目标的重要指标。但这样的评价方式，难免以偏概全，无法对学生的"学"做出客观真实评价。

学者姚晓娜认为，在学生的思想发展维度很难准确地找到测量的起点和终点，很难保证测量的准确度。[②] 思政课教育教学效果的显现具有一定的滞后性，因此，高校思想政治理论课的教学评价既要对即时课堂教学效果进行评价，更要着眼于长期的政治素养的提高。

## （六）混合式教学评价体系现状及存在问题

思政课不同于一般的专业课，具有特殊的课程属性，致力于传播主流意识形态，重在加强对新时代大学生的价值塑造与思想引领，是政治理论课。目前各高校几乎没有针对混合式思政课教学的专有评价体系，仍沿用传统的教学评价模式，几乎不涉及对线上教学的评价，存在线上线下"两张皮"的现象；评价理念滞后，指标设计体现"以教论教""以考定学"；评价指标设计科学性不足，导向功能较弱；评价方式以"他评"为主，评价指标的可测性不强，评价结果缺乏准确性；注重理论认知能力目标的考

① 肖映胜、张耀灿：《高校思想政治理论课教学评价理念新探》，《高校理论战线》2011年第7期。
② 姚晓娜：《关于高校思想政治理论课教学评价的若干思考》，《思想理论教育》2009年第5期。

查，对理论思维能力考查的内容较少，对实践能力和创造性思维能力的考查几乎没有，缺乏系统全面的素质评价。

混合式思政课教学评价体系尚不成熟。评价指标体系往往局限于学生评教及教师评学两个方面。指标设置关注教师课堂教学评价较多，关注社会实践教学较少；关注教学要素的评价较多，注重教学要素结构优化的评价较少；关注教学过程与环节的评价较多，注重思想政治教育主渠道作用发挥程度的评价较少；关注教学内容和知识传授情况评价较多，注重知识"内化于心、外化于行"的评价较少。①

在以教师为主导学生为主体的思政课教学中，评价考核应当鼓励引导学生积极开展自评和互评。在自评与互评的过程中，学会尊重、理解、欣赏他人，并对自己有更为客观的认识，不断开阔视野和胸怀。

**1. 采取同一评价标准不利于学生的个性发展**

与其他专业课程不同，政治性是作为立德树人关键课程的高校思政课的最鲜明的特征，但目前多数高校并没有适合思政课政治性的评价体系，而是与其他课程使用同一评价体系，忽略了高校思政课在课程设置、教学特点、考核方式等方面的个性化特征，因而，现行的对思政课的教学评价体系缺乏针对性，无法准确体现思政课教学效果。

评价要全面准确地反映评价客体的信息。教学是一个完整的动态过程，对混合式思政课的评价要全方位覆盖、全过程跟踪。思政课的课堂理论讲授、线上教学及社会实践都应纳入评价范围，同时对思政课教学的主要环节进行评价。所谓全过程跟踪，就是对教学的全过程进行评价，改变以往只注重结果评价的做法，增加过程性评价比重，相应降低终结性评价所占权重。一方面淡化终结性考试对学生成绩的影响，改善"一考定成绩"的状况，把考试和教学全过程紧密结合，增强学生课堂的参与感，激发学生学习兴趣，从而积极主动进行学习。另一方面培养学生的团队精神，提升学生分析问题解决问题的能力，使学生在团队合作的过程中体会到解决问题的快乐，促进学生全面发展。

混合式思政课教学评价，注重学习过程评价，把师生互动与作业、实

---

① 董亚平：《高校思想政治理论课教学评价存在的主要问题》，《学习月刊》2016年第18期。

践部分的考核以适当权重体现于总评成绩，加大平时成绩权重，增加过程性考核的比重，适当降低期末考试成绩在总评成绩的比重，改变过去"一考定成绩"的做法，将过程性考核与终结性考核相结合。在授课过程中，思政课教师通过分析在线数据，留意并记录学生在线上线下学习进程中的表现，利用多种教学手段掌控思政课堂，充分发挥教师的主导作用，调动学生的学习积极性主动性，凸显学生的主体地位，满足学生的多元化、个性化的异质性学习需求，关注学生在教学的各个环节的主动性与参与程度，及时掌握学生学习情况、调整教学思路、进行教学反思，尽力提升学生的获得感、成就感与满意度。

目前各高校的思政课教学评价没有独立的评价系统。评价主体多元但权重各异、评价内容格式化、评价方式数据化，对学生学习结果的评价，更多地以思政课教师设定权重，由线上教学平台生成学习数据的形式呈现，这导致学生更加关注学习内容的"完成度"。思政课教学过程中，部分思政课教师不能有效调动学生积极性，不能有效运用学生自评、学生互评环节。

**2. 以教材知识为主要评价内容与云教学时代不匹配**

思政课教材是思政课教学内容的重要载体，是传递知识、锤炼品格、树立信念的重要工具。思政课教师在授课过程中，应遵照教材内容将教材体系转化为教学体系，以使教学内容更容易被大学生所接受。部分高校推行了问题式专题化教学，取得了较好的效果。随着互联网技术的发展及混合式教学模式的广泛运用，线上海量的优质教学资源可随时共享，教学受时间空间的限制减小。混合式教学模式中，教师与学生组成"教学共同体"，教师的"教"作为教学的"供给侧"显得尤为重要，教师教学内容的讲授、教学设计以及教学资源的传播都对学生形成正确的观念产生一定的影响，对培养学生正确的世界观、人生观、价值观发挥重要作用。

目前各高校的混合式教学评价并没有将对线上教学资源的评价纳入评价指标体系，对混合式思政课教学的评价仍然停留在以教材内容讲授充分度的为主要标准的阶段，这样的评价方式与"云"教学时代的要求不匹配、不相称。

### 3. 不能很好地反映学生的综合创新能力

现代教学论认为，教学是围绕特定教学任务展开的由教学任务设计、执行及完成情况评估构成的系统性活动。有目的性和挑战性的教学活动更有益于培养学生的高阶思维。鉴于思政课课程本身的特殊性，混合式思政课教学评价体系既要关注教学任务的合理性，又要关注教学过程中的各环节是否紧紧围绕教学任务展开，是否有利于完成教学目标，还需要兼顾学生的态度和行为能力变化状况，能够充分利用线上教学平台上采集的信息对思政课混合式教学进行全过程评价，力求准确全面呈现学生的学习状态和学习效果。

学习过程与学习结果并重。传统意义上的教学评价更多进行的是终结性评价，主要表现为通过考试这一方式来考查学生学习状况。混合式思政课教学评价，教学环节更加多样化，应该增加过程性评价，注重对学生的学习全过程进行考核，使评价更加客观准确科学。

获取知识与能力提升并重。混合式教学包含学生课前自主学习、思政课教师的线上直播教学、课堂教学和分组讨论等环节。多样的学习方式和学习活动必然会产生多样化的学习结果，对学生学习效果的考核的出发点和归宿是其用所学理论解决实际问题能力的提升。

混合式思政课教学评价，表面看来关照到了混合式教学的各个方面，只要合理设定各个教学环节和教学过程的权重，便可以反映学生对知识点的基本掌握情况，但对情感目标和能力目标能不能准确达成、学生创新能力提升状况如何则无法准确反映。

### 4. 评价缺乏连续性导致思政课教师无法从评教结果中进行横向或纵向比较

经师易得，人师难求。思政课教师依据每学期的教学评价数据，认识到自身的不足，反思思政课教学的不足之处，通过自我发展、团队合作、学校支持等方式不断开阔视野，拓宽知识领域，提高专业水平，磨炼人格意志，长此以往，才能乐教无悔，才能成为学生敬重的"大先生"，才能把思政课打造成打动学生心灵、学生真心喜爱并终身受益的课程。

当前高校对思政课教师的教学评价多是在每学期末或下学期开始选课前进行，多采用学生根据相应的指标体系打分的方式进行。此外，各学期对思政课教师的教学评价相互独立，管理部门并没有进行纵向对比。在完成教师评价后，评价数据可能作为教师评优评先的部分参考，但思政课教师无法依据评教数据进行纵向或横向比较，无法从评价数据中得到参照信息，这样的评价数据作用有限。

# 三　高校思政课混合式教学评价机制问题的原因分析

习近平总书记在全国高校思想政治工作会议上指出"抓好马克思主义理论教育，为学生一生成长奠定科学的思想基础"[①]。关心促进学生的全面发展，培养合格的社会主义事业建设者和接班人是新时代思政课教学的出发点与归宿，也是混合式思政课教学评价的应有之义。"培养什么人，怎样培养人，为谁培养人"[②] 对新时代思政课教学提出更高要求。它要求思政课教师不仅要了解时代所需，更要了解学生所需所想；不仅要发挥"经师"的作用，还要担负起"人师"塑造人培养人的重任，构建科学有效的课程评价体系，体现高校思政课立德树人的根本属性。构建基于"四个评价"的混合式思政课评价体系任重道远，思政课教师更要立足学生学习实际，审时度势，主动作为，积极探索充分体现价值塑造、能力培养、知识传授情况的思政课评价体系。

基于思政课教师的调研数据，课题组期望通过 IPA 分析得出影响思政课教学实效的关键因素，为构建科学有效的基于"四个评价"的混合式思政课教学评价体系提供借鉴。

## （一）基于 IPA 模型的满意度统计分析

### 1. 基于思政课教师调研数据的描述性统计分析

对思政课教师的问卷基于思政课教师的专业判断，以"非常不满意、

---

① 《办好思政课，习近平这样强调》，http：//politics.people.com.cn/n1/2022/0324/c1001-
　32382909.html。
② 《习近平主持召开学校思想政治理论课教师座谈会强调用新时代中国特色社会主义思想铸
　魂育人 贯彻党的教育方针落实立德树人根本任务》，《人民日报》2019 年 3 月 19 日。

不满意、一般、满意、非常满意"和"非常不重视、不重视、一般、重视、非常重视"为评价质量等级。教师有效问卷为 413 份，对重要程度及满意度的评价结果如表 2-23 所示。

表 2-23　对重要程度及满意度的评价结果

| 项目 | 重要程度 | | 满意度 | |
|------|------|------|------|------|
| | 平均数 | 标准差 | 平均数 | 标准差 |
| 1. 教学课件及内容 | 3.92 | 0.98 | 3.83 | 0.93 |
| 2. 线上课占比 | 3.65 | 1.03 | 3.70 | 0.99 |
| 3. 线上直播平台 | 3.74 | 1.02 | 3.73 | 0.96 |
| 4. 线上教学方式 | 3.81 | 1.02 | 3.72 | 0.98 |
| 5. 线上课程资源 | 3.99 | 0.94 | 3.73 | 0.94 |
| 6. 线上资源形式 | 3.92 | 0.95 | 3.74 | 0.95 |
| 7. 教师备课情况 | 4.11 | 0.94 | 3.77 | 0.92 |
| 8. 师生互动情况 | 4.14 | 0.94 | 3.63 | 1.01 |
| 9. 上课纪律 | 4.06 | 0.96 | 3.52 | 1.07 |
| 10. 课程作业 | 3.97 | 0.91 | 3.63 | 0.96 |

结果显示，思政课教师认为较重要的指标分别为师生互动情况、教师备课情况、上课纪律、线上课程资源、课程作业、教学课件及内容、线上资源形式等，认为较不重要的分别是线上课占比、线上直播平台、线上教学方式等，感到较满意的分别是教学课件及内容、教师备课情况、线上资源形式、线上课程资源等，满意度较低的分别是上课纪律、课程作业、师生互动情况等。

**2. 基于教师调研数据的 IPA 模型分析**

根据思政课教师对思政课混合式教学各项指标重要程度和满意度评价均值，建立 IPA 模型，如图 2-1 所示。

分析数据显示，重要程度总体均值为 3.93，满意度总体均值为 3.70。因此重要程度与满意度的垂直交叉点定位在（3.93，3.70）上，以此为垂直交叉点形成 IPA 的四个象限。A、B、C、D 象限分别有 2 个、5 个、0 个、3 个观测变量，进行配对样本分析，可知思政课教师对各变量重要性及满意度感知的差异。

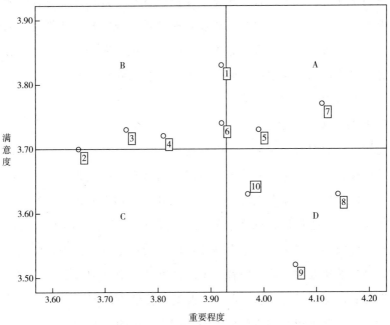

**图 2-1　基于重要程度与满意度的 IPA 模型**

　　根据 IPA 模型分析结果可以得出，落在 A 象限（继续保持区域）的 2 个变量为继续保持项目，应在保持现有优势基础上进行巩固强化和提升。思政课教师对线上课程资源、备课情况很重视，满意度也较高。

　　落在 B 象限（供给过度区域）的 5 个变量保持现有状态。教师对教学课件及内容、线上资源形式满意度高。线上直播平台、线上教学方式重要程度不高，线上课占比相对于其他指标来说，重要程度不高。没有落在 C 象限（优先顺序较低区域）的变量。根据 IPA 原理，落在 D 象限（加强改善区域）的师生互动情况、上课纪律、课程作业是思政课教师认为亟待解决的问题。经过对思政课教师的调研数据进行 IPA 模型分析，可以得出急需加强与改善的是混合式教学模式的师生互动情况、上课纪律、课程作业。思政课教师普遍认为师生互动情况、上课纪律、课程作业很重要但对其满意度不高，需着力予以改善。

### （二）高校思政课混合式教学评价机制问题的原因分析

　　混合式思政课教学评价机制主要可分为思政课教学评价与对思政课评

价体系的再评价。其中，思政课教学评价包含教学过程评价与教学效果评价。由于思政课教师与学生乃至高校管理者对混合式教学评价机制的认识尚处于初级阶段，尚未能构建起体现思政课特色及充分发挥混合式教学模式优势的评价机制。课题组的调研发现，高校思政课混合式教学评价机制问题存在的原因主要在于以下几个方面。

**1. 有效的师生互动不足**

建构主义学习观强调学习的主动建构性，学习不是知识由教师向学生传递的过程，而是学生从原有经验出发建构新知识的过程。教学是在教师指导下，以学生的"学"为中心，教师从知识传播者变成学生学习的支持者与帮助者，学生从以往的知识被动接受者变成意义建构的主动者。[①] 混合式思政课教学实践中，学生不是知识的被动接受者，而是积极主动的参与者，是教学实效的直接体现者，思政课教学实效如何，最终落脚到学生的满意度获得感。混合式思政课教学改变了传统思政课课堂教学"我讲你听"的模式，教学过程中学生的参与程度直接影响学习效果。

有效互动是指师生之间、学生之间积极主动地以课堂分享、问答讨论的方式学懂弄通具体理论问题、社会问题及人生困惑，在师生互动、生生互动、生生互评的过程中，进行以问题为导向的交流互动，师生之间就问题进行思想碰撞、学生之间就问题辩证讨论，这种互动是为了交换思想、探讨真理，让真理越辩越明，从而达到思想上的共识和情感上的共鸣，有效提升学生的思辨能力，加深学生对思政理论的理解，学生得以在有效的师生互动中内化知识、培养能力、提升素质。

师生的有效互动凸显了大学生作为个体的鲜活经验，在教学中体现结论与过程、认知与情意、预设与开放的统一与整合。教学不再只是一个单向的过程，而是师生双方通过对话进行心灵沟通，实现双方主体性建构与发展的过程。生动和有效的思政课教学从来都不应该是思政课教师一个人的"独角戏"，而是教师的"教"与学生的"学"、教师与学生的互动过程。理论在讲授与吸收、在问与答中得到理解与升华。高校思政课是高校

---

① 陈浩等：《基于SPOC线上线下混合式教学模式的研究与实践——以〈光电子技术〉课程为例》，《中国多媒体与网络教学学报》（上旬刊）2020年第12期。

思想政治教育的主渠道，思政课教师的教学要能使学生做到"亲其师而信其道"，将"真学，真懂，真信，真用"落到实处，使学生在问答中学会思考，确立信仰，切实提升思政课教学实效。

师生的有效互动对高校思政课教师掌控课堂的能力提出较高要求，要求思政课教师能够激发学生听课的积极性，营造充满活力的教学氛围，同时教师在授课的过程中要密切关注学生的听课反应与参与度，确保每一个学生都能主动参与到课堂中来，在有效的师生互动中提升思政课教学效果。思政课教师应着眼于混合式思政课教学，充分利用线上教学平台优势，转变思想观念，主动作为，肯定学生的主体地位，培养学生的主体意识，构建师生双向互动的"双主体"教学模式，使学生从学习的被动参与者变为主动参与教学活动的学习主体。[①] 充分发挥教师的主导作用与学生的主体作用，既体现思政课的知识性，又体现思政课的启发性，切实实现师生之间、学生之间的有效互动，打造师生"学习共同体"。

思政课教师要提升教学设计的互动性，增强问题意识，提出"真"问题，遵循学生成长规律，以师生之间平等交流为出发点，将主流意识形态融入平等、高效的师生互动中。思政课教师想要真正做到"说得清""问不倒""难不倒"，就要努力成为研究马克思主义的行家里手，深刻领会并准确把握马克思主义的基本内容和精髓，以深厚的理论功底赢得学生。思政课教师要注意课中进行实时问答与讨论、课后布置讨论题等，及时针对学生存在的问题进行线上辅导和答疑，实时了解学生的学习状况，增强学生自觉学习的意识。

混合式思政课教学模式有效提升了师生互动体验，师生既可以通过线上问答的形式进行互动，也可以在课堂教学中进行深入有效互动。思政课教师可利用线上教学即时互动的优势，及时了解大学生价值观形成中存在的主要问题及影响大学生主流价值观塑造的错误思潮，把在线共享屏幕、交流思想的每一分钟都当作价值塑造和思想引领的最佳契机。[②]

---

① 楚金存：《新媒体背景下高校思政课混合式教学模式研究》，《山西青年职业学院学报》2018 年第 4 期。

② 马福运、孙希芳：《常态化疫情防控中的高校思政课教学创新》，《教学与研究》2021年第 5 期。

混合式教学有利于思政课教师与学生之间的良性互动，形成良好的师生关系。思政课的混合式教学，不再局限于教师讲解，而是强调教师与学生的双向互动。思政课教师要切实把"以学生为中心"的理念融入思政课教学全过程，主动了解、适应、满足学生的理论需求，讲解他们关心的重大理论和现实问题，帮助他们解决成长成才过程中的思想困惑。① 专题讨论、问卷是思政课教师与学生互动的重要方式，通过学生的答题状况思政课教师可大致了解学生的学习状况，从而更加准确地把握课程进度。思政课教师要及时进行学情分析，深入了解学生的理论关切、价值观念、思想困惑等有价值的信息，为学生推送个性化学习信息。按照"围绕学生、关照学生、服务学生"的宗旨要求，既发挥思政课教师调控教学过程的主导作用，又充分关照学生作为学习主体的主动性和差异性，有力提升思政课的针对性。

美国教育评价专家韦伯提出的知识深度理论指出，教学活动和任务的设计需要注意学习的深度与学习过程的复杂程度。② 依据知识深度理论，思政课教师在设置问题时不能过于简单，要有一定的思想性，更要使学生有话可说，同时要具有一定的综合性与挑战性，以推动学生进行深度学习，由此，有效提高学生的课堂参与度与学生的获得感。

在混合式思政课教学实践中，有效互动不足仍是高校混合式思政课教学中存在的最大问题之一。部分思政课教师仍然选择"满堂灌"的方式，认为与学生之间的互动是低质低效的。此外，部分思政课教师采用"大水漫灌"方式，不进行学情分析，没有针对不同专业学生进行差异化的教学设计。问题只有抓得准，道理只有说得透，理论才能吸引人征服人。③ 从调查情况来看，在混合式思政课教学实践中，师生有效互动是不充分的。思政课教师设置问题缺乏递进性，没有形成问题链，不能很好地引发学生的深入思考，解除学生的思想困惑，教学实效性有待提升。

---

① 马福运、孙希芳：《常态化疫情防控中的高校思政课教学创新》，《教学与研究》2021 年第 5 期。
② 王春易等：《从教走向学：在课堂上落实核心素养》，中国人民大学出版社，2020，第 120 页。
③ 冯秀军：《用"问题链"打造含金量高、获得感强的思政课》，《中国高等教育》2017 年第 11 期。

**2. 上课纪律是影响思政课教学实效的重要因素**

罗杰斯有意义的自由学习理论主张以学生的自觉性与主动性为学习动力，把学习与学生个人的愿望、兴趣和需要有机结合，学生可以在自由的氛围中学习，拥有自己选择的自由，获得自身价值的体验与提升，由此，可克服传统课堂教学中以教师为中心而学习者被动接受学习的不足，有效促进学生个体的发展。

上课纪律是对学生课堂学习行为施加外部控制和约束的硬性规则，它凭借外部的强制力来规训学生的言行以达到某种统一的标准，往往以"同"为基本价值取向。而学习的本质是教育者引领学生在接受基本规范和基础知识的基础上彰显其思维个性、天赋才情乃至表达活力，以实现学生个体价值为宗旨，以"异"为基本价值取向。思政课教师需要统筹上课纪律的"同"与学习本质的"异"，把握讲课节奏，注意维持上课纪律，通过打卡签到等刚性纪律有效组织教学，在规范有序的基础上，促进学生个性发展，增加学生学习的主动性与创造力。

混合式思政课教学过程中，尤其是线上教学的教学管理成了"高难任务"。绝大部分学生能按照学校要求、教师安排积极参与在线教学活动，但仍有部分学生对在线教学抱有投机心态，浑水摸鱼，以"网络不好"等各种理由逃避在线教学，这对思政课教师的在线教学提出了挑战，要求思政课教师在以深厚的理论功底、透彻的理论讲解吸引学生的同时，还要注重在线教学的"课堂"纪律，加强在线教学管理，设置多个师生互动环节，强化过程考核，善用信息化手段发现问题，高效化解教学管理中的矛盾风险。[1]

认真做好学情分析是保持良好纪律的前提。思政课作为全校性的公共基础课，学生的思政课学习基础参差不齐，这就要求思政课教师注重研究学生原有的知识积累和思想基础。为了使不同专业的学生更好理解马克思主义理论，愿学、乐学思政课，思政课教师要在备课时能恰当地配置教学资源，使教学内容切合学生专业实际、有的放矢，传播知识，启迪智慧，使学生能够听得懂、听得进，使学生领悟马克思主义基本原理，坚守马克思主义信仰。

---

① 沈震：《高校思政课在线教学的"十不失"》，《中国高等教育》2020年第18期。

满足学生需求与期待的教学内容是保持良好纪律的密码。马克思主义从来都不是远离社会生活和脱离社会实践的"书斋里的学问"，而是无产阶级改变世界的思想武器。习近平总书记指出："马克思主义是实践的理论，指引着人民改造世界的行动。"① 马克思主义的实践性，决定了教学内容不能过于理论化，不能脱离社会和学生实际，缺乏吸引力，就难以引起学生的共鸣。② 思政课的理论性、实践性与科学性要求思政课教师必须掌握学生的认知特点，把握学生的思想状况，明确学生的理论需求，了解学生的思想困惑，把握学生的接受方式，有针对性地讲授内容，即以学生为中心，立足学生需求，运用马克思主义理论解学生之渴、释学生之惑，彰显理论的现实魅力和在立德树人中的影响力，③ 使社会主义核心价值观真正在学生的头脑中扎根，真正做到入脑入心。

青年是祖国的希望和民族的未来。青年大学生要赢得未来，应对前进道路上的各种风险挑战，就必须不断提高运用马克思主义分析和解决实际问题的能力，要坚持用马克思主义观察时代、解读时代、引领时代。④ 思政课正是坚定大学生的马克思主义信仰和共产主义理想的关键课程。青年大学生思想活跃、思维跳跃，获取信息的渠道多样，对思政课具有较高期待，若思政课教师所讲的理论不能解释现实，那么思政课就会失去对学生的吸引力。这就要求思政课教学必须与时俱进，不断丰富和更新教学内容，及时融入马克思主义中国化的最新理论成果，立足世情国情社情，及时关注社会的热点难点问题，回答学生普遍感到困惑的问题，增强课程内容的时代感、吸引力和鲜活性，加强马克思主义理论的说服力。贴近学生思想实际的教学内容更能使学生感受到理论的力量，从而激发大学生用辩证思维创造性分析问题、解决问题的自信心和进取心，⑤ 使学生真正学有

① 习近平：《在纪念马克思诞辰 200 周年大会上的讲话》，《人民日报》2018 年 5 月 5 日。
② 彭冰冰：《真理真情真实：提升高校思想政治理论课实效性的三重维度》，《思想理论教育导刊》2018 年第 3 期。
③ 刘吕红：《高校思想政治理论课活力提升路径选择：基于学生实际问题研究》，《高校马克思主义理论教育研究》2021 年第 2 期。
④ 习近平：《在纪念马克思诞辰 200 周年大会上的讲话》，《人民日报》2018 年 5 月 5 日。
⑤ 孙燕、李晓锋：《高校思政"金课"建设：困境、标准与路径》，《重庆高教研究》2019 年第 4 期。

所获、学有所悟、学有所得，激发学生潜在的学习积极性和主动性，变"要我学"为"我要学"，有效提升学生学习的获得感、满意度。

创造性地运用教学形式与教学方法是保持良好上课纪律的不二法门。对于如何提升混合式思政课教学实效，不少学者对教学形式与方法进行了有益的探索。中南财经政法大学张瑞堂教授探索的典型案例分析法、参与互动教学法、双师示范课堂等被媒体广泛报道。中央财经大学冯秀军教授用"问题链"打造含金量高、获得感强的思政课。江西省以"源于教材，超越教材；立足课堂，超越课堂；依靠主讲，超越主讲"为基本思路，对高校思政课进行了"问题式专题化团队教学"改革，这种"以问题为导向，以专题为教学单元，以团队合作为教学组织形式"的教学方式大大提升了思政课教学的针对性，很好地激发了学生的听课兴趣。

环环相扣的"问题链"以学生关注和困惑的问题为起点，紧扣教材中的重难点，在学生关注点和教材重难点的结合点上精心设计问题，学生跟随老师的问题不断进行思考。这既能使学生把握教学重点，又能建构起整体知识框架；既能展现理论的逻辑力量，又能体现思政课的严谨性和整体性。学生在不断深入的连续追问中学会思考、确立信仰。需要注意的是，问题要紧扣教学内容且要有明确的结论，教师要引导学生进行思考，不能违背教学方法为马克思主义原理的阐释服务的原则。教学形式的运用不能丢失灵魂，不能违背为思政课教学内容提质增效服务的本质要求。[①]

注重师生间情感交流是保持良好上课纪律的重要条件。面对面课堂教学的优势和不可替代性主要在于师生之间语言、情感和思想的即时交流和沟通。思政课需要的是感情的升华和信仰的树立，如果师生之间缺乏感情的交流，就难以真正影响与改变学生的思想观念。只有注重与学生进行深入对话和情感交流，通过潜移默化的课堂教学，用辩证思维方法和全面事实逻辑解答学生心中的疑惑，思政课教师才能切实关注到学生的真实想法和感受，做到有的放矢，因材施教，让学生从内心树立正确的政治观点和

---

① 张耀灿：《以"四真"精神讲好思政课要处理好的关系》，《思想理论教育导刊》2021 年第 4 期。

价值取向。①

受到利己主义、享乐主义及历史虚无主义等错误思潮的影响，学生可能出现思想上的混乱和行为上的无所适从，需要思政课教师及时予以澄清、解惑和干预引导，厘清学生思想困惑、发挥思想引领作用，学生受到砥砺启发，认识得以澄清升华。面对教学过程中学生存在的思想困惑和理论盲点，思政课教师既要做好"经师"，更要做好"人师"，做学生前进道路上的引路人。这就要求教师具备宽广的视野、敏锐的洞察力、为人师的情怀及对思政课堂的把控能力。

**3. 课程作业情况是影响思政课教学评价的重要因素**

课程作业是构建学习化课堂的重要载体，是评价学生知识掌握程度的重要依据，有益于培养学生的创新性思维和批判性思维。得益于信息技术的发展，思政课教师可利用线上教学平台等信息技术手段，对课程作业进行精准诊断，全面了解学情，从而精准施教，改低效重复的"大水漫灌"为精确高效的"精准滴灌"，提升教学针对性。

课程作业类型既可以是从题库中抽取的对基础知识进行考核的客观题，也可以是需要抒发自己观点的论述题。思政课教师布置作业之后，学生通过阅读思政课教师提供的经典文献、检索有代表性的学术著作和论文，了解学界对某个问题的最新研究动态，对问题进行深入思考，形成自己的认识。在混合式的思政课教学过程中，存在少数学生课堂讨论不积极、态度不认真，比如用表情符号或无意义的单个词代替语言的回应，导致问题回答的无效性。从参与度的有效性来看，部分学生不愿意表露自己的真实看法，对部分问题不参与讨论，这就需要思政课教师予以引导，提升学生参与课堂讨论的积极性、主动性，或者采取匿名回答的方式，鼓励学生真实表达自己的想法。

有效教学的评判标准关键在于教学能使师生的认知发展需求、能力发展需求、情感发展需求等得到满足，教师能准确把握学生需求和困惑，避免教学"目中无人"。教师与学生是"学习共同体"，师生应该在思政课教

---

① 张静：《慕课在思想政治理论课改革中持续发展的困境思考》，《思想政治教育研究》2017年第 4 期。

学中共同进步与发展。教学作为师生共同参与的重要活动，理应关注师生的共同发展，关注师生发展需求的满足。学生在完成作业的同时，可以阅读大量的经典文献，了解和掌握学术前沿，自身对理论的理解能力得到进一步加强。思政课教师在了解和掌握学生作业完成情况的同时，应该对学生的作业进行相应点评，这个点评的过程也促使思政课教师不断提升自己的理论功底和马克思主义理论素养。

立足"立德树人"的根本任务，思政课教师应在准确把握各教学环节特点和目标的基础上，积极推动考查方式的变革，改变过去"一考定成绩"的状况，树立"品德、能力与知识考查并重"的考核理念，积极探索诸如试卷考试、现场讲述、分组研学等多样化考核方式，构建知识掌握、道德认知、价值判断、分析能力等多元考核指标体系。在思政课教学过程中，把课堂互动情况、作业完成情况作为平时成绩的重要构成部分。思政课教师精心准备作业，学生进行分组研讨与课堂汇报，生生互评，教师总结点评。

**4. 思政课评价体系的再评价存在问题的原因分析**

2020 年 10 月，中共中央、国务院印发《深化新时代教育评价改革总体方案》，为各高校对思政课进行科学评价提供了政策遵循。各高校应以"四个评价"为原则，科学评价学生学习效果；用过程性评价督促约束学生在线学习行为；用好线上教学平台，重视学生在线学习数据分析。[①]

高校混合式思政课教学是依托线上教学平台，以师生共同发展为出发点，以学生发展为中心，以增强思政课的吸引力和感染力、提升思政课的针对性和实效性为目标，是提高思政课教学实效性、推动思政课教学改革、促进思政课教师专业成长的重要手段。科学准确的高校混合式思政课教学评价，是有效提升思政课教学实效的必要条件，是加强学科建设的重要保证，是混合式思政课教学成功的关键。

（1）对高校思政课教学评价的特殊性——价值性认识不够深入。高校是学习、研究和传播马克思主义的重要阵地，思政课是学习、研究和传播马克思主义理论和推进马克思主义理论建设的首要和关键课程。[②] 对高校

---

① 沈震：《高校思政课在线教学的"十不失"》，《中国高等教育》2020 年第 18 期。
② 骆郁廷、李俊贤：《思政课何以成为立德树人的关键课程》，《马克思主义理论教学与研究》2021 年第 1 期。

思政课的科学评价不应该单纯以大学生对马克思主义理论知识的掌握度为衡量标准，而要以通过学习思政课，大学生是否树立了正确的世界观、人生观和价值观，是否坚定了对马克思主义的信仰，是否坚定了对社会主义和共产主义的坚定信念，是否增强了"对中国特色社会主义的信念、对中华民族伟大复兴中国梦的信心"① 为衡量标准。

思政课教学评价的终极目的在于促进教师的"教"和学生的"学"，如果思政课评价机制无法体现思政课教师与学生的价值诉求和价值引导功能，那么教学评价最终将成为"为评价的教学"，而非"为教学的评价"。因此，思政课教学评价必须遵循教学规律，尊重学生成长规律，发挥思政课教师的专业与教学经验优势，满足学生的个性化需求与知识能力提升的需要，② 回归思政课教学评价机制的价值引领本位。

现行的高校思政课评价机制对高校思政课教学评价的特殊性——价值性认识不够深入，把对思政课的评价等同于对其他专业课程的评价，将知识性作为评价重要依据，没有建立思政课专属且体现思政课特殊价值的评价指标体系，无法真实检验学生的道德认知和价值认同水平，不能充分体现思政课的价值引领功能。

（2）评价结果对思政课教师的引导作用有限。思政课教师能看到各评价主体提出的建设性整改意见，获得正确的反馈，有利于其改进教学，提升个人授课能力，真正实现"以评促改，以评促教"。但由调研得知，评教结果大多仅作教育管理部门把握思政课教学质量情况的参考，思政课教师并不能随时查阅、对照，这种情况有待进一步改善。

作为"人师"的思政课教师任重道远，需要更新的思维、更宽广的视野、更深厚的情怀，主动作为，勇于担当，善教乐教，主动更新教学理念、设计教学内容、创新教学形式，实现各要素的有机统一，积极探索使价值塑造、能力培养、知识传授有机统一的思政课评价体系。

---

① 习近平：《在纪念五四运动 100 周年大会上的讲话》，《人民日报》2019 年 5 月 1 日。
② 郭丽君：《教育生态视阈下的高校教学评价问题研究》，《湖南农业大学学报》（社会科学版）2017 年第 4 期。

# 第三章　高校思政课混合式教学
# "四个评价"的内涵要素

《深化新时代教育评价改革总体方案》中提出了教育评价改革的方向，确立了"坚持科学有效，改进结果评价，强化过程评价，探索增值评价，健全综合评价，充分利用信息技术，提高教育评价的科学性、专业性、客观性"的原则。《高等学校思想政治理论课建设标准（2021年本）》也提出了"改革考试评价方式，建立健全科学全面准确的考试考核评价体系，注重过程考核和教学效果考核"。依据两个文件的要求对思政课混合式教学评价进行改革，形成可操作、高水平的评价体系。

## 一　表现性评价与结果性评价的内涵要素

随着经济社会的发展及高等教育功能的转变，人们对教育评价的认识经历了一个复杂的演变过程，在不同形态的评价观指引下，形成了表现性评价与结果性评价。

### （一）表现性评价的内涵与特征

表现性评价是在对传统的学业成就测验进行批判的基础上形成的，体现了重视过程评价、重视质性评价、重视非学业成就评价等最新的评价理念，是20世纪80年代末到90年代早期在美国兴起的一种教育评价方法。

**1. 表现性评价的内涵**

表现性评价（performance assessment），也被称为"真实性评价"或"替代性评价"，是指通过观察学生在完成实际任务中的表现，对学生的知识、技能及发展水平做出价值判断。[1] 布莱恩·斯特克认为表现性评价即用较丰富的提示材料让学生自由作答从而判断学生所学所得的方法。[2] 有学者指出表现性评价"通常要求学生在某种特定的真实或模拟情境中，运用先前所获得的知识完成某项任务或解决某个问题，以考查学生知识与技能的掌握程度，或者解决问题、交流合作和批判性思考等多种复杂能力的发展状况"[3]。表现性评价不是选择题测试，在表现性评价中，学生必须建构答案、产出成果或从事活动，而不是在预定的选项中选择。[4] 思政课混合式教学中的表现性评价是指观察学生在思政课混合式教学过程中的具体表现，对学生理论知识的获取、素质能力的提升以及价值能力做出判断的活动。其包含了三层含义：一是学生用自身的行为来证明自己学习思政课的学习过程和结果；二是评价者必须观察学生在混合式教学过程中针对"问题"创设答案的过程或学习成果记录，包括课堂表现和线上学习平台根据设置好的系数自动记录学习成果；三是使学生提升学习知识的能力和价值判断能力。表现性评价方式可能是无声的，也可能是有声的，可能是文字形式的，也可能是口语表达形式的，表现为学生对课堂"问题"的回应、作业完成度以及其他表现行为的评价。

**2. 表现性评价的特征**

表现性评价更注重学生课堂知识、情感、价值表现的真实性，其主要有如下特征。

其一，致力于学生素质的提升和价值的回归。传统教学的课堂表现评价仅仅是对理论知识的理解进行测试，要求学生回答出唯一正确的或最佳的答案，表现性评价回归到教学过程中学生完整而真实的活动，强调学生在教学过程中的真实表现，强调学生的身心成长和整体发展，致力于学生素质的提升和价值的回归。

其二，体现评价的真实性。表现性评价的核心理念是为学生提供表现

---

[1] 李慧燕编著《教学评价》，北京师范大学出版社，2013，第37页。

[2] 引自〔美〕琳达·达令-哈蒙德、弗兰克·亚当森《超标准化考试：表现性评价如何促进21世纪学习》，陈芳译，湖南教育出版社，2020，第15页。

[3] 赵德成：《表现性评价：历史、实践及未来》，《课程·教材·教法》2013年第2期。

[4] G. Madaus, Laura M. O'Dwyer, "A Short History of Performance Assessment," *Phi Delta Kappan* 80 (1999).

机会，让学生无论在线上课堂还是在线下课堂都表达自身的真实想法。学生依托线上平台、课堂教学等进行讨论，完成作业和测验，获取知识并对客观社会现象、重要事件等发表自身真实的看法，展示真实的自我成长过程。通过对表现的真实评价，教师能够真正了解学生是否通过学习达到明确的目标，学生在实现目标的过程中是怎样做的、怎样思考问题的。

其三，呈现学生对教学内容的理解力。表现性评价能够更好地评价学生对马克思主义理论价值的意义建构过程，而不仅仅是知识测试，单纯的知识测试排除了学生价值观的形成过程，相反，表现性评价重在评价学生在线上线下教学环境中对马克思主义理论与实践知识的理解和有意识运用。

### （二）结果性评价的内涵与特征

思政课混合式教学结果性评价是对思政课线上线下教学效果的评价，这种效果可能是课程结束就能看得到的结果，也可能贯穿整个大学生活，这个结果可能会在学生的成长中起重要作用。本研究中的结果性评价指的是，在课程结束后为判断学生在课程中所学到的知识和所掌握的技能而进行的评价。

#### 1. 结果性评价的内涵

"结果性评价"，也被称为"终结性评价""结果评价"，主要是对教育教学达成结果进行恰当的评价，是在某一阶段教学活动结束后为判断其效果而进行的评价。这里的阶段可以是一个单元、一个模块，或一个学期，其目的是对学生阶段性学习的质量做出结论性评价。[①] 美国学者泰勒（R. W. Tayler）在经过"八年研究"之后，提出了围绕教育目标开展测评的观点，并且正式提出了"教育评价"的概念。泰勒认为，教育评价的本质在于检测课程教学方案与教学目标的达成度。在目标导向评价观指引下，评价者运用定量评价的方式收集数据，判断结果与目标的吻合度。

因此，结果性评价涉及课程教学的结构，对学生和教师以及他人而言，课程结束后的考试是一种结果性评价，可以让多方主体了解学生的知

---

① 苏启敏：《价值反思与学生评价》，北京师范大学出版社，2010，第196页。

识掌握状况。安迪·法夸尔森（Andy Farquharson）认为可以分为三种评价方式：一是列出问题的标准答案，回答每个问题时的要点及每个要点的分值；二是对研究论文进行评分时，通读整篇文章，根据文章满足答案要点的情况打分；三是基于事先准备的具体的百分比给文章的内容、风格、表达方式打分。① 这样可以保证评价的准确性、可靠性和一致性。思政课混合式教学结果性评价主要是指在一定时期的混合式教学活动结束后，根据思政课教学知识、能力、价值目标要求，对最终的教学效果进行的评价，最终的教学效果表现在教育对象的世界观、人生观、价值观的树立，对马克思主义理论的认知水平的提升、知识结构的改善等方面。

**2. 结果性评价的特征**

思政课结果性评价的突出特征表现在如下几个方面。

在学习结束后进行评价。结果评价是在一个阶段课程学习结束后进行的评价，从横向比较分析来看，可以是对一个问题、一个专题、一个章节、一门课程学习结果的评价；从纵向比较分析来看，可以是对一个学期、一个学年甚至全部思政课学习结束取得效果的总体评价。

对学习效果较为全面的评定。一般说来，结果评价的主要目的是全面评定学生的学习情况，旨在检验学生的知识掌握能力、事实性信息获取和把握能力、推理性能力、分析复杂问题的能力以及价值能力的提升状况。

对教育主体的教学过程的反思。通过评价教育主体混合式教学的结果和对教学目标的把握情况来对教学过程及教育对象在教学过程中的表现进行分析和反思，从而使思政课教师及时发现与找寻教学过程中的遗漏，为以后的教学提供参考。

## （三） 改进结果评价提升教学质量

结果评价的主要目的是明确课程学习目标的达成度，判断学生能力的提升度，检验学生的价值观是否正确。思政课混合式教学的结果评价主要通过课堂教学活动、期末考试以及社会实践实现。结果评价是对思政课教

---

① 引自〔美〕Ellen Weber《怎样评价学生才有效——促进学习的多元评价策略》，陶志琼译，中国轻工业出版社，2016，第42页。

师的 "教" 与学生的 "学" 的效果的检验，学生的学业成就体现着思政课教师教的水平，同时也体现着学生学习的努力程度与学习效果。结果性评价对学生而言可体现为学生的课程成绩，对教师而言是其教学水平的重要体现，与思政课教师的职称评聘与考核密切相关。

当前对思政课的评价多表现为对思政课教师的评价，往往建立在 "以教代评" 的基础上，对思政课教师的教学表现进行评定，对学生的评价则是 "以考代评"。此外，同行评价方式在整个教学评价体系中占比不高，各高校更为看重的是学生评教与教学督导评教。若相应提高同行评价在整个评价体系中的占比，可在一定程度上纠正 "以教代评" 过程中因评价标准、督导偏好等因素导致的质量评价偏差。各高校可在校内组建或跨校组建学科专家团队，对同一层次或同一类型高校思政课教师进行交互式或匿名式同行评价，促进思政课教学质量的提升。

## 二　即时性评价与过程性评价的内涵要素

学生在思政课教学过程中的态度、情感、行为表现的变化，更适合运用 "即时性评价" 和 "过程性评价"。

### （一）即时性评价的内涵与作用

利用信息平台对学生在课堂教学过程中的表现进行及时、积极的评价，会激发学生对思政课理论与实践的进一步思考。吴康宁认为，课堂教学是师生交往的过程，即时性评价的理论基础是交往理论。[①] 在思政课混合式教学过程中，教师借助线上平台，通过语言、非语言形式对学生的表现进行即时评价，及时了解学生的心理状态、对世界及人生的看法与态度，有利于促进学生的自我认知与发展。

#### 1. 即时性评价的内涵

美国学者卡兹登（Cazden）曾于 20 世纪 90 年代末提出 "启动-回应-评价" 这一课堂交流的基本模式。在这一模式中，教师通过不同的话语对

---

① 吴康宁：《课程社会学研究》，江苏教育出版社，2004，第 30~42 页。

学生的回答进行评价。[①] 英国教育专家纳珀（Napper）对课堂即时评价做了详细的阐述，指出将课堂即时性评价直接融入日常教学过程中。[②] 即时性评价是指在教学过程中根据学生对教育信息的反应，即刻采取必要的调控手段，调整教学节奏，解决学生学习所遇到的问题，是教师对学生学习情况的定性分析。[③] 换言之，即时性评价是指在特定的情境下，对学生的行为表现进行即时鼓励、调控及引导的评价活动。[④] 在混合式教学过程中，即时性评价内容涉及学生的整个学习过程、学习态度、学习方法和学习效果等，它可以通过教师的情感流露、言语激励、行为暗示等方式进行。即时性评价中评价主体对某个人或某个行为做出即时的反映，或肯定或纠偏。心理学研究表明，对于学生特定情境下出现的某种行为进行及时的认可或纠偏，可以使学生强化良性认知或行为，尤其是其行为得到认可后，心理上会产生某种满足感，这会促使个体良性行为继续向高层次发展。

**2. 即时性评价的作用**

即时性评价的作用体现在如下几方面。

其一，提醒教师随时关注学生的知识掌握程度和成长状况。针对线上平台已经设置好的评价规则和评价标准，教师随时掌握学生线上学习的进度，通过学生对问题的回应情况来了解学生对理论知识的理解与掌握程度，通过学生对教学资源的使用情况、课堂讨论的参与度、作业的完成度以及师生的互动等相关指标体系来了解学生的知识获取状况。

其二，激励学生随时关注自身的学习状况。在思政课混合式教学过程中，即时性评价会增强学生对自己学习的关注度。思政课教师正面积极评价学生学习状况，有利于激发学生学习马克思主义理论最新成果的热情，促进其积极了解社情民意，利用所学的马克思主义原理与方法论，更好地分析问题与解决问题。

---

① 〔美〕考特妮·卡兹登：《教室言谈：教与学的语言》，蔡敏玲、彭海燕译，心理出版社，1998，第66页。

② 引自常丽丽《新手、成手、专家型化学教师课堂教学即时性评价的个案比较研究》，硕士学位论文，东北师范大学，2007。

③ 顾晓东：《优化课堂教学中的即时评价》，《教学研究》2003年第12期。

④ 李慧燕编著《教学评价》，北京师范大学出版社，2013，第16页。

其三，转变思政课教学主体。在线学习对学生学习的自觉性和自律性要求更高，促使学生成为教学的主体——自身的领导者，学生借助平台给出的反馈信息调整学习方式，公开展示学习的成果，在这一教学过程中，教师是起引导作用的，学生更加充分地了解到自己收获了什么，并根据学习效果加强自我反思。

## （二）过程性评价的内涵与特征

### 1. 过程性评价的内涵

过程性评价也被称为形成性评价，1967 年斯克里文在其所著的《评价方法论》中首次提出了形成性评价的概念。形成性评价是指通过诊断教育方案或计划、教育过程与活动中存在的问题，为正在进行的教育活动提供反馈信息，以提高教育活动质量的评价。[①] 在我国，过程性评价（process evaluation）较早出现在 2011 年的义务教育相关文件[②]中，是 2013 年公布的教育学名词之一[③]。

### 2. 过程性评价的特征

过程性评价不同于即时性评价，其主要特征表现在如下几个方面。

其一，教学评价主体的多元性。思政课混合式教学过程中，参与课堂教学的主体不仅仅是教师和学生，还包括社会其他人员，主要是思政课实践活动中的一线工作人员，同时在"翻转课堂"中，还会邀请思政理论学者、外国留学生、退役大学生等走进思政课堂。

其二，教学评价过程的形成性。传统教学评价更重视对理论知识获取情况的评价，更重视对教学结果的评价，对于教学过程中学生的情感问题、心理问题、素质问题、价值观问题等能否得以及时发现与并得到有效解决，没有给予过多关注，这不利于思政课教学改革和提高。20 世纪六七十年代，斯塔弗尔比姆提出了教育评价的 CIPP 评价模式。他认为，教育评价应包括背景评价、输入评价、过程评价和成果评价四个过程，强调评

---

① 陈玉琨：《教育评价学》，人民教育出版社，1999，第 12 页。
② 《教育部关于印发义务教育语文等学科课程标准（2011 年版）的通知》，http：//www.moe.gov.cn/srcsite/A26/s8001/201112/t20111228_167340.html。
③ 教育学名词审定委员会编《教育学名词》，高等教育出版社，2013，第 33 页。

价应贯穿教育活动的全过程，而这些要素也是过程性评价所突出强调的。①

### （三）强化过程性评价注重发展性评价

思政课是知识传授、能力培养和价值塑造的重要载体。思政课混合式教学过程性评价体现了"以学生为中心"的评价理念，从侧重结果评价转向侧重过程评价，更加注重在尊重学生学习个性和认知方式的基础上，立足学生长期成长发展需要对其进行评价。

随着教育技术的发展，大规模在线开放课程与传统课堂相结合的教学方式得到越来越广泛的运用。教学实践中，思政课教学多为大班合班教学，加强过程监控及过程管理尤为重要，对师生双方的教与学都有重要作用，既帮助学生清晰了解自己的学习实况，又帮助学生更好地理解马克思主义理论与实践及中国特色社会主义理论体系。同时，加强过程监控和过程管理可以帮助思政课教师掌握学生学习情况的实时数据，并基于评价数据分析思政课教学成效，及时调整"三进"教学进路。过程性评价有多个评价指标可供选择，思政课教师可根据每门课程特点选择若干评价环节（课堂表现、章节自测、每周作业、期中考试和期末考试等）并设定相应权重，以加强对课堂教学状况的了解，更好地调整教学计划和教学策略，从而使得评价内容更加饱满、评价结果更加真实有效。

过程性评价是以时间为单元进行的评价，在一个既定的时间单元中可以不限次数对教学活动开展评价。过程性评价可以采取正式和非正式两种方式进行，例如，在线抢答、投票、问卷、课堂小测验等方式。结果评价和过程性评价二者不是互斥的，某一时段的结果评价可以作为过程性评价的一部分，例如，期末考试成绩看似是结果评价，但同时又是对一个学期内学生理论知识学习过程的评价。

混合式思政课通过中国大学 MOOC、超星尔雅平台等轻松实现了多人线上互动，如疫情期间"万人同上一堂思政课"及党史知识竞赛百人抢答互动等。有效的师生互动可以提升学生参与课堂活动评价的积极性、主动性及自我反思意识。教师通过观察学生在线实际学习情况判断学生的学习

---

① 沈玉顺：《现代教育评价》，华东师范大学出版社，2002，第41~42页。

成效，如作业的完成度、正确率，采集学生实现教学目标的达成度信息；通过师生问题互动展开课堂即时评价，教师可大致掌握课程目标的达成度情况；通过线上教学平台的互动功能（例如作业、章节自测、抢答、投票等），向学生反馈评价结果，提高学生的参与积极性。

实施过程性评价的四个突出特征为面向过程的评价、教学过程的即时评价（在线收集学生学习状况的数据实现）、某一时段的结果评价（既定时间学生参与课堂互动的个性反映）以及学习过程的总结性评价。过程性评价旨在推进"以教师为主导，以学生为主体"的教与学，以提升学生学习效果为终极目标。为此，首先，要强化对混合式思政课教学的全过程评价。教育技术几乎可以使学生所有的学习数据留痕。这要求相关主体须强化对学习数据可靠性的有效监督，减少学习过程中的机会主义行为，使学习数据公开透明，权重设置科学合理。此外，须注重对思政课教学策略的运用。高校可主动为教师提供教学档案，引导思政课教师将自身教学过程、学情分析、个人教学反思等情况进行记录，使思政课教师做到自省自新，提升教学能力。

## 三　自我评价与增值评价的内涵要素

### （一）自我评价的内涵与特征

思政课线上线下混合式教学过程中，评价活动是与认知活动相对应的另一类认识活动。冯契就明确指出，"人对客观事物的认识不是单纯的认知（cognition）而且还包含着评价（evaluation）"[①]。自我认识包含着自我评价，自我评价包含在自我认识当中，传统的评价往往把评价的对象限制在人自身之外的外部事物上。人们对学习的评价既面向外部世界，也面向内部世界。在自我认知活动中，主体把自我当作认知对象，形成主客体之间的"自反性结构"，美国心理学家詹姆斯（W. James）在1890年最先提出"自我"的概念，并使之成为学界研究的焦点问题之一。苏联心理学家

---

① 冯契：《人的自由和真善美》，华东师范大学出版社，1996，第64页。

伊·谢·科恩（N.C. Kon）在《自我论》中，将"自我"的内部结构进一步做了概念区分。他将自我的构成要素分为存在的"自我"、体验的"自我"和概念的"自我"。他认为与概念的"自我"相对应的就是自我评价。① 思政课主体在自我评价活动中，把自身在教与学活动中对马克思主义理论与实践的认知当作评价对象，形成主客体之间的"自反性结构"。

**1. 自我评价的内涵**

界定自我评价的一般内涵，一直是国内外有关学者关注的重要问题之一，学者们主要从三个视角进行研究。一是从哲学的认识论视角进行研究，主体以自身的需要，即"自身的内在尺度"来看待客体属性对于满足主体需要的意义，主体在于"他所创造的世界中直观自身"②，自我评价可以唤醒主体的自觉，如有学者强调"自我评价是个体构建人生价值导向、体验人生意义、进行目标选择的有效途径，强调目标对于个体的'唤醒'和'激活'，突出主体的'觉醒'和'自觉'"③。二是从教育学的研究视角来看，自我评价是学生在自己的学习过程中对具体的学习任务或学习过程做出的自我判断，是一种学习性的自我评价。④ 三是从发展心理学视角来看，自我评价是主体对自己的思想、愿望、行为和人格特点的判断和评价，是自我意识的重要组成部分。⑤ 思政课混合式教学中的自我评价主要是教育主体对思政课学习过程中所获取的知识、情感与价值的认知进行的自我判断。

**2. 自我评价的特征**

自我评价的普遍性。思政课混合式教学过程中，教师和学生对自己在教或学的过程中对马克思主义世界观、人生观、价值观等的认知以及社会实践行为进行评判。

自我评价的主观性。自我评价建立个体对自身认知和行为进行评估的内在需求和愿望的基础上。思政课主体对自身的学习的不断自我反省、主

① 〔苏〕伊·谢·科恩：《自我论》，佟景韩、范国恩、许宏治译，生活·读书·新知三联书店，1986，第44页。
② 《马克思恩格斯文集》（第1卷），人民出版社，2009，第163页。
③ 李彬：《自我评价与大学生发展》，《江苏高教》2004年第4期。
④ 李静：《指向自我调节学习的学生自我评价研究述评》，《全球教育展望》2018年第8期。
⑤ 林崇德：《发展心理学》，浙江教育出版社，2002，第398页。

动盘点和审视，以自身为对象进行评价，具有强烈的主观性。

自我评价的模糊性。思政课自我评价主体表现为主体两重化，既是评价主体又是评价对象，既处于主体地位又处于客体地位，由此决定了自我评价活动具有内在性，这种内在性决定了自我评价的模糊性。自我评价的模糊性体现为线上线下教学过程评价的模糊性、教学内容评价的模糊性、教学效果评价的模糊性。

### （二）增值评价的内涵与特征

在传统的评价中，思政课教学评价通常被看作一个静态的评价过程，这给教学效果及教学质量评价带来了一个现实困境：无论对这个"状态量"进行多么全面的科学分析，我们都无法改变它已是既成事实的状况。从根本上说，教学评价需要更加贴近教学过程，发挥改进而不是证明的功能。

国外对增值评价的关注比较早，近年来，理论研究的内容也扩展到了增值评价的有效性上，并在实践中产生了一定的影响。奥斯汀（Astin）认为美国高等教育界对卓越大学的界定方式有问题，通常将资源的多少或排名的前后作为教育成效的表现，而不涉及高等教育的根本目的——学生的教育。奥斯汀认为一个学校的教育质量是否优良，要依据它是否帮助学生、帮助多少（value-added）来衡量，因此，需要通过测量大学生入学后的改变或入学前后的差距，来判定大学的质量。[1] 本奈特（Bennett）认为，任何一个仔细考虑过高等教育质量问题的人都会认为，增值评价是唯一有效的评价方法，增值评价指考查学生在经历大学学习之后能力和知识的变化情况。[2]

#### 1. 增值评价的内涵

所谓"增值"，即一定时期的学校教育对学生成长发展所带来的积极影响。"增值作为教育评价的标准，直接指向学校教育对学生成长发展的

---

[1] A. W. Astin, *Achieving Educational Excellence: A Critical Assessment of Priorities and Practices in Higher Education* (San Francisco: Jossey Bass, 1985), p. 23.

[2] D. Bennett, "Assessing Quality in Higher Educational-Perspectives," *Liberal Education* 87 (2001).

实际影响，并据此判断教育活动的价值，对于鼓励学校和教师努力增进教育对学生成长发展的贡献，无疑具有积极的意义。"① 米勒（Muller）和福内尔（Funnell）认为质量的增值评价需要考虑到多方面的因素，为此，教育提供者需要确保学生全身心投入学习过程中——让他们自己为评价负责。②

桑德斯（Sanders）等认为，增值评价能够通过统计方法来回答教师效能的一些重要问题。从技术上看，这种分析方法能够总结学生每年在学习成就上的收获，并能衡量任课教师的教学效能。以学生经过学习产生的增值，而不再是以教师的学习、教学经历作为衡量教师效能的重要指标。③

**2. 增值评价的特征**

表现了对学生学习起点、过程及效果的共同关注。不同专业大类的学生学习思政课的起点有一定的差异，如文科学生在高中时对部分思政课（如政治、历史等）已经进行了较为系统的学习。教育对象的差异对思政课教师提出了不同的要求，思政课教师对学生进行的增值评价的内容也应有所不同。

具有不同的评价内容和操作方法。课前可以通过发放问卷或口头询问、座谈的方式对学生进行调研，了解学生的哲学、政治、历史知识等的基础，确定学生增值的始点，进而在课中思考如何利用在线平台让学生选择相关的思政课资源和信息。弗雷德认为高等教育的质量首先是指学生发展质量，即学生在整个学习过程中所"学"的东西，包括认知、能力及其态度。④

对复杂教学过程更多采用质性评价方式进行评价。思政课混合式教学过程包含着非常复杂而广博的内容，不可能完全用量化的方式进行测量，如积极的世界观、人生观、价值观、道德观、法治观等很难予以量化，因

---

① 沈玉顺、卢建萍：《制定教育评价标准的若干方法分析》，《高等师范教育研究》2000 年第 2 期。

② D. Muller，P. Funnell，"Learner Perceptions of Quality and the Learner Career," *Quality Assurance in Education* 1（1993）.

③ William L. Sanders, Sandra P. Horn, "Research Findings from the Tennessee Value-Added Assessment System（TVAAS）Database：Implications for Educational Evaluation and Research," *Journal of Personnel Evaluation in Education* 12（1998）.

④ 引自陈玉琨、杨晓江等《高等教育质量保障体系概论》，北京师范大学出版社，2004，第59 页。

此，一般采用学生自我评价的质性评价方式对这些内容进行评价。

### 3. 探索增值评价助推师生发展

思政课增值评价是依据一定的价值标准，利用一定的统计分析方法评价教育对象在接受思想政治教育过程中或过程后的某段时间内不同时间点上，其学习状况及品德状况等在原有基础上变化的增加值，以此判断思政课教师的教学活动对学生产生的影响状况的发展性评价方式。增值评价的直接对象是学生，基于学生或学生群体学习增值或相对进步的程度，不仅可以评价教师教学能力，同时也能评价学校办学绩效，其实质也是一种结果评价。增值评价的最终目的是激活主体发展的内生动力。

思政课不同于一般的专业课，其课程属性具有特殊性，它是传播主流意识形态，引导学生树立正确的世界观、人生观、价值观的政治课、理论课与信仰课。思政课要发挥价值引领功能，用马克思主义理论铸魂育人，积极培育和践行社会主义核心价值观。混合式思政课教学，首先要借助先进的教育教学技术，提高马克思主义理论教育的知识传播力，在此基础上，着眼于教育力和引领力的提高，加强对新时代大学生的价值塑造和思想引领。

增值评价可以从两方面来考察：对思政课教师的增值评价、对学生的增值评价。对思政课教师的增值评价主要侧重于教师教学方式、教学态度、教师专业发展、教师专业发展支持、课程建设等方面。对学生的增值评价主要侧重于学生全面发展指数，包括学生的学业发展、学习品格、人格发展、品德行为、人际关系、心理健康等方面。

对思政课教师而言，对评价定位的"窄化"很容易使教师将量化后的教学评价分数以及由此带来的相应回报作为教学活动目标，而非自身专业发展。受现有评价强调"终结性"的影响，成果产出成为思政课教师考核评价的重要指标。高校"教学为主兼顾科研型"及"科研为主型"岗位设置尽管有利于教师各尽所能，但人为地"按需设岗"也极易诱发科研反哺功能的弱化，造成教学科研"两张皮"，不利于思政课教师专业发展和实现科研对教学的反哺，不利于以科研促教学的教育教学初衷。

思政课教师的专业发展对思政课教育教学质量、对学生实现全面发展和树立正确的社会主义核心价值观极为重要，因此，对思政课教师的评价重点须落在思政课教师的专业成长与发展上。现有的评价并没有设置能够体现出属于思政课特有的属性与功能特点的评价指标体系。因此，可借助专职与兼职教学督导委员会之力为思政课教师"量身定制"出兼具考核与发展功能的"评价尺子"，由此实现思政课教师教学能力与科研能力的协调发展。此外，须进一步提升科研对教学工作的反哺力度。为此，高校可通过设立服务教学一线的科研项目、教改课题等，以此来反哺思政课教学，引导思政课教师在掌握学科前沿的基础上，将科研成果及时转化为教学资源，丰富思政课课堂教学内容，使学生能够接触到学科前沿，提升学生科研素养。

《深化新时代教育评价改革总体方案》明确提出"坚决克服重科研轻教学、重教书轻育人"的要求，作为立德树人关键课程的思政课，要切实改变注重学生学业成绩而忽略学生实际成长、忽略实际育人成效的状况，思政课教师不能仅教书而不育人，对思政课教师教学的评价也作为增值评价的重要内容，引导广大教师履行教书育人职责，总结更为有效的教学策略，从而有针对性地进行思政课教学活动。

高校学生学业增值评价将学生学业水平提升视为一个由多因素促成的增值过程，注重学生的多元发展与进步，可有效纠正"唯分数"的不当评价倾向。当前，高校学生学业增值评价尚处于探索阶段，存在评价指标选取与设计难以引导学生多元发展、评价主体多元性不足、评价结果预测功能难以实现等现实困境。

对学生而言，学业增值评价关注的是学生个体的发展，以学业增值而非以期末考试成绩作为评价指标，更能从学生自身角度判定其发展情况。同时，增值评价具有潜在的诊断性功能，能够根据详尽的数据甄别出学生的成功与失败之处，使学生的成功与失败都有迹可循，同时有助于实现教育公平，促进学生的全面发展。实施增值评价有利于逐渐改变学生对于思政课学习的关注点，从关注结果（学业成绩）转向关注学生自我的成长过程，由此激发学生的自我学习、自我领悟的内在驱动力。

## 四　区分性评价与综合性评价的内涵要素

本研究中，区分性评价主要是针对高校教师的评价，而综合性评价既针对教师的教学活动，同时也针对学生的学习过程和学习效果。

### （一）区分性评价的内涵与特征

高校应注重和强调区分性评价，树立"评价是促进教师的个性化发展，提高思政课教育高质量发展的重要手段"的评价理念，在承认思政课教师存在个体差异的前提下评价教师的工作效果。这里的"区分"不是为了选拔，而是在肯定差别的基础上，针对不同教师的实际情况和需求，区分绩效评价方法等，不断促进教师专业发展。①

**1. 区分性评价的内涵**

区分性评价（differentiated teacher evaluation system）是 20 世纪末 21 世纪初英美两国在反思传统评价的弊端、倡导发展性评价的背景下产生的，是针对教师的评价，也称为"区分性教师评价"。区分性教师评价是以"建构主义"哲学观为基础，以教师专业发展为目标，以自我评价为核心，对教师个人或群体进行区分评估的教师评价。② 区分性评价注重通过评价促进思政课教师的专业发展，提高思政课教学质量。其根本目的是促进思政课教师提高自身素养，使其体验到评价所带来的影响，促使其积极参与到评价中来，意识到评价的重要性，并根据评价结果努力做出改变。

**2. 区分性评价的特征**

区分性评价的突出特征主要包括如下几个方面。

（1）评价对象的特定性。区分性评价的对象是教师，人才培养离不开教师的努力，学校的发展离不开教师的努力，对教师成长过程的评价能够促进高质量人才的培养。区分性评价能够引导教师不断创新教学方式，形成良好的教学方法与习惯。尤其对于新手教师，区分性评价能够帮助其从

① 梁红京：《区分性教师评价制度研究》，博士学位论文，华东师范大学，2004，第 19 页。
② 刘兰英：《区分性教师评价制度及其对我国教师评价改革的启示》，《教育测量与评价》（理论版）2008 年第 1 期。

新手成功转变为成熟的教育者。

（2）评价主体的多元性。区分性评价主体主要包括学校领导、学院领导、同行、学生。随着社会实践的开展，区分性评价还涉及参与教学实践过程的社会主体的评价。评价主体的多元化可以使教师从多角度获得与自身教育教学活动的效果相关的评价信息，能够更加清晰地认识到自身教学过程中存在的不足，教师可以在此基础上进行有效反思，由内而外提升自我。同时，管理者可以根据多元的评价结果制定出更为全面的、综合的教师培训与培养计划。

（3）突出评价的客观性。世界上没有完全相同的两片树叶，事物皆有其特殊性。区分性评价强调对教师的教学过程、教学内容、教学方法、教学效果进行相应的评价，既强调专业人员的评价，又强调社会多元主体的评价，多元的评价视角和评价内容在很大程度上保证了评价的客观性和公平性。

### （二）综合性评价的内涵与特征

#### 1. 综合性评价的内涵

20世纪六七十年代，美国教育评价学者斯塔弗尔比姆（D. L. Stufflebeam）提出了CIPP教育评价模式，把教育评价的范围结果评价延伸到背景（context）、投入（input）、过程（process）与结果（product）并重的综合性评价，以及时发现问题、分析问题、解决问题并改进提高。综合性评价强调评价的全面性，把思政课线上线下教育教学过程全部纳入评价的范围，突出学生的素质目标和价值目标——"成为什么样的人"。

#### 2. 综合性评价的特征

综合性评价是多元化、多维度且更为全面系统的评价，其主要特征表现在如下几方面。

（1）全面、客观、系统。综合性评价是基于比较系统的、规范的方法，运用多种评价指标对教育活动及其整体要素进行价值判断的过程。因为教育活动本身就是一个多元素、多层次、多方面相互融合的有机整体，仅用"单一评价"侧重于某一个维度就可能会落入"五唯"的窠臼。人是一切社会关系的总和，人的活动和身心发展总会受到各种政治、经济、社会、文化等多方面因素的影响，因此，对人的评价需要综合考虑各方面因素，只有这样，才能获得对人的全面完整的认知。过去传统的评价模式往往强调一元化、统一化，奉行成绩至上，无法全面真实地反映学生学习的全貌。

（2）多元化的评价体系。健全高校思想政治理论课的综合评价，要坚持全面、多元、发展的理念，在评价主体、评价内容、评价方法等方面探索多元化的评价体系。首先，在评价主体上，要打破过去以教师为主体的一元评价模式，积极探索教师、学生、学校、家庭、社会共同参与的多元评价模式。传统的思政课评价主要是以教师作为评价主体，过于简单和局限，健全思政课综合性评价体系，就是要改变这一局面，拓展评价主体范围，除了包括教师评价之外，还包括学生自我评价、师生互评、同伴评价、家长评价、校内外组织机构团体评价等。其次，在评价内容上，打破过去以"学业成绩"作为评价内容的单一评价模式，对学生的学业成绩、能力素养、综合素质等进行综合评价，对学生德智体美劳的发展情况进行全面评价。最后，在评价方法上，综合运用多种评价手段，除了考试之外，平时课堂表现、日常生活考察、行为记录、直接评价、间接评价等都是重要的评价方式，可以借助互联网大数据，对学生的知识、能力、情感态度价值观等进行经常性或连续性的监测，提高教育评价的科学性、专业性、全面性。

**3. 健全综合性评价，促进评价多元**

健全综合性评价是为了促进实现公平而有质量的教育。第四代评估理论指出，须将利益相关者的诉求、争议纳入评估过程，并促成不同主体的价值融合与心理建构。而现实中，评价指标缺乏整合、评价方法和评价主体的单一始终制约着价值共识的达成。对此，综合性评价需从以下几方面下功夫。

（1）在评价目标上，实现教师、学生、高校、政府和社会的效用价值统一。设立综合性的评价指标体系，并依据高校思政课教师的岗位类型等赋予相应权重，针对不同类型的思政课教师设定不同的考核指标，不能一把尺子量到底。对于学生的评价目标应该多元，应当改变"一考定终身""一考定成绩"的方式，将考核成绩进行分解，增加平时考核比重，改变以往学生"考前抱佛脚，几天学完一门课"的现象，使学生更注重日常的学习积累而不是考前突击。

（2）在评价方法上，要体现多元的评价方法。量化评价与质性评价方式相结合，在丰富量化评价内容的基础上给予思政课教师和学生以反馈，促进教师对教学活动的反思和自我激励，促进学生的自我认知，实现教学相长。思政课教师利用评价结果，可以了解学生学习的实际状况，发现教学存在的问题，明确教学工作努力的方向，反思和改进自己的教学过程和教学策略的运用，提高教学效果。量化和质化评价相结合的评价方法有助于科学客观地反映教师教学和学生学习的实际情况，引导学生克服自身弱点并明确发展方向。

（3）评价主体方面，要体现多元主体评价。对思政课教师的评价要改变传统的单一的学生评价，将同行评价、督导评价、领导干部评价等都纳入评价体系，并赋予相应权重，以多元主体评价来减少评价的偶然性，以全员之力达成"价值共识"，为思政课教师提供有价值的参考。具体操作方面，可采取多次评价的方式，不能听一次课就下定论，这不利于年轻教师的成长。教学督导由于工作任务繁重，仅听几次思政课，可能无法对思政课教师的授课做出全面的评价，这就需要督导本着对思政课教师负责的态度，对思政课教师的授课及时给出客观评价。对于思政课教师的教学基础、入职时间长短、个人专业条件等差异，督导应给予充分考虑，并对思政课教师提出中肯客观意见，促进思政课教师授课水平提升。此外，在大思政课背景下，辅导员、用人单位对学生的评价也可为思政课教师提供反馈，为学校的思想政治教育发展提供有益参考。

除了以上评价以外，还有其他相关的评价分类和概念。玛格丽特·卡尔（Margaret Carr）认为，评价是根据事先决定的清单对知识技能进行的总的考察。[①] 哈里·托兰斯（Harry Torrance）和约翰·普莱尔（John Pryor）把这样的评价称为聚合性评价。与此不同的评价则是发散性评价，强调学生的理解，并由教师和学生共同完成。当前的混合式教学评价同时反映了聚合性评价和发散性评价的特点，既有教师按照设定好的清单对学

---

① 〔新西兰〕玛格丽特·卡尔：《另一种评价：学习故事》，周欣译，教育科学出版社，2016，第 3 页。

生进行知识性教学效果的评价，也有是师生共同完成的发散性评价。线上教学部分的平时成绩就是按照设定好的清单，当学生在线完成学习时，就会自动获得平时成绩，由平台自动评价学生知识掌握的程度。

在对思政课混合式教学活动进行评价时，要正确处理即时性评价与过程性评价的关系、自我评价与增值评价的关系、表现性评价与结果性评价的关系、区分性评价与综合性评价的关系，要加强对教学过程的评价，注重师生的自我增值评价，强化思政课学习效果的评价，加强对综合能力的评价。在强调过程性评价、增值评价、结果性评价和综合性评价的同时，也要对思政课混合式教学过程中学生的即时表现、教师的引导过程实施评价。

# 第四章　高校思政课混合式
# 教学评价的影响因素

高校思政课混合式教学评价的影响因素主要包括确定性因素和不确定性因素，这些评价因素贯穿思政课混合式教学评价的始终。从哲学角度分析二者之间的差异，不确定性追求的是自我认知的差异、矛盾和无序，确定性则强调客观事实的必然性和统一性，确定性因素与不确定因素既相互对立，在事物发展到一定阶段又会发生相互转化。

## 一　高校思政课混合式教学评价的确定性因素

从存在论意义上看，确定性是指世界所具有的秩序化状态。正如古典和现代转换时期的意大利人文主义者乔瓦尼·皮科所言，"大自然就是秩序，就是经过和谐调节后的多样化了的统一性。这种和谐统一性的表现就是承认万事万物中存在着理智的联系和逻辑的推导"[1]，而人的职责就在于发现变动的世界中稳定不变的内在结构，构建稳定的秩序。马克思主义对世界的认识是建立在"一切从实际出发"的基础上，以"实践"为基点，对认知主体和认知对象进行研究。"一切观念都来自经验，都是现实的反映——正确的或歪曲的反映。"[2] 人们对世界的认识是现实的反映，这个反映具有自我确定性。从价值意义上讲，确定性是指人们能够设定一种有效的价值体系以指导自己的生活，从而获得一种意义感。人不仅有物质生活需要，还有精神生活需要，因此，人的确定性需求不仅仅包括物质需要，

---

①　吴玉军：《非确定性与现代人的生存》，人民出版社，2011，第 13 页。
②　《马克思恩格斯文集》（第 9 卷），人民出版社，2009，第 344 页。

还包括建构一个精神目标，人的价值观确立过程是精神目标建构的体现。以赛亚·伯林（Isaiah Berlin）就价值领域的确定性观点从三个方面进行了分析，主要包括问题的真实答案、发现真理的路径、真实答案的兼容性和真理的兼容性。① 从价值意义上讲，严密的体系而非偶然性的偏好、一元而非多元、普遍而非特殊更符合确定性原则。

总之，确定性的哲学基础是对世界内在秩序的确认，是人们立足于社会实践，在世界万物的变化之中明确一个根基，最终形成一套价值秩序来引导自身的生活，为自身的生存寻求到一个稳定的支点。

苏格拉底认为，客观存在对于每个人都是敞开的，都经受着每个人对它的观察和解说，而作为个体，任何观察者都不能断定他对于所观察的对象的陈述是唯一正确和真实的，因而，对此做出判断的途径只能是"主体间的对话"。"主体间的对话"是对传统的"主客二分"哲学主体的积极扬弃，思政课混合式教学评价的确定性因素体现在教学活动"主体间的对话"上，且是多元主体间的对话。哈贝马斯认为，所谓真实，仅仅是人际语言交往的一种"有效性要求"；所谓真理，不过是这一要求的实现。② 思政课"主体间的对话"具体表现为"主体间性"，主要表现为教育者和教育对象都被视为思政课教育的主体。

美国心理学家弗拉维尔在 1976 年提出，元认知是"为完成某一具体目标或任务，认知对象对认知过程进行主动的监测以及连续的调节和协调"③。此后，弗拉维尔将元认知概念精炼为"反映或调节认知活动的任一方面的知识或者认知活动"④。弗拉维尔认为元认知包含元认知知识和元认知体验两个要素，元认知知识是指认知主体积累的关于认知自己、认知任务和认知策略的知识，元认知体验是指认知主体从事认知活动的过程中产生的有意识的认知体验和情感体验，这两个要素在认知活动中是相互作用的。

---

① Isaiah Berlin, *The Crooked Timber of Humanity* (New York: Alfred A. Knopf Inc, 1991), pp. 5-6.
② 李伟：《法官解释确定性研究》，法律出版社，2017，第 185 页。
③ J. H. Flavell, *Metacognitive Aspects of Problem Solving* (Mahwah: Erlbaum, 1976), p. 232.
④ J. H. Flavell, "Cognitive Monitoring," in W. P. Dicksoned, *Children's Oral Communication Skill* (New York: Academic Press, 1981).

元认知理论认为，学习活动并不仅仅是所学材料的识别、加工和理解的认知过程，同时也是对该过程进行监控、调节的元认知过程，元认知不但直接参与了认知过程，而且制约着认知水平的发展与提高。[①] 思政课混合式教学评价活动中，元认知能力发挥着重要作用，评价主体一方面需要利用自身的知识、经验对评价对象在教学活动中的各种行为进行评价，另一方面又要对自身的评价活动进行及时的调整。

### （一）"结果评价"中的确定性因素

结果评价中的确定性因素主要包括不同层级教学目标的设定、打分标准的预设、学生评教中的预设指标等内容。

#### 1. 不同层级教学目标的设定

知识（知识与技能）目标、能力目标、情感目标三者是一个不可分割的整体。教学目标是教师基于教学内容所设定的假设。要想实现这种假设，就需要将教学目标具体化，因为每个教学内容的教学目标会有差异，所以要在教学过程中不断探讨与修正这种差异，最终实现所预设的教学目标。日本教育学者水越敏行在 20 世纪 70 年代末提出了"教学目标链"的教学设计思路，建构了教学目标分析框架，即在"Ⅰ学科·领域""Ⅱ单元·题材""Ⅲ课时·阶段"这样渐次细化的"层级"（"列"）中配以"A 认知目标"（概念结构）、"B 行为目标"（问题解决过程中的能力）、"C 体验目标"（情感、意志与态度）（"行"）。即便是同样的"认知目标"，在Ⅰ-A 和Ⅲ-A 中，层级也是完全不同的（见表 4-1）。[②]

表 4-1　教学目标分析框架

| 层级 | A 认知目标 | B 行为目标 | C 体验目标 |
| --- | --- | --- | --- |
| Ⅰ学科·领域 | | | |
| Ⅱ单元·题材 | | | |
| Ⅲ课时·阶段 | | | |

① 汪玲、郭德俊：《元认知的本质与要素》，《心理学报》2000 年第 4 期。
② 引自钟启泉《"三维目标"论》，《教育研究》2011 年第 9 期。

1956 年，美国教育心理学家本杰明·布鲁姆（Benjamin Bloom）首次将分类学理论运用到教育领域，开启了"三维目标"理论研究的先河。2001 年，美国教育学家克拉斯沃尔（D. R. Krathwohl）和法国教育学家梅耶（Meillet）等在此基础上，对"三维目标"理论进行了修订和完善，确立了"知识与技能"（knowledge & skills）、"过程与方法"（process & steps）和"情感态度与价值观"（emotional attitude & values）三维目标。[①] 具体到思政课领域，"知识与技能"简称为知识目标，是学生所具备的马克思主义理论基本知识和利用马克思主义基本观点分析问题解决问题的技能；"过程与方法"简称为能力目标，是把马克思主义理论融入自身行为的能力与水平；"情感态度与价值观"简称为情感目标，情感目标反映了学生学习马克思主义的态度，是否将马克思主义融入自身学习、生活、实践当中，体现的是生活态度、科学态度、人生态度，以及个人价值与社会价值的统一性。在实践学习中，情感受到自身学习经验的影响，学生在课堂中的理论学习可以激发其丰富的情感，教师通过了解学生学习的态度和情感，帮助学生更有效地开展学习活动。把三个目标分设在三个层级上，每个层级的知识目标、能力目标与情感目标不完全相同，教师在预设教学目标时，要兼顾三个层级之间的内在关联（见表 4-2）。

表 4-2　思政课教学目标的层级目标

| 层级 | A 知识目标 | B 能力目标 | C 情感目标 |
|---|---|---|---|
| Ⅰ 课程总目标 | | | |
| Ⅱ 大专题目标 | | | |
| Ⅲ 小问题目标 | | | |

**2. 打分标准**

德国鲍尔生曾经这样描述欧洲社会与个人在教育中的关系，他说："在古代，个人是为国家而受教育的；在中世纪，个人是为教会而受教育

---

① 胡飞海：《"三维目标"与高校文学类课程的教学评价》，《牡丹江教育学院学报》2022 年第 3 期。

的；在现代，个人是为个人自己而受教育的。"[1] 这一描述表明不同时期教育价值取向的不同。在对思政课混合式教学进行评价时，要考虑到国家层面的需要、社会层面的需要以及个人层面的需要，要"坚持政治性和学理性相统一、坚持价值性和知识性相统一、坚持理论性和实践性相统一、坚持统一性和多样性相统一"。具体而言，思政课混合式教学评价打分标准体系涉及立德树人的教学目标是否实现的评价、思政课课程建设的评价（主要包括课程教案、教学大纲、教学计划）、课堂教学过程评价（主要包括理论讲授、课堂互动、学生反馈）、教学方式的评价（线上线下教学方式）、教学效果的评价（包括学生评价、课后反馈）等（见图4-1）。钟秉林教授指出："高等学校教学评估的定位和目标必须放在国家社会经济发展的大背景下进行考量，必须与社会发展的需求和国际高等教育的发展趋势相一致。"[2] 结合思政课混合式教学评价要求，思政课混合式教学的打分标准需要跟上国家社会经济发展的步伐，需要多元主体参与，制定共同的符合时代需要的、符合思政课教学的评分标准。

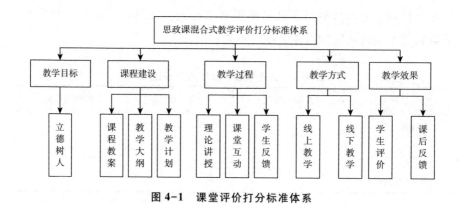

**图 4-1　课堂评价打分标准体系**

### 3. 学生评教中的预设指标

学生评教作为一种便捷有效、可量化的教学质量评价方式，被各高校

---

① 〔德〕弗·鲍尔生：《德国教育史》，滕大春、滕大生译，人民教育出版社，1996，第1页。

② 钟秉林：《本科教学评估若干热点问题浅析——兼谈新一轮评估的制度设计和实施框架》，《高等教育研究》2009年第6期。

广泛应用。一般情况下，课程学习结束后学生对课程的学习过程和学习效果进行评价，实质是学生的满意度评价，涉及其对知识的理解与领悟，分析问题与解决问题能力的提升以及价值引领目标实现等方面的问题。为了检验教学目标的达成情况，教学管理部门从课前、课中、课后三个层面对课堂教学进行评价，具体是对备课情况、对教学的投入程度、课堂教授内容、课堂讲授方法、课堂教学进度、课堂管理情况、课后辅导情况、期末考试情况等进行评价。

学生评教中的预设指标体系如图4-2所示，目前高校较少设置单独的思政课评教指标体系，指标体系是全校通用的，学生在评教时根据课程本身的特点及完成度、满意度情况进行打分并提出相应的建议。学生依据这些指标做出客观的、全面的、有意义的、有效的、富有洞察力的、同感的以及经过深思熟虑的评价，而不是做出应付了事的评价，这些评价态度贯穿整个评教过程（见表4-3）。

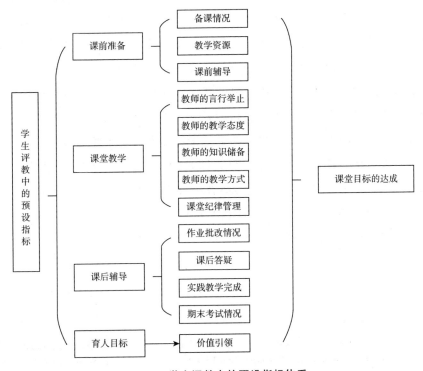

**图4-2 学生评教中的预设指标体系**

表4-3　学生评教态度与阶段

| 评教态度 | A 课前准备 | B 课堂教学 | C 课后辅导 | D 价值引领 |
|---|---|---|---|---|
| 客观 | | | | |
| 全面 | | | | |
| 有意义 | | | | |
| 有效 | | | | |
| 富有洞察力 | | | | |
| 同感 | | | | |
| 经过深思熟虑 | | | | |

## （二）"过程评价" 中的确定性因素

### 1. 教学设计中要素的确定性

威尔逊（Wilson）认为，教学设计的作用是帮助学生有效学习。[①] 要想做好课程的整体教学设计、每个章节教学设计以及具体知识点的教学设计，教学设计者首先要了解思政课程本身，其次要知道学生要学习的思政课程的具体内容，知道学习了马克思主义基本原理后能够做什么，以及思政课学习后想让他们做什么。进行教学设计时要考虑学生的认同度、参与度、满意度、获得感、幸福感、成就感。学生准备学习的内容驱动着整个教学计划，教学设计的要素主要包括教学目的、教学内容、教学方式、课堂互动、学生的参与度等。思政课教学设计要素贯穿Ⅰ整体教学设计、Ⅱ章节教学设计、Ⅲ知识点教学设计，即教学目的、教学内容、教学方式、课堂互动、学生的参与度分别分层次融入Ⅰ整体教学设计、Ⅱ章节教学设计、Ⅲ知识点教学设计之中，即使是同样的 "A教学目的"，在Ⅰ-A、Ⅱ-A、Ⅲ-A 中也是有差异的（见表4-4）。

---

[①]　Wilson, "Reflection on Constructivism and Instructional Design," in C. R. Dills, A. J. Romiszowski, eds., *Instructional Design Paradigms* (Englewood Cliffs: Educational Technology Publications, 1997), p. 73.

表 4-4　思政课教学设计的层级与要素

| 层级 | A 教学目的 | B 教学内容 | C 教学方式 | D 课堂互动 | F 学生的参与度 |
|---|---|---|---|---|---|
| Ⅰ 整体教学设计 | | | | | |
| Ⅱ 章节教学设计 | | | | | |
| Ⅲ 知识点教学设计 | | | | | |

在分层教学设计理念的指引下，整体教学设计是教师在进行课堂教学之前优先考虑的事项，包括整个课程的整体教学、每个章节教学以及每个章节中所包含知识点教学活动，教师利用自身所掌握的知识在可能的范围内对思政课教学进行有目的的思考，搭建包括教学目的、教学内容、教学方式、问题互动、学生的参与度等要素的结构框架，展示思政课教学设计理论与马克思主义理论教学之间的关系，"以点带面"，从浅至深，分析这些要素与教学活动的交互作用，分析与总结出进行混合式教学活动后所产生的教学效果以及这些教学效果受每个因素的影响程度（如每个因素在每个层级中是如何发生作用的，在每个层级中是否与预期的目标相一致），对学生进行差异化教学，有目的地引导学生参与课堂教学之中，鼓励学生进行反思。

在思政课混合式教学设计过程中，"问题式专题化团队"教学改革[①]针对思政课程本身的每个章节、每个知识点应该提出什么样的问题，才能提高思政课教学的效果，提高学生的抬头率、参与率和点头率，如何实现"两性一度"的教学目标打造思政"金课"，如何重构思政课教学内容等展开。

**2. 混合式教学方式中的确定性因素**

卡尔-切尔曼（Carr-Chellman）认为，"创造性地开发课堂教学将会收获更好的结果。要避免老一套，不要贪图安逸，要始终保持勃勃雄心，不断尝试新事物，创造激动人心的有趣的方法来提供课堂学习经验"[②]。采取

---

[①]　"问题式专题化团队"教学改革是为深入贯彻落实学校思想政治理论课教师座谈会精神，江西以问题式专题化团队教学改革为主抓手和总牵引，以问题式为教学改革之矢，以专题化为教学改革突破口，以团队为教学改革着力点进行的改革实践。

[②]　A. A. Carr-Chellman, *Instructional Design for Teachers: Improving Classroom Practice* (London: Routledge, 2011), p. 4.

141

混合式教学方式完成思政课教学活动，线上教学主要依赖于线上学习平台，一般是为学银在线（https：//www.xueyinonline.com/）、中国大学MOOC（https：//www.icourse163.org）等。以学银在线为例分析在线教学方式中确定性因素。在学银在线建构一门思政课，大部分要素是学银在线已经设定好的，是既定的，只是不同的学校、不同的课程上传的教学内容有所区别，但教学活动的类别可根据各门课程的需要或者依据"金课"建设的要求进行相应的设定，如上传的教学资源、课前预习、在线课堂教学活动过程、作业、课后答疑、期末考试等教学活动方式都可以提前预设，教师在预设上述内容时可以预估学生的知识、能力、价值观"三维目标"的达成度，教师可以在线引导和参与讨论，发布和批改作业与考试等；教师也可以提前布置课前预习任务、发布课中学习教学视频、组织课后讨论以及课后答疑等。线上教学方式可将课堂教学内容全部或者部分进行碎片化处理，将教学PPT、视频等上传到线上网络教学平台，学生借助各种智能化工具完成线上学习任务。

课堂集中教学主要解决学生在线上课前预习中遇到的难点以及课堂教学中的重点问题，教师主要针对课程知识点进行理论深度讲述，针对问题与学生进行面对面的对话。在实体课堂中将课程网站内容投影到教室屏幕上，展开课堂重难点讲解。此外，教师利用在线教学平台发布讨论主题，并在实体课堂进行深度讨论（见图4-3）。

**3. 课堂互动过程中教师对教学效果的影响**

在理想的思政课教学过程中，师生关系是内在的有机整体，时时刻刻进行着知识层面、价值层面与情感层面的对话与交流，但是思政课一般是大班（120人以上）或者中班（100人左右）教学，这种理想的思政课很难实现。师生关系也影响着教学效果的有效性。教师的知识素养、价值观念、教学态度在课堂互动过程中是影响教学效果的关键因素，影响着学生的人生观、价值观、满意度、政治素养、道德素养以及参与度等（见图4-4），因此是可以确定的。

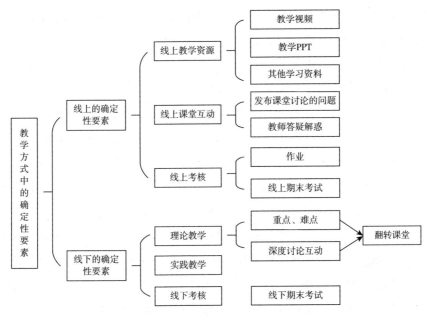

图 4-3　混合式教学方式中的确定性要素

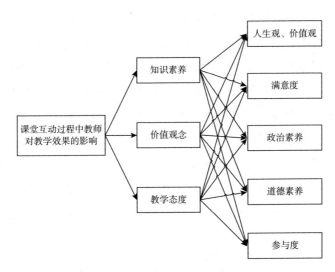

图 4-4　课堂评价打分标准体系

（1）教师的知识素养。教师的专业知识能力关系到学生的知识水平。教师深厚的理论知识功底和与合理的知识结构是教学目标得以实现的前提和基础，教师的马克思主义理论知识水平影响着教师对课堂的理解、对思政课教材的认识、对学生学情背景的看法等，要让有信仰的人讲信仰，思政课教师要具备深厚的马克思主义理论知识素养，要懂得马克思主义理论是"我们认识世界、把握规律、追求真理、改造世界的强大思想武器"①。掌握马克思主义理论是解决现实问题的钥匙，思政课教师只有拥有深厚的理论素养才能正确引导学生运用马克思主义的立场、观点、方法分析和解决生活中面临的现实问题。思政课教师不仅要掌握哲学（史）、我国优秀传统文化相关理论知识前沿，还要掌握科学技术史、科学技术的发展前沿等方面的知识，思政课教师只有具有渊博的理论知识，才能够自如地用经典作家的精彩论述，引导学生在思想上与马克思主义经典作家进行心灵对话，在精神上信仰马克思主义。马克思曾经说："理论只要说服人，就能掌握群众；而理论只要彻底，就能说服人。"② 本研究中的实证调研也证实了教师深厚的理论素养对学生学习效果具有显著的正向影响。

（2）教师的价值观念。价值观念在价值意识的基础上形成。价值观念"是心灵以一定的观点或看法为依据所构想的、形成后又有形无形地规定认识和行动的概念或图式"③。价值观念与作为其本体论基础的"为我而存在的关系"联系在一起，价值意识是人在实践基础上通过认知活动对物理形态的世界进行反映，通过评价活动对价值形态的世界进行反映，这种反映从自身需要和利益出发，反映的是物理世界对自身的影响和意义。在实践基础上所形成的价值意识在主体意识中"经过千百万次的重复"，就会以"逻辑的格"的形式积淀为价值观念。④ 价值观念对主体"有着先入之见的巩固性和公理的性质"⑤，由此成为意识中深层的心理结构。它作为价值意识的积淀或心理结构就会升华为一种信念或进一步发展为信仰。于

---

① 习近平：《在纪念马克思诞辰 200 周年大会上的讲话》，人民出版社，2018，第 15 页。

② 《马克思恩格斯选集》（第 1 卷），人民出版社，1995，第 9 页。

③ 王玉樑、〔日〕岩崎允胤主编《价值与发展——〈中日价值哲学新论〉续集》，陕西人民出版社，1999，第 435 页。

④ 列宁：《哲学笔记》，人民出版社，1993，第 233 页。

⑤ 列宁：《哲学笔记》，人民出版社，1993，第 186 页。

是，价值观念就会成为教学主体进行评价活动的自觉或不自觉的标准，在评价活动中发挥作用。

当前我国社会的价值观日趋多元，尤其是信息技术时代各类信息纷繁复杂，真假是非判别能力较弱的大学生在面对错误价值观念时易表现出听信或将信将疑的态度。倘若不加以干预，久之，错误的价值观念和腐朽思想会在潜移默化中腐蚀大学生的价值体系，最终导致畸形价值观。思政课教师要在课堂教学过程中积极引导学生树立正确的价值观念。

（3）教师的教学态度。斯普朗格认为："教育的本质是以'爱'为中介的文化传递，爱是教育的内在本质，没有爱就没有教育，爱是教育的灵魂，是教育的生命所在。"[1] 思政课教师是否爱学生，是否愿意和学生进行真正的互动，是否愿意贴近学生心灵，了解学生所想所思，可以课堂教学过程中的情感投入状态进行衡量。教学态度就是"教师对教学工作和学生的一种心理反应倾向"[2]。习近平总书记指出："我国知识分子历来有浓厚的家国情怀，有强烈的社会责任感。"[3] 思政课教师的教学态度和学生的学习态度是成正比关系的，一名合格的思政课教师能在教学过程中引导和带动学生坚定理想信念，增强政治认同和家国情怀。思政课教师在教学过程中情感投入越多，学生的认同度、获得感与幸福感越强，教学效果越好。思政课教师的教学投入对自身来说是可以看得见的、摸得着的，它是确定性因素。

### （三）"增值评价"中的确定性因素

"增值"主要是与学习思政课之前相比，教师和学生在思政课混合式教学活动中的收获，也称"获得感"，一般来说，把获得感理解为现实生活中物质层面的收获和精神层面的满足所带来的主观心理体验。有人把获得感解读为积极的正向效应，"'获得感'是对获得的感受、感知与感悟，

---

① 蒋文昭、王新：《教师德性论》，河南人民出版社，2009，第20页。
② 汪博、郑孟、郭森森等：《高校师生关系与教学态度的关系》，《学周刊》2014年第28期。
③ 习近平：《在知识分子、劳动模范、青年代表座谈会上的讲话》，人民出版社，2016，第5页。

是一种正向性、肯定性、积极性的评价"①。也有学者指出："从内在心理方面看，获得感可以是人际的、理念的、视野的和知识的等内容；从外在行动来看，获得感必须有助于问题的解决、工作的改进、方向的明确、专业解放和行动的自由。"② 思政课教学活动中的获得感主要是思政课混合式教学主体的获得感，思政课的主体包括教师和学生，思政课教师的获得感主要通过教学反思的方式表现出来，学生的获得感主要通过知识、行为、情感表现出来。

**1. 教师获得感——教学反思**

在汉语中，反思的一般含义是思考过去，总结教训，即行为主体立足于自我以外，批判地考察自己的行为及情景。③ 换言之，教师要具备对思政课堂的教学设计、教学过程、教学内容以及教学效果等进行透彻分类和完整概括能力，主要途径是针对自己平时的线上线下教学实践，进行深入而周密的思考。现实中的思政课教学反思不是一次课堂教学可以完成的，在一次课堂教学完成之后会存在一个或长或短的潜伏期，后期会不断地对原先教学活动的知识体系、线上教学资源利用、线上线下教学方式、线上线下教学效果、线上线下教学过程等进行批判性考察，这样的过程就是教学反思。反思与一般思维活动的区别是，反思包含暗示性的连续、组合或秩序。如果知识产生观念和暗示，只可成为思维，但并不是反思。因此，真正的反思必然以取得积极或消极结果为终点。

从历史视角来看，亚里士多德认为人类应该"反思人类行为"，其实践哲学被认为是在对人类生命活动进行理性反思。洛克认为，反思是一种观念的反省，是个体对自身观念活动的觉察，进言之，通过感觉只能获得外部经验，而通过反思则可以生成内部经验。④ 费希特（J. G. Fichte）也认为："有必要做一种反思，借此对人们先前的意识进行反思，把一切与此

---

① 刘福胜、赵九烟：《增强大学生思想政治理论课获得感要坚持"四个结合"》，《思想理论教育导刊》2017 年第 6 期。

② 涂三广：《让每位参训者都有"获得感"》，《中国职业技术教育》2016 年第 30 期。

③ L. Vall, *Reflection Teacher Education: Case and Critiques* (New York: State University of New York Press, 1992), p. 100.

④ 〔英〕洛克：《人类理解论》（上册），关文运译，商务印书馆，1991，第 5 页。

无关的东西都抽离出去。"反思将人们的观念活动指向某个事物，而如此指向是按照特定规则进行的。由此，反思的客体应该如是而不是如他。[①]谢林（F. Schelling）也认同这一理念，他把智性的反思分为三类，对客体的反思、对自身的反思和指向客体的同时又指向自身的反思，并认为前者产生关系范畴，中者产生质量关系，而后者是最高的反思行为。[②]哲学家杜威提出了现代意义上的反思，"现有的事物暗示了别的事物（或真理），从而引导出信念，此信念以事物本身之间的实在关系为依据，即以暗示的事物和被暗示的事物之间的关系为依据"[③]，此过程就是反思。不过杜威同时指出，要提高自我的反思力，反思主体必须思想开明、全心全意、有理性的责任感。[④]舍恩（D. A. Schon）说过："反思是专业人员表现出来的一种普遍的素质。作为准专业人员的教师，有必要把反思作为对生活经验的一种解构和重构工具，作为专业发展的基本工具。"[⑤]总之，教师的反思是指教师在其教育教学实践中，对自身行为表现及其行为之依据的"异位"进行解析与修正，进而不断提高自身教育教学效能和素养的一个过程。

思政课教师的反思主要是在日常教学过程中，对自身在课堂中的行为表现进行评估的习惯，是运用观察、分析、解释和决策技能，不断提高自身的知识、能力以及价值素养的过程。这种不断自省过程的依据是确定的，即线上线下教学活动的实际情形及教师对课堂教学的掌控情况。

**2. 学生获得感中的确定性因素**

学生的思政课学习获得感主要体现在对马克思主义理论的认知、认同、信念、信心、信仰、价值等方面，其中，既有显性的、确定性的获得感，又有隐性的、不确定的获得感。一般来说，客观层面的获得感是可以看得见的、是确定性的。

（1）学生知识的获取。马克思主义理论具有丰富的哲学内涵，对马克

---

① 〔德〕费希特：《全部知识学的基础》，王玖星译，商务印书馆，1986，第6页。

② 〔德〕谢林：《先验唯心主义体系》，梁志学译，商务印书馆，1982，第182页。

③ 〔美〕约翰·杜威：《我们怎样思维·经验与教育》，姜文闵译，北京人民教育出版社，1991，第8~9页。

④ J. Dewey, *How We Think: A Restatement of the Relation of Reflective Thinking to the Educative Process* (Boston: D. C. Heath and Company, 1933), p. 9.

⑤ D. A. Schon, *Educating the Reflective Practitioner* (San Francisco: Jossey-Bass, 1987), p. 65.

思主义理论的知识性获得感主要指向学生获得"道理"过程的知识层面，也称为客观层面的获得感，是学生主体对思政课基本概念、基本理论、信息、历史与现实的了解、理解和记忆，是知识在大脑中的再现。在教学活动中，知识层面的获得感是思政课教学最为基础的目标。目前思政课"5+1"课程教材体系构建了狭义层面的思政课知识体系，"教材体系的功能在于，根据教学的目的和教学大纲，按照一定的范式，给教学提供比较全面、准确、严谨的逻辑和知识体系，成为教学所应遵循的基本蓝本。教材体系不仅是教师教学活动的依据，也是学生准确掌握理论知识的依据"[①]，不仅具有理论上的逻辑自洽性，而且联系中国革命、建设、改革的实际，不仅是形式的，更有生动丰富的内容，实现了"历史与逻辑的一致性"。

学生通过知识的获取会主动构建和逐渐完善自身的理论知识体系。他们通过对马克思主义理论、方法、实践以及党的最新理论的知识层面的理解，构建自身的理论体系。这一体系以对马克思主义的信仰为核心。从内涵上看，马克思主义信仰是一个由理论信仰、目标信仰、道路信仰、人格信仰构成的四位一体的信仰体系。马克思主义理论揭示了客观世界运行的基本规律是不以人的意志为转移的，学生要学会运用历史唯物主义和辩证唯物主义基本原理和方法论去探索世界奥秘，塑造辩证思维、历史思维和创新思维。

（2）学生积极的学习态度。积极的学习态度会产生良好的学习效果。姜健荣认为"学习态度就是对学习持久稳定的内在心理倾向"[②]。孙维胜认为"学习态度是指学习者对学习活动的基本看法及其在学习活动中的言行表现"[③]。邹为民认为"学习态度是指个人对学习以及学习的相关情境表现出来的相对稳定的心理倾向"[④]。学习态度容易受到自身所感知到的学习的难易程度、乐趣和有用的知识影响。Murphy 等认为教育者对学生的信任和

---

① 卢黎歌：《试论高校思想政治理论课教材体系向教学体系的转化》，《教学与研究》2009年第11期。
② 姜健荣：《关于学习态度的问题探讨》，《上海教育科研》1997年第8期。
③ 孙维胜：《论学生正确的学习态度及其培养》，《当代教育科学》2003年第19期。
④ 邹为民：《高职院校大学生学习态度调查研究》，《教育理论与实践》2014年第9期。

期望要被学生所感知，最终才能达到教师所期望的效果。① 美国教育心理学家古诺特博士曾说："在经历了若干年的教师工作之后，我得到了一个令人惶恐的结论：教育的成功和失败，'我'是决定性因素。我个人采用的方法和每天的情绪是造成学习气氛和情境的主因。"②

让学生对思政课学习产生积极的态度就要充分发挥学生的主体作用。在思政课混合式教学过程中，学生既是教学的客体也是学习的主体，在思政课"主客体相统一"的原则上，教师要尊重学生、理解学生，站在学生的视角思考问题，教学内容要和学生的思想实现"同频共振"，这种平等、尊重和理解会影响学生的学习态度，影响学生对马克思主义积极的感性认知和理性体验，并进一步影响学生自觉自为的行动。

（3）学生行为性获得感。行为性获得感是学生在行为和实践中所体验到的对自身行动意愿与能力提升的满足感。大学生在思想政治课上的心理、角色的转变势必会促使青年学生个体的行为发生转变。学生学习行为的转变是高校思政课中学生"获得感"的实证。其主要表现在如下几个方面。一是方法论层面的获得感。马克思主义方法论是大学生在日常生活中认识世界和改造世界的有力武器。学生通过思政课线上线下课堂学习，能够学会自觉运用马克思主义的立场、观点、方法来观察问题和解决问题，从历史唯物主义和辩证唯物主义的高度，用辩证的、系统的思维方法思考人生和解决问题。二是实践层面的获得感。这主要通过学生在思政课教学课堂上的积极互动表现出来，学生由被动的知识接受者向主动的知识建构者，乃至自觉的知识反思者转变。

## （四）"综合评价"中的确定性因素

### 1. 评价主体的确定性

法国思想家让-雅克·卢梭曾经说："即使是最强者也绝不会强得足以

---

① D. Murphy, C. Campbell, T. N. Garavan, "The Pygmalion Effect Reconsidered: Its Implications for Education, Training and Workplace Learning," *Journal of European Industrial Training* 23 (1999): 238-250.

② 胡子祥、胡月波：《思想政治理论课教师教学态度对学生学习态度之影响研究》，《西南交通大学学报》（社会科学版）2019 年第 6 期。

永远做主人，除非他把自己的强力转化为权利，把服从转化为义务。由此就得出了最强者的权利。"① 教育行政部门，无论其行政权力有多么强大，它终究根植于社会群体中。如果要做好思政课混合式教学评价，就必须实现评价主体的转变，在"一体"中包容"多元"。

所谓"一体"，主要是指高校教学管理部门对思政课的教学评价在学校管理部门的宏观管理框架下进行，具有一定的权威性、科学性和合理性。所谓"多元"首先是指多种评价主体共存于同一教学环境中，都有表达自己意见的机会；其次是指不同的评价主体之间存在相互依赖的关系，彼此都在一定的标准之下展开评价活动（见图4-5）。

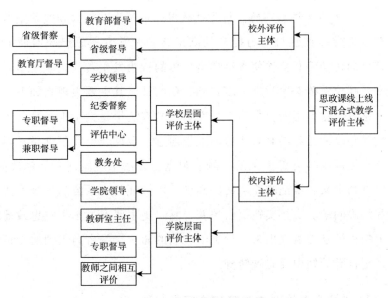

图4-5 思政课线上线下混合式教学评价主体

多元评价主体会存在价值取向的不同，评价结果也会存在差异。评价主体回答"谁来评""谁主导""谁实施""谁监管"等问题。狭义的评价主体仅指思政课混合式课堂教学过程中评价意见的给出者，通俗地说就是"打分者"（"评价者"）。广义上讲，评价主体还包括评价任务的委托者、

---

① 〔法〕让-雅克·卢梭：《社会契约论》，何兆武译，商务印书馆，2010，第9页。

提出者，评价工作的主导者、组织者，评价体系的设计者、实施者等。本书中的评价主体主要是指狭义的评价主体，也就是走进混合式课堂教学进行评价的主体，包括学校层面的领导、专门评价教学的部门、监督部门、专兼职督导、同行、学生等。斯塔克提出"应答评价"，强调不同评价主体因其知识结构、情感经验的不同，会导致评价结果大相径庭。古贝等提出的第四代评估则直接提出评价主体的多元性问题，认为所谓传统评价主体声称自己是价值中立的情形不存在，事实上连科学家在做出研究课题及其方法选择时都要受到委托人和出资人等利益相关主体的影响，所以评价说到底是政治行为。[①] 因此，不同的主体针对同一个评价对象会做出不同的评价，教师教学中什么因素是重要的、什么是有意义的、什么样的教学对学生来说是有利的，不同主体的认知是不一样的，因此会出现不同的评价结果，影响评价结果的确定性因素主要包括主体的认知能力、专业知识背景、情感因素等。思政课评价主体的多元性是现有思政课教学评价研究和实践发展的倾向，即主张在思政课教学评价中引入多个有权利并且有能力参与评价的主体，目的是反映多元价值、全面把握评价信息，尽可能做出公正公平的评价，从而做出综合全面的评价判断，建构完善的评价体系。

**2. 对思政课的认同**

认同是主观现实中的一个关键元素。认同这一现象在个人与社会之间的互动中产生，而从另一个角度来看，认同类型又是不折不扣的社会产物，是客观社会现实中相对稳定（稳定程度反过来也是由社会决定的）的元素。认同被"内置"到象征世界及其理论正当化之中，并随后者的特性发生变化。在这里，认同理论强调认同在经验上是"可观察的"和"可验证的"。[②] 学生对思政课的认同是在教学过程中对思政课教学内容、教学方式等方面的认同，和社会主流意识形态所呈现的凝聚力和引领力是同向的。在信息时代教师围绕学生普遍关注的社会热点，通过混合式教学增强

---

[①] 〔美〕埃贡·G.古贝、伊冯娜·S.林肯等：《第四代评估》，秦霖、蒋燕玲等译，中国人民大学出版社，2008，第85页。

[②] 〔美〕彼得·L.伯格、托马斯·卢克曼：《现实的社会建构：知识社会学论纲》，吴肃然译，北京大学出版社，2019，第216页。

学生对思政课的认同感。

个体在成长的过程中其思想和行为不断被社会关系修正和重塑。历史唯物主义从生产力与生产关系、经济基础与上层建筑、人民群众、社会阶级等方面向我们揭示了人类社会发展的普遍规律，这种普遍规律已经牢牢"内置"在人们头脑中。思政课的教学目的就是要让学生系统掌握马克思主义的世界观和方法论，始终坚持用辩证唯物主义和历史唯物主义去认识世界和改造世界，提升学生运用辩证唯物主义和历史唯物主义发现问题、分析问题、解决问题的能力，增强对马克思主义理论的认同。对马克思主义理论的认同涉及"谁来认同"、"认同谁"以及"如何认同"的问题，大学生的认同对象还包括中国共产党人继承发展的马克思主义理论，中国共产党人百年来为坚持和发展马克思主义做出了突出的贡献，大学生要了解一个经济文化相对落后的国家是如何走上社会主义道路的，又是如何巩固和发展社会主义制度，使马克思主义理论落地生根的。

**3. 思政课教学体系的确定性**

2015 年 7 月中宣部、教育部印发了《普通高校思想政治理论课建设体系创新计划》，该创新计划指出及时修订和使用好本专科 4 本教材和研究生 5 门课程教学大纲。其重点内容之一就是推进思政课教材体系建设，以统编教材为基础，构建体现思想性、科学性和可读性统一的思想政治理论课立体化教材体系。《2017 年高校思想政治理论课教学质量年专项工作总体方案》再次提出了"坚持总结在前、问题引导，重点围绕思政课教材建设"的总要求。2019 年 9 月《"新时代高校思想政治理论课创优行动"工作方案》印发，该工作方案提出，"推动以学习习近平新时代中国特色社会主义思想为核心内容的思政课课程群建设"，推动 37 所全国重点马克思主义学院所在高校率先全面开设"习近平新时代中国特色社会主义思想概论"课的要求。2021 年 11 月教育部印发《高等学校思想政治理论课建设标准（2021 年本）》，有关负责人在答记者问中强调了"大思政课"的建设理念，更加突出课程群建设，指出，为进一步完善以习近平新时代中国特色社会主义思想为核心内容的高校思政课课程群建设，进一步明确重点围绕习近平新时代中国特色社会主义思想，开设"四史"，宪法法律，中华优秀传统文化、革命文化、社会主义先进文化等课程模块，开设系列选择性必修课程；及时修订思政课统编教材，将党的创新理论最新成果有机融入各门思政课；编写马克思、恩格斯、列宁关于哲学社会科学及各学科重要论述摘编；持续推进新时代马克思主义理论研究和建设工程重点教材建设（见表4-5）。

表 4-5  高等学校思想政治理论课建设标准

| 一级指标 | 二级指标 | 三级指标 | 指标类型 |
|---|---|---|---|
| 教学管理 | 课程设置 | 积极创造条件开设本科生和研究生层次思想政治理论课选修课。要重点围绕近平新时代中国特色社会主义思想，党史、新中国史、改革开放史、社会主义发展史，宪法法律，中华优秀传统文化等设定课程模块，开设系列选择性必修课程 | A |

## 二  高校思政课混合式教学评价的<br>不确定性因素

不确定的概念实际上是相对于确定性的概念而言的。不确定性是指事物发展结果有许多可能性。按照经济学的观点，不确定性意味着既定环境状态下人们的主观概率分布呈离散状态。马克思的商品理论、再生产理论和经济危机理论，均涉及不确定性理论。不确定性理论在马克思主义理论中占据着重要地位。我们这里把经济学中不确定性理论引入教学评价影响因素中，教学评价的部分因素同样是不确定性的。根据经验和知识，人们很容易得出这样的理论：不确定性普遍存在，它逐渐成为许多学科领域的研究对象。在教育评价领域，不确定性也是教育研究的重要对象。

从哲学存在论角度看，不确定性是指世界内部并不存在规则简单的秩序，除了一些非常简单的系统以外，几乎所有的事件都处于一种负载变化的而又互相关联的非线性网络当中，即使有时是确定的事件在某一个分叉点上也会发生突变，从而使整个系统的发展前景变得难以预测。从认识论角度来看，不确定性观念认为人类认识具有有限性，人类很难将对世界认知中涉及的各项因素及其因果关系一一列举出来，"即使我们已知初值和边界的约束，系统仍有许多作为涨落的结果的态势可供'选择'"①。因此，在复杂的世界系统中进行准确预测是不可能实现的。从价值论角度来看，不确定性是指各种价值选择之间并不存在一个高低排序，它们之间是平等的关系且存在相互矛盾，它们各自具有绝对的性质，我们很难通过比较的方法来判定它们孰优孰劣。

美国教育家荷克丝特别推崇弹性分组的教学方式，认为弹性的学生分组是差异教学的核心，"在差异教学的课堂上，弹性教学分组是非常重要的管理策略。它帮助你根据学生的需要设计出各种合适的学习活动，还使你有时间给特殊的学生或小组提供额外的教学辅导"②。弹性分组过后，给每个小组布置的任务自然就是弹性作业，荷克丝称之为"层第式任务"。"弹性"主要体现在教师有时候依据学生的准备程度，有时候依据学生的兴趣和学习风格对学生进行分组，有时候对学生进行同质分组，有时候对学生实施异质分组。无论采取哪种方法，依据只有一个，那就是看分组是否能使学生实现发展。③ 所谓"层第式任务"是指"根据学生的学习需求制定的差异学习任务和项目"，"结合弹性分组教学使用层第式任务，你就可以给不同小组的学生布置不同的作业"。④ 面对不同的学习任务，教师如何进行弹性评价呢？如何做到对不同的分组、不同的任务完成度、不同的参与度、不同的满意度进行公正评价，最终达到教学目的呢？荷克丝认为"评分的首要标准是给学生（或他们的家长）关于他们学习进度和学习质量的反馈"，"要使评分做到平等公正，就要使学生明白你对他们的期望。每一个差异教学任务都应当具有明确的评估标准。……但是，标准与标准之间的差别反映出的应当是任务种类的差异"，"所有的学生都需要得到学习反馈意见。但是，给他们反馈意见的人，不必非你不可。教学生应用你

---

① 〔比〕普利高津：《确定性的终结——时间、混沌与新自然法则》，湛敏、张建树译，上海科学教育出版社，1998，第55页。

② 〔美〕黛安·荷克丝：《差异教学——帮助每个学生获得成功》，杨希洁译，中国轻工业出版社，2002，第136页。

③ 夏正江：《一个模子不适合所有的学生——差异教学的原理与实践》，华东师范大学出版社，2013，第251页。

④ 〔美〕黛安·荷克丝：《差异教学——帮助每个学生获得成功》，杨希洁译，中国轻工业出版社，2002，第147页。

制定的评分标准，对自己的学习进行自我评价，或和其他同学进行相互评价。……学习自我评估和同伴评估可以增强学生的独立性，提高他们的判断力"。①

差异性教学理论更多关注个体差异。从某种程度上讲，差异性教学理论更关注个体学生经历、背景、兴趣和需要，强调将学生的个体差异视为教学的组成要素，教师从学生不同的准备水平、兴趣和风格出发来设计差异化的教学内容、过程与结果预期，最终促进所有学生在原有水平的基础上得到应有的发展。② 我国古代著名的思想家、教育家孔子提出的"因材施教""有教无类"及古希腊苏格拉底提出的"助产术"教学方法都是差异教学。③ 局限于当时的社会条件，个别教育和小组讨论是教学的主要形式。霍华德·加德纳（Howard Gardner）提出的多元智能理论是差异教学的重要支持性理论之一。多元智能理论认为所有的个体都具有不同程度的八种相对独立的智能领域，即语言智能、逻辑数理智能、音乐智能、空间智能、肢体运动智能、自我认知智能、人际智能、自然观察智能及存在智能。④ 它们在每个人身上以不同的方式进行不同程度的组合，从而使每个人的智力各具特色，发挥自身各自的优势，学习同样的课程，但表现出不同的学习效果。

差异性教学的主要目标是充分利用每个学生的学习能力，根据学生的个体差异，对学生进行不同的关注。

CIPP 评价模式突出了评价的过程性和结果性，和"四个评价"中的"过程性评价""结果性评价"相一致。思政课混合式教学评价重在评价教学的全过程，它为判断混合式教学改革的有效性、反馈学生对思政课混合式教学的态度服务。CSE 评价模式是以加利福尼亚大学评价研究中心

---

① 〔美〕黛安·荷克丝：《差异教学——帮助每个学生获得成功》，杨希洁译，中国轻工业出版社，2002，第 199 页。

② 〔美〕汤姆林森：《多元能力课堂中的差异教学》，刘颂译，中国轻工业出版社，2003，第 2 页。

③ 曾迎春：《差异教学理论在大学英语教学中的实证研究》，《湖南师范大学教育科学学报》2013 年第 5 期。

④ 李香玉：《专访"多元智能理论之父"霍华德·加德纳　综合思维，在今天比以往任何候都重要》，《教育家》2023 年第 11 期。

（Center for Study of Evaluation）命名的一种评价模式。评价包括四个步骤：需要评定、方案计划、形成性评价和总结性评价。需要评定就是评定教育的目标是否完成；方案计划就是对混合式教学的各种方案达成度的目标实现的可能性进行评价；形成性评价重在评价的过程，在评价过程中时刻关注学生的反馈，对教学过程中发现的问题及时修正；总结性评价是一种综合性的评价模式。它具有以下特点：一方面，这是一种旨在为教育改革提供服务的评价模式，形成性评价和总结性评价有机统一；另一方面，这是一种动态的评价，评价活动贯穿于教育改革的全部过程。[①] 这两种教学评价模式在思政课混合式教学评价中被借鉴，对思政课混合式教学评价机制的构建具有重要影响。

## （一）"结果评价"中的不确定性因素

### 1. 结果评价中呈现出的个体差异

在思政课堂教学过程中，学生在同样的课堂学习，同样专注，付出同样的努力，会出现不一样的学习结果。在不同学校、不同专业、不同年级、不同班级，同一老师讲授相同的教学内容，教学效果也不完全一样。学生在不同的课堂学习，由不同的教师教授，差异性就更加显而易见。有些教师对学生之间的差异视而不见，不加区分地对待所有的学生，没有做到个性化教学。有些教师仅仅看到学生期末成绩的差异，并试图消除（仅仅是学生在成绩上的差异，而不是其自身的个体差异）。学生个体之间的差异是不能被忽略的，正是因为学生个体之间的这种差异性，他们获取知识的能力和水平存在差异（见图4-6）。

学生自身学习态度的差异是客观存在的，因为"学习态度是学习者对学习的较为持久肯定或否定的内在反映倾向。通常可以从学习者的注意状况、情绪倾向与意志状态等方面加以判定和说明。学习态度受学习动机的制约，是学习者在学习过程中通过一定经验习得的，也是可以改变的。它是影响学习效果的一个重要因素"[②]。学习态度的差异性能够影响学生的学

---

① 陈玉琨、沈玉顺：《课程改革与课程评价》，教育科学出版社，2001，第150页。
② 朱智贤：《心理学大辞典》，北京师范大学出版社，1989，第819页。

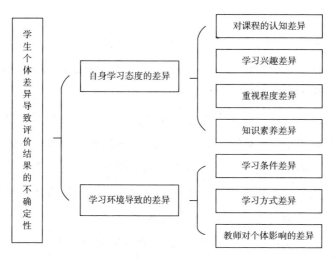

**图 4-6　学生个体差异导致评价结果的不确定性**

习效果，它表现在对学习内容的选择上，学习态度具有过滤作用，即与个体既存态度相吻合的教学内容，容易被学生吸收、同化、记忆，反之，则容易被阻止或歪曲。此外，当学生较为适应教学环境时，就更容易积极努力学习，反之就可能消极怠工。学生学习态度的差异导致学习效果上的差异也是客观存在的，学生在评价结果上的差异也是客观存在的。

**2. 评价目标实现的不确定**

在知识目标、能力目标及情感目标（价值观目标）等教学目标的实现方面，充满了不确定性，思政课教学作为意识形态传播工具具有的鲜明政治性，体现为通过思政课教育"为党育人、为国育才，培养心怀'国之大者'，把握大势，敢于担当，善于作为，为服务国家富强、民族复兴、人民幸福贡献力量"的人才。思政课教学目标突出国家和社会需要，这一需要体现为通过思想道德教育为国家和社会培养人才。苏格拉底认为道德教育的目的就是培养治国之才，他说只有学识渊博并且兼具"善德"的人，才能统治国家。[①] 亚里士多德强调政治教育，他告诫领导者一定要"首先注意少年人的教育"，"忽视教育就会危害政体"，而相反则能够保证"公

---

① 单中惠：《西方教育思想史》，教育科学出版社，2007，第 13 页。

民们能适合本邦的政治体系（及其生活方式）"，具有"维护这个政体的实力"。①

19 世纪以来，道德教育对社会的价值凸显得更为明显。被誉为"教育科学之父"的赫尔巴特将道德教育视为一切教育的最高目标，他说："教育的唯一工作和全部工作可以总结在道德这一概念之中，道德普遍地被认为是人类的最高目的，因此，也是教育的最高目的。"② 德国教育家乔治·凯兴斯泰纳提出："国家公立学校的目的——也就是一切教育的目的——是教育有用的国家公民。"③ 思政课教学的最终目的就是对个人进行人格熏陶，除了获取知识、能力以外，使个体对国家的最高价值持积极态度，具有为国家、为社会的道德品质，最终成为有价值的"善"的公民。思政课教学的过程就是实现"善"的教育的过程，教育学生用中华优秀传统文化、马克思主义理论、共产主义信仰规范其行为，塑造"大我"，而不是"小我"。

### 3. 学生对学习结果的"期望"具有差异性

学生在学习过程中的"期望"是不确定的，个体的差异会导致最终学习效果的差异。班杜拉在他的动机理论中指出，人的行为受行为的结果因素与先行因素的影响。行为的结果因素就是通常所说的强化，他认为，在学习中没有强化也能获得有关的信息，形成新的行为。而强化能激发和维持行为的动机以控制和调节人的行为。如在期望期，教学活动尚未发生时，需要进行评价的问题包括是教学活动是否会发生、何时发生、将来发生什么以及教师如何教、采取什么方式进行教、教学效果如何等。在期望期，学生会积极等待或看待即将进行的教学活动，这种积极的信念会使其积极地参与到教学活动中，教师应对学生积极的信念做出承诺。承诺表达的是，什么样的教学活动对学生是重要的，什么对他是有意义的。承诺决定着在一个特定的期望压力遭遇中，什么事情是与他利害攸关的。承诺也包含了人们为维持有价值的理想或实现渴望的目标，所做出或准备做出的

---

① 〔古希腊〕亚里士多德：《政治学》，吴寿彭译，商务印书馆，1983，第 395~406 页。

② 张焕庭：《西方资产阶级教育论论著选》，人民教育出版社，1979，第 259~260 页。

③ 王天一、夏之莲、朱美玉：《外国教育史》，北京师范大学出版社，1985，第 185 页。

选择。由于文化和社会结构对每个人的影响不同，个体期望会出现差异，因此，即使同样的教学活动针对不同的学生也会出现不同的教学效果。

对思政课线上线下教学活动而言，思政课混合式教学的目的是更好地促进学生认知水平的提升，促进学生对思政课的认同，促进学生政治态度的形成或者转变，促进学生价值观的形成或者转化，发自内心的学习动机非常重要。因此，提高学生学习兴趣、促进学生认同非常重要，学生学习的动机、兴趣无法量化，充满了不确定性。

### （二）"过程评价"中的不确定性因素

思政课混合式教学过程的突出特点是课堂互动，课堂互动贯穿教学全过程。课堂互动是教师、学生与课程内容之间的双重双向对象化活动。所谓双向对象化活动就是发生对象性关系的实践主体和实践客体双向的相互转化、相互创造的过程。[①] 课堂互动中学生对教师的教学认知是有层次的。根据认识反映对象的深浅程度，可以划分为经验认识和理论认识两个层次。[②] 经验认识层次是学生对教师在理论教学及实践教学过程中所表现出来行为的本能反应，理论认识是对教师教学过程表现的深层认知。由于学生这一认知主体存在个性差异，对思政课教学互动的过程评价会出现不同。客体主体化转向通过课堂互动方式对实践主体产生一种反向作用，并且使课堂互动的客体性表象转化为主体性特征，是主体被客体化改造和发展的过程。思政课互动是主体通过互动这种能动而现实的方式，对所学知识积极的接受、吸收、反馈和改造，并渗入、融合到自身的思想、行动当中，使知识内化为一种属人存在。思政课教学过程评价主要涉及对课堂教学中教师的理论演绎水平以及学生在课堂中的即时表现，即课堂即时反馈的评价。

### 1. 教师信息素养转化的不确定性

信息素养更确切的名称应该是信息文化（information literacy）。在信息化时代，教师的信息素养是教师教学活动的一种基本能力，是一种对信息

---

① 王永昌：《实践活动论》，中国人民大学出版社，1992，第 85~185 页。
② 齐振海：《认识论新论》，上海人民出版社，1988，第 197~229 页。

社会的能力素养。美国教育技术 CEO 论坛 2001 年第四季度报告提出 21 世纪的能力素质包括基本学习技能、信息素养、创新思维能力、人际交往与合作能力、实践能力。信息素养是其中一个重要的方面，它涉及信息的意识、信息的能力和信息的应用。[①] 在今天的思政课教学改革过程中，混合式教学方式已经成为必要的教学改革方式之一，教师的信息素养是思政课教师必备的素养，思政课教师常常存在把寻找信息与使用信息混淆起来的问题。教师可以通过互联网、各种教学平台获取大量的课程信息资源，但是很多教师缺乏通过搜寻、创设、编辑、管理、分析、评判、分类进而把信息和课程教学内容结合起来进行转化的能力，在信息化教学设计、网络教学资源制作等方面存在盲区。信息如果不经常在有意义的情景中使用，就可能会被很快遗忘，而转为知识的信息则可以被更好地留存下来。

在思政课教学活动中，教师所具备的信息素养涉及各方面，除了涵括马克思主义理论素养之外，还涵盖人文、技术、经济、法律等诸多素养，以及跨学科的知识能力素养。虽然大量知识信息被储存在教师的记忆中，但是教师仍然需要通过搜索网络上最新的资料、资源、理论知识信息进行学习，经验丰富的教师会主动根据个人研究的方向和兴趣以及过去的经验去搜索跨学科信息，但不同的个体获得的信息量可能存在巨大差异。这些获取的信息被组织成有意义的、相互联系的事实和概括化的内容，进而这些事实和内容通常被称为"知识"。[②] 这些知识反映了思政课教师把跨学科信息素养转换为知识的能力，思政课教师要想成为一个有信息素养的人，必须能够随时获得需要的信息，具有把这些信息转化为知识并且有效使用这些知识的能力。这就要求思政课教师在进行混合式教学过程中，要熟练运用信息技术，积极培养自身的信息意识、计算思维、数字化能力及信息社会责任，能够在教学中迅速而敏锐地捕捉各种有利信息，把信息转为知识。

---

① 方旭：《高校教师网络教学影响因素和对策研究》，科学出版社，2015，第 100 页。
② 〔美〕R.M. 加涅、W.W. 韦杰、K.C. 戈勒斯、J.M·凯勒：《教学设计原理》，王小明、庞维国、陈宝华、汪亚利译，华东师范大学出版社，2018，第 87 页。

## 2. 教师的理论演绎创新水平

思政课教师必须拥有较高的马克思主义理论素养，这是搞好思政课建设的关键。[1] 教师要掌握马克思主义基本原理，掌握党的创新理论，将马克思主义基本原理和党的创新理论运用到人类的现实社会发展中，使马克思主义科学真理和社会实践相结合。教师要能够熟练地运用马克思主义基本原理分析、解释现实中的各种问题，能够从理论上分析和解决学生所面临的现实问题。只有这样，思政课教师才能真正把思政课讲深、讲透、讲活，才能真正让思政课体现出"真理的力量"。思政课教师如何把掌握的这些理论知识并进行演绎创新，转化为学生易于接受和理解的教学内容呢？首先教师要具备深厚的学理基础，结合自身教学实践，用通俗的语言对理论进行科学解读，依据学理逻辑，运用事迹案例，让理论从"理性"层面到达"感性"层面，触及学生灵魂，内化为学生自身的本能和素质。

教育要进行前瞻性的指导与创造性的变革，因此，思政课教师不能原原本本地复制教材内容，走在生活的后面，否则教育就会像工厂的生产流水线一样。思政课教师面对着来自不同专业、不同学科背景、极具个性的个体，这些个体的生活处在不断的变动当中，这是生活本身的内在规定性。思政课教材内容具有模式化、固定化的特征，但是学生的实践生活是处于变化中的，因此教师要对教材内容进行理论演绎，把晦涩难懂的理论通俗化、生活化，实现从教材内容到教学内容的转变。

## 3. 学生的即时反馈

即时评价主要是思政课课堂教学过程中发生的短期评价。它贯穿于教学过程，与课堂反馈融为一体，对学生的理解程度和学习表现进行清晰反馈，有助于促进学生下一步的学习。[2] 即时反馈强调时间上的即时性，在差异化教学评价过程中要强调评价的即时性，岳超楠认为评价应在课堂教学的全过程中体现出来，尤其应重视课初的评价、教学关键环节的评价和一节课要结束时的尝试性评价。[3] 对于思政课混合式教学过程来讲，即时

---

[1]　王立洲：《切实提升思政课教师的马克思主义理论素养》，《中国社会科学报》2020 年 3 月 17 日。

[2]　吴娟：《关于课堂教学反馈评价的思考》，《江西教育》2017 年第 29 期。

[3]　岳超楠：《差异教学的实施策略》，《浙江海洋学院学报》（人文科学版）2009 年第 1 期。

性评价反映了学生对课堂教学内容、教学重点难点的掌握程度，它具有表现性、短期性、差异性特征，这种短期性评价（简短评价任务）通常用来判断学生对马克思主义理论知识领域的基本概念、程序、关系以及思维技能的掌握情况。大多数简短评价任务是从设计一个激发学生兴趣的刺激物（stimulus）开始的，这个刺激物可能是一个问题、一幅漫画、一幅地图、一个原始资料图标或者一张照片等。① 在思政课混合式教学过程中，主要是从结合课程理论知识并和现实联系起来，设计学生感兴趣的问题开始，教师通过在线教学平台发布问题，学生可以通过移动通信设备对问题进行思考并做出回应。教师可以根据学生对问题的回应表现来评价学生的知识和技能掌握程度，也可以根据学生在线下课堂的表现和线上课堂的表现判断学生的知识掌握、能力提升情况，通过这种短期表现，对学生对事物的看法或者对某种行为的看法是否正向做出简短评价。这种简短评价可以是口头的，也可以在线上平台进行评价，这种表现性评价主要是针对学生在课堂中的表现，可以让学生在学习兴趣、学习动机较为强烈的时候得到及时的学习效果反馈，从而激励学生产生强化其行为反应。

学生的即时反馈是学生对思政课教师教学活动的即时回应，同时也反映了学生在课堂教学中的状态。古德温等指出，反馈的最佳时机取决于学习任务的性质。当学生在学习新的、复杂的知识或技能时，对他们进行实时检查和提示能防止他们形成错误观念或开展不正确的实践，但当他们扩展或应用知识（如写作一篇论文或解决一个复杂的问题）时，稍微延缓反馈能使他们自我矫正，并对自己的学习目标负责。② 学生的即时反馈能够提升其对思政课的认知，增强自我价值感。然而由于每个学生的自我认知、选择和自我价值感是不相同的，对教师提出的同一个问题可能出现不同的反馈，学生自身在理论知识、自我能力等方面存在差异导致学生的即时评价能力存在较大的差异。

---

① 〔美〕Diane Hart：《真实性评价——教师指导手册》，国家基础教育课程改革"促进教师发展与学生成长的评价研究"项目组译，中国轻工业出版社，2004，第73~74页。

② B. Goodwin, K. Miller, "Good Feedback Is Targeted, Specific, Timely," *Educational Leadership* 70 (2012): 82-83.

### （三）"增值评价"中的不确定性因素

**1. 教师的增值效能的不确定性**

一般而言，教师教学能力会随着经验的提升逐渐增强，这一过程中充满了诸多不确定性因素。

教师教学能力的提升。习近平总书记在 2022 年 4 月 25 日考察中国人民大学时对如何讲好思政课进一步把脉定向，明确提出"思政课的本质是讲道理，要注重方式方法，把道理讲深、讲透、讲活，老师要用心教，学生要用心悟，达到沟通心灵、启智润心、激扬斗志"的新要求。① 这要求思政课教师学会讲道理，不断提升讲道理的能力，"教材给出的是教学的基本结论和简要论述，要让不同类型的学生都爱听爱学、听懂学会，需要做很多创造性工作。要在教学过程中进行多样化探索，通过多种方式实现教学目标"②。思政课教学效果反映出教师教学能力水平，激励教师不断探索和创新"讲道理"的方式，思政课教师在教学过程中，应坚持"八个相统一"，实现全员、全程、全方位育人，③ 这为新时代高校思政课改革指明了方向。高校思政课教师在教学过程中是否把"八个相统一"融入教学全过程是检验教师教学效果的重要指标，要根据课堂教学情况反思自身在教学目标设定、教学内容、教学方法等中是否融入了"八个相统一"理念，是否坚持了意识形态阵地，是否提升了学生对马克思主义理论的认知能力，是否提升了学生对国家、民族的认同感。如果思政课教师能够在教学过程中全方位融入"八个相统一"的理念，能够实现设定的教学目标，能够提升学生对马克思主义理论、党的最新理论的认知能力，我们就可以判断教师教学效果良好。

教师的创造力提升。在教师创造力提升过程中，创造首先是一种认知技艺，内含必要的知识和恰当的认知过程。面对不同情景，教师需要有针

---

① 《习近平在中国人民大学考察时强调 坚持党的领导传承红色基因扎根中国大地 走出一条建设中国特色世界一流大学新路》，《人民日报》2022 年 4 月 26 日。

② 习近平：《思政课是落实立德树人根本任务的关键课程》，《求是》2020 年第 17 期。

③ 《习近平主持召开学校思想政治理论课教师座谈会强调用新时代中国特色社会主义思想铸魂育人 贯彻党的教育方针落实立德树人根本任务 王沪宁出席》，《经济日报》2019 年 3 月 19 日。

对性地、创造性地进行专业实践活动。教育情景是与其他社会情景不同的特殊情景，是教育者应当做出指导性行为的情景。① 课内外师生相互作用的复杂性（环境差异、个体差异、情绪变化、知识水平差异等影响着课堂教学的效果和师生关系，各种因素的相互作用使课堂教学存在随意性、突发性）及师生间的无意识沟通都要求教师应"敏锐地观察、明智地同情，并保持高度注意力"②。教师需要有教育的机敏性，灵活运用各种方法。③ 教师一方面要运用自己的学科知识去选择合适的教学主题，另一方面又要基于其对于学生先前知识和认识的了解，去选择和确立适宜的、富有激励性的方式来展现这些学习内容，将学科知识转化成学生能够理解的内容。④ 教师的创造力使其能够应对复杂事物的"挑战性"，这种"挑战性"来自课堂内，也来自课堂外。

在高校思想政治理论课教师座谈会上，习近平总书记对教师寄予厚望。思政课要永葆生机活力，就要进行创新。思政课的教学创新归根结底需要思政课教师的创造力提升。思政课教师的创新意识和能力能够让其发现新问题，采取新方法进行教学改革，充分发挥榜样力量，潜移默化地影响学生，激励学生进行创新创造。

**2. 学生的价值增值**

价值增值的过程是不确定的，这种不确定性在于每个个体价值增值的多少是不确定的，这一过程中学生获得有效的知识和经验，并把学习内容内化为自身的价值结构。内化包括同化和顺应两个过程，同化是指学生对思政课堂上所学知识、经验和自身既有知识、经验做出调整和转换，使其与当前社会要求的价值相匹配，从而提升自身的价值。通过同化，学生原有的知识和经验实现"容量上的扩张"，但不会发生质的变化。顺应是指学生利用所获取的知识与经验调节自身的价值结构，以使其与学习内容相

---

① 〔加〕马克斯·范梅南：《教学机智：教育智慧的意蕴》，李树英译，教育科学出版社，2014，第70页。

② 胡艳：《从21世纪教育发展趋势看未来教师角色特征的变化》，《北京师范大学学报》（人文社会科学版）2002年第2期。

③ 顾明远：《教师的职业特点与教师专业化》，《教师教育研究》2004年第6期。

④ 〔美〕帕梅拉·格罗斯曼：《专业化教师是怎样炼成的》，李广平、何晓芳等译，人民教育出版社，2012，第8页。

适应的过程。通过顺应，学生新获取的知识和经验替换原有的知识与经验，学生的价值结构发生质的变化，从而使得自身的成长跃向一个新的水平。同化过程在短期内会有所表现，但顺应过程短时间内很难有所表现，这两个过程是相互转化、相互联系、相互依存的，这种价值增值循环过程充满了不确定性。

杜威指出，"关于所有创造的价值的判断，即关于一个先前不存在而需要通过行动创造出来的新的价值的判断，是评价判断的最后目标。此时的评价判断采取的不是一种陈述，即'某种结果是好的'，而是一种假设：'如果这样做，那么所产生的结果会是好的'"①。杜威用评价判断对价值进行区分，如何判断教学活动的价值增值呢？要结合学生学习思政课的心理活动、具体行为、情感因素以及学习效果的各种可能性进行判断，结合学生对马克思主义理论的理解、学习兴趣等进行理性的分析，对学生是否在日常生活中、社会实践中利用马克思主义基本原理与方法分析问题和解决问题进行判断。也就是说，对教学活动价值增值的判断"是建立在对事实、关系和各种可能性、各种因果关系的分析基础上的"②。但是，由于价值增值测量的复杂性，价值增值评价存在重重困难，学生是否学会运用马克思主义理论对现实进行批判性思考，其分析推理能力、书面表达能力以及问题解决能力等的提升情况存在诸多的不确定性，由此价值增值评价也具有不确定性。

### （四）"综合评价"中的不确定性因素

为了实现预期的教学效果，教育部等十部门提出了建设"大思政课"的要求。"大思政课"契合思想政治教育的内在规律。现实生活的复杂性决定了人的思想观念在形成和发展过程中，必然会受多方面条件、因素的限制和影响，外部环境的不确定、教育对象个人选择的自主性、单一教育因子作用效果的有限性，增加了思想政治教育的难度。

---

① 冯平：《杜威价值哲学之要义》，《哲学研究》2006 年第 12 期。
② 冯平：《价值判断的可能性——杜威逻辑实证主义反价值理论的批判》，《复旦学报》2006 年第 5 期。

**1. "大思政课"建设的不确定因素**

《全面推进"大思政课"建设的工作方案》（简称"大思政课"建设方案）提出了"大师资""大课程"体系建设，"大师资""大课程"体系建设充满了不确定因素。

在"大师资"方面，对混合式课堂教学进行评价的主体，由于自身的专业背景、价值理念等的不同，对于教师教学中什么因素是重要的，什么是有意义的，什么样的教学是有意义的，什么样的教学对学生来说是有利的，不同主体的认知是不一样的，因此会出现不同的评价结果。思政课评价主体的多元性是现有思政课教学评价研究和实践发展的重要趋势，即主张在思政课教学评价中引入多个有权利并且有能力参与评价的主体，目的是反映多元价值、全面把握评价信息，尽可能做出公正公平的评价，从而做出综合全面的评价判断和建构完善的评价体系。

"大师资"是"大思政课"建设的重要保障。办好思想政治理论课关键在教师，关键在发挥教师的积极性、主动性、创造性。要通过内部挖潜、外部引援，打造专兼结合的"大思政课"师资队伍。既要建设一支高水平的思政课教师队伍，加强专业课课程思政能力，发挥专业课教师的课程思政功能，也要积极吸纳党政领导、科学家、老同志、先进模范等加入思政课兼职教师队伍。要搭建"大师资"队伍研究平台，加强马克思主义理论和思政课教学研究。要提升"大师资"队伍综合能力，做好"大思政课"师资队伍培训工作，发挥教师的主观能动性和创造性，以润物无声的方式将思政元素有机融入教学全过程。新时代"大思政课"教师既要是"经师"，也要是"人师"，要做"经师"和"人师"的统一者。

"大思政课"教材体系的不确定性。"大思政课"建设方案指出，习近平新时代中国特色社会主义思想铸魂育人成效明显，思政课建设、日常思想政治工作、课程思政全面推进。全面推进"大思政课"建设，充分调动全社会力量和资源，建设"大课堂"、搭建"大平台"、建好"大师资"，优化思政课教材体系。"大教材体系"这里主要是第二课堂的教材体系，第二课堂的教材体系是在《"新时代高校思想政治理论课创优行动"工作方案》和《高等学校思想政治理论课建设标准（2021 年本）》的理论指导下，高校自主编制社会实践教材，以特定的实践形式或载体，巩固、强化和拓展学生在思政课教学中所学的知识，包括马克思主义基本理论、基本观点、基本方法，习近平新时代中国特色社会主义思想等重要内容，结合学校特色、创新教学改革的要求以及省情等，深度挖掘思政教学资源，并运用现代化教育和多媒体等技术，创建科学高效、具有实际操作性的虚拟实践教学体系。

**2. 道德评价的不确定性**

道德涉及个人和群体更为复杂的立场。个体在学习过程中可以用道德抽象地考量自己，我将成为什么样的人？亚里士多德认为，人类的一般性的德性要转变为真正的德性，即美德需要理性的指导，在他看来，真正的德性——美德是"那些有某种用途或效用的事物最好的排列、品质或能力"①。按照亚里士多德的说法，德性并不依赖于人所占据的社会角色而依赖于人本身。人的目的就是善（好）生活，德性的践行是善生活的一部分，作为人的善生活的目的和德性是紧密联系在一起的。1984年麦金太尔的《德性之后》中提出，德性是"一种使个人能够接近实现人的特有目的的品质，不论这种目的是自然的，还是超自然的"②。在麦金太尔看来，德性与实践是紧密联系的，它具有三层内涵。一是德性维持实践，能够获得对实践的内在利益，是一种"获得性人类品质"③。换言之，我们如果不拥有和践行德性，就没法获得这些"内在"利益。二是德性作为一种品质，它"将使我们能够克服我们所遇到的伤害、危险、诱惑和涣散，从而在对相关类型的善的追求中支撑我们"④。三是德性是与传统相联系的，原因在于维持和加强这些传统以及削弱甚或毁灭它们的是"相关德性的践行或缺乏相关德性的践行"⑤。迈克尔·斯洛特（Mickael Slote）

---

① 苗力田编《亚里士多德选集》（伦理学卷），中国人民大学出版社，1999，第374页。

② 〔美〕阿拉斯戴尔·麦金太尔：《德性之后》，龚群等译，中国社会科学出版社，1995，第234页。

③ 〔美〕阿拉斯戴尔·麦金太尔：《德性之后》，龚群等译，中国社会科学出版社，1995，第241页。

④ 〔美〕阿拉斯戴尔·麦金太尔：《德性之后》，龚群等译，中国社会科学出版社，1995，第277页。

⑤ 〔美〕阿拉斯戴尔·麦金太尔：《德性之后》，龚群等译，中国社会科学出版社，1995，第281页。

将德性分为两种：一种是"自我关注德性"，另一种是"关注他人的德性"。前者如刚毅、理智、节制等，后者如仁慈、有爱、善良等。在斯洛特看来，唯有"关注他人的德性"才是一种道德上的善，具有道德价值，所以斯洛特把"德性"定位为"可赞赏性"（admirability）和"优良"（virtue）。马克思在《1844 年经济学哲学手稿》中深刻阐释了人的异化的四重属性，进而对资本主义生产方式展开批判，这可以看作马克思主义道德观萌芽的标志。马克思在《德意志意识形态》中非常鲜明地指出和阐释了道德的起源，即道德起源于社会的物质实践活动中。他认为，唯物史观"不是从观念出发来解释实践，而是从物质实践出发来解释各种观念形态"①。马克思在《共产党宣言》中提出了"人的自由全面的发展"，道德成为真正"解放的道德"并且成为"自由的道德"，这批判了资本主义道德的"利己主义"。

我国古代对"德性"的解释，庄子认为"物得以生，谓之德"②。许慎在《说文解字》中曰："德：外得于人，内得于己也。"也就是说，"德"就是一个人在处理各种关系时，一方面"以善念存诸心中"，使身心互得其益，即"内得于己"；另一方面"以善德施之他人，使众人各得其益"，这就是"外得于人"。正如朱熹所言："得于心而不失也。"③ 两种说法均指向人的内心。由此可见，德性就是指值得称赞的道德品质。当代学者戴兆国认为，德性是指"主体在处理人与自然、人与社会、人与自身关系的生命活动中，主体为成就个性人格、实现社会理想而逐渐积淀在主体心性结构中的内在品质和精神定势"④。纵观古今中外，任何一种道德，都要建立一个理想的"道德人格"。

道德评价就是对个体行为进行价值判断。通过思政课混合式教学判断一个人的行为是否合乎理性，评价学生品格的优劣，评价学生内心是否"善"，也就是评价一个人的行为是否真正具有利他的"德性"。

---

① 《马克思恩格斯选集》（第 2 卷），人民出版社，2012，第 172 页。
② 《庄子·天地》。
③ 朱熹：《四书章句集注·论语注》，中华书局，1983，第 53 页。
④ 戴兆国：《德性、规范与传统》，《学术界》2003 年第 5 期。

# 三　高校思政课混合式教学评价中确定性因素
## 与不确定因素的相互转化

厘清思政课混合式评价中影响因素之间的关系，是深层次挖掘高校思政课高质量保障体系的有效途径。依据确定性因素与不确定因素的解释结构模型，可以看到这些影响因素之间会随着主客体关系的变化、场域的变化相互转化，它们本身的层级因素也会发生相应的变化，这种变化建立在协作学习理论的基础之上。

协作学习理论认为，宇宙万物的存在和发展，都是通过相互联系和相互作用实现的。世界统一于物质，物质的本质是"吸引和排斥"[①]。运动是物质的存在方式，是事物从一种状态到另一种状态的转化过程，同时也是现象之间相互转化的过程。世界是一个"过程的集合体"，"当我们通过思维来考察自然界或人类历史或我们自己的精神活动的时候，首先呈现在我们眼前的，是一幅由种种联系和相互作用无穷无尽地交织起来的画面"[②]。在宇宙间，没有任何两个事物不通过或远或近的中介相互联系和相互作用。换言之，在任何两个事物之间，没有一方不对对方的存在和发展起作用。人们对事物的认识，归根结底是对其相互作用、相互转化关系的认识。

教学评价在协作理论基础上构建多维度协同评价机制，多维度协同评价机制是在多维度协同教育方法（Multidimensional Collaborative Education Method，MCEM）的基础上建立的评价体系。多维度协同教育方法是针对教学的成长（growth）、学习（study）、发展（development）等基本问题，结合"教师队伍建设、人才培养、科学研究、教学研究、社会服务和国际化"等多要素，基于学生获取知识的方式已由"依赖教师传播或依赖书本获取"发展到了"在网上（云端）也可以获取知识"的现实等展开的评价，这种评价基于多维度协同教学主体、教学内容、教学过程、教学增值、教学效果等。多维度协同评价的各种因素相互作用、相互配合、相互

---

① 《马克思恩格斯选集》（第3卷），人民出版社，2012，第969页。
② 《马克思恩格斯选集》（第3卷），人民出版社，2012，第790页。

协调，形成拉动效应，使得在教学过程中的学生、老师共同获益，进而使思政课教学预期目标得以实现。

## （一）"结果评价"中的确定性因素与不确定因素的相互转化

在思政课混合式教学的结果评价因素中，确定性因素与不确定因素在达到一定的条件时，也会发生相互转化，这表现在教学目标、教学对象等方面。

### 1. 教学目标因素之间的相互转化：知识能力向认知能力的转化

一般情况下，在对思政课学情分析时认为学生通过各种方式已经具备对马克思主义理论、相关概念等知识的基本认知，对思政课的学习有一定学习目标，在先前的教育经历中已经形成了思政课的初步认识。他们利用所有这一切去"理解"教学过程中获得的知识。这一建构式"理解"过程涉及先前知识的激活以及对这些知识进行加工的各种认知过程。[①] 学生先前具备的对思政课的基础知识是可以确定的，然而利用这些先前具备的理论和实践知识对通过学习获得的知识和信息进行加工的过程和通过思政课混合式教学再次加工所获得知识与信息的过程充满了不确定性，先前获取的知识与信息之间是可以相互转化的，经过加工以及通过认知过程再次获得的知识与信息被大脑吸收形成内在的知识与信息，逐渐形成确定性的知识与信息，在这一加工与吸收过程中二者多次相互转化。

随着人们对教育教学认识的加深，教育最终要关注的是学生的学习，一些人由此简单地认为，教师效能的唯一指标是学生的成绩。[②] 然而，研究表明将学生的测验成绩作为衡量教学效果的指标，其信度是很低的。[③] 思政课的最终目标是育人，学生的成绩并不能有效测量教师在教学方面的投入水平，无法体现教师在育人方面倾注的精力和智慧。[④] 人们相信测验

---

① 〔美〕洛林·W. 安德森等：《布鲁姆教育目标分类学：分类学视野下的学与教及其测评》，蒋小平、张琴美、罗晶晶译，外语教学与研究出版社，2009，第30页。

② L. Darling-Hammond, A. E. Wise, S. R. Pease, "Teacher Evaluation in the Organizational Contest: A Review of the Literature," *Review of Evaluation Research* 53 (1983): 307.

③ R. Shavelson, N. A. Russo, "Generalizability of Measures of Teacher Effectiveness," *Evaluational Research* 79 (1977): 171-183.

④ 文东茅：《深化教育评价改革需回归常识》，《教育测量与评价》2020年第8期。

成绩至少能反映决定成功教学的其中一个教学因素——认知能力。[①] 但是，关于基本技能和学科知识的甄别测验尽管可能有利于建立学术意义上的标准，但与教学有效性的关联甚小。学生的测验成绩是思政课教学效果的重要体现，但其存在片面性，只能检测学生的知识能力是否得到提升，而无法检测学生的价值能力及其对世界、对事物、对人生的态度与看法。同样教学效果还体现在对思政课教师的评价之中，而在职教师评价中常用的核验表也未能真实反映教与学的情况。[②] 核验表将特定的行为分为有效行为和无效行为，观察者只需要记录这两类行为的频率，不用顾及情境性的因素。长此以往，接受类似评价的教师将逐渐忽略他们的教学与特定学科、学生之间的适配问题。[③] 可见，仅凭以测验为代表的量化方法无法得到有关教学的充足信息。正如舒尔曼所言，"那些最了解学生的教师可能并不能对其能力做出最冷静客观的判断，最客观的外部测验和观察可能并非总是带来最全面或最准确的评价"[④]。

**2. 教学对象因素之间的转化**

教育是一种培养人的活动，究其根本，教育评价是对人的评价。外在的、抽象的、无生命的数字与符号极易抹杀内在的、具体的、有生命的个体差异。[⑤] 如果只涉及外化的数字与符号，却不关注人的内涵发展，这样的"教育评价"也很难冠以"教育"二字。教育评价应该从尊重人和理解人的角度出发，将人作为评价的基础，关注人的成长和发展，彰显"人之为人"的价值，[⑥] 使学生评价从以"测验"这种考核评价方式为中心走向以"人"为中心。评价理念从测量走向建构，评价的价值取向由社会本位

① L. Darling-Hammond, A. E. Wise, S. R. Pease, "Teacher Evaluation in the Organizational Contest: A Review of the Literature," *Review of Evaluation Research* 53 (1983): 305.

② L. Darling-Hammond, *Getting Teacher Evaluation Right: What Really Matters for Effectiveness and Improvement* (New York: Teachers College Press, 2013), pp. 26-27.

③ P. Youngs, A. Odden, A . C. Porter, "State Policy Related to Teacher Licensure," *Educational Policy* 17 (2003): 225.

④ 〔美〕舒尔曼:《实践智慧：论教学、学习与学会教学》，王艳玲、王凯、毛齐明译，华东师范大学出版社，2014，第230页。

⑤ 李如密:《教育评价改革思维的突破与挑战》，《教育测量与评价》2020年第8期。

⑥ 杨彩菊、周志刚:《西方教育评价思想嬗变历程分析》，《国家教育行政学院学报》2013年第5期。

转向人本位,① 人的需要逐渐成为评价关注的核心。因此,在评价内容上,除了看学生成绩外,以"人"为中心的评价更应该关注教师在多大程度上提升了课堂教学技能以使教学对学生有效。在 2016 年 12 月召开的全国高校思想政治工作会议上,习近平总书记强调,要坚持把立德树人作为中心环节,把思想政治工作贯穿教育教学全过程,实现全程育人、全方位育人努力开创我国教育事业发展新局面。②

全面贯彻落实全国高校思想政治工作会议与全国教育会议要求,明确高校"培养什么样的人、如何培养人、为谁培养人"这一根本问题,落实以"人"为中心的教育理念,培育学生的专业素养与道德素养,"树人"是思政课教育目标的概括,立德树人是培养德智体美劳全面发展的社会主义接班人和建设者,涉及学生个体德育、智育、美育等多个方面。立德树人渗透在教师对线上线下学习的材料的选择,对学习内容的处理,对线上线下教学方法的融合,对课堂突发状况的处理,对学生课堂互动的参与性、主动性积极性的观察等方方面面。仅仅通过学生的考试成绩、学生评价、督导评价等,显然无法回应立德树人实践的复杂性。因此,在评价结果上,以"人"为中心的评价突破了传统的量化统计数字的桎梏,寻求更加有效的判断思政课教学效果的评价方法。

### (二)"过程评价"中的确定性因素与不确定因素的相互转化

"教育作为一种培养人的活动,是以过程的形式存在的,并以过程的方式展开的,离开了过程就无法理解教育活动,更无法实现教育目标。过程属性是教育的基本属性。"③ 知识获取的过程绝不是单向的顺应或改造,而是相互转化的过程。

**1. 教学过程中思政课教师显性知识与隐性知识的相互转化**

思政课教学的过程同时也是思政课教师进行知识创造、传播和应用的

---

① 杨彩菊、周志刚:《西方教育评价思想嬗变历程分析》,《国家教育行政学院学报》2013 年第 5 期。
② 《习近平在全国高校思想政治工作会议上强调 把思想政治工作贯穿教育教学全过程 开创我国高等教育事业发展新局面》,https://news.12371.cn/2016/12/08/ARTI1481194922295483.shtml? 10000skip=true。
③ 郭元祥:《教育的立场》,安徽教育出版社,2009,第 25 页。

过程。在这一过程中，教师的知识能力得到提升。教师知识能力的提升主要表现为显性知识能力与隐性知识能力的提升。隐性知识概念来源于科学哲学家迈克尔·波兰尼（M. Polanyi）的《个人知识》一书。在此书中，波兰尼认为，人除了拥有可以通过语言文字表达出来的显性知识或言传知识之外，还有一部分是不能够独立转化和表达的，与个人的经历或背景密切相关，靠主体体察，或者说"悟"出来的知识，如技巧、诀窍等，这些知识被称为隐性知识、缄默知识或意会性知识。[①] 隐性知识在新知识的发现、传播和应用的过程中起着极其重要的作用。隐性知识的获得与运用，反映了从经验中学习的能力以及在追求和实现个人价值目标时运用知识的能力，对于现实的生活是很重要的。[②] 隐性知识与显性知识的转化主要包括三个方面：隐性知识与隐性知识的转化、隐性知识与显性知识的转化、显性知识和隐性知识的转化。

　　思政课本身是显性课程，思政课教师的显性知识表现为自身对马克思主义理论知识的经验性认识、对教材内容的理解、自身的教学经验以及教学的效果，思政课教师的隐性知识包括交叉学科对思政课教学的影响、教学过程所展现出价值观念等。思政课教师显性知识与隐性知识的转化主要是在时代环境影响下显性知识转化为隐性知识的过程；隐性知识在特定条件下转化为显性知识的过程；隐性知识与隐性知识的转化主要是将他人的隐性知识转换为自己的隐性知识。这个过程主要体现为两个方面：一方面，思政课教师为了提高自己的教学和科研水平，经常参加线上线下马克思主义理论研讨，参与理论前沿的讲座，参加社会实践调研活动以及到其他高校访学等活动，实现隐性知识的增值；另一方面，思政课教师指导学生进行课题研究，积极鼓励学生参加相关学术交流，教师的思维习惯、人生观和价值观等会对学生产生潜移默化的影响，除此之外，还可以通过面对面的交流把显性知识与隐性知识传递给学生。

　　思政课教师显性知识与隐性知识的转化是一种内部升华的知识转化方式，定义为马克思主义理论知识的内化和自我吸收的过程。一方面，各种

---

① M. Polanyi, *The Study of Man*（London：Routledge and Kegan Paul, 1957），p. 245.
② 苏新宁、任皓、吴春玉：《组织的知识管理》，国防工业出版社，2004，第 56 页。

显性知识通过线上线下不同的学习方式融入学生个体已有的知识体系中，升华为个体的隐性理论知识；另一方面，当新的隐性知识被学生感知时，学生会将隐性知识进行内化吸收，最终形成自身的内在结构性知识。这个过程是知识的升华过程，也是显性知识生成的新起点。

思政课教师在教学过程中通过不断学习、探索与研究，经过自身显性知识与隐性知识的相互转化、传递和创造的螺旋式上升过程后，形成储存、创造、传播和应用四种类型的知识供给方式，在教学过程中，借助这四种方式把马克思主义理论与实践知识不断传递给学生（见图4-7）。

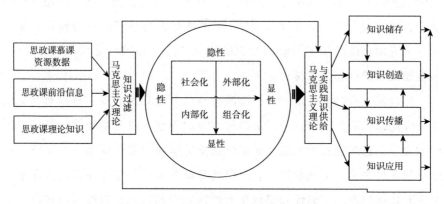

图4-7　思政课教师知识相互转化的过程

### 2. 学生参与的变化

参与是一个不断变化的概念，它由不同的要素组成，学生的课堂参与既有确定性的一面，也有不确定性的一面。在课堂教学和线上教学时，学生们会专心听课，花费时间和精力，并且完成课堂教学中老师提出的问题和布置的任务。芬恩（Finn）认为，参与是孩子在学校教育经历中的投入。[①] 弗雷德里克斯（Fredricks）等从行为参与、情绪参与和认知参与这三大层面概括了参与的概念。[②] 学生参与表现如表4-6所示。

---

① 引自〔美〕金姆·布朗、托尼·弗龙捷、唐纳德·J.维古特《参与度研究：防止厌学的诀窍》，邵倩译，黑龙江出版社，2016，第16页。
② 引自〔美〕金姆·布朗、托尼·弗龙捷、唐纳德·J.维古特《参与度研究：防止厌学的诀窍》，邵倩译，黑龙江出版社，2016，第17~18页。

表4-6 学生参与表现

| 行为参与 | 情绪参与 | 认知参与 |
|---|---|---|
| 积极执行：<br>遵守课堂规范<br>遵守课堂纪律<br>参与课堂讨论<br>完成课堂作业 | 对课堂学习的情感反应：<br>充满热情或漠不关心<br>对教师提出问题的反应<br>对教师和同学的感受 | 投入：<br>对思政课学术的挑战<br>对所讲授知识的认同<br>直接投入学习的努力 |

在实际课堂教学中，我们常常把学生的服从当作参与。从行为主义观点来看，服从相对容易，依照规则行事就获得奖励，反之就会受到惩罚。从人文主义观点来看，服从会付出代价。学生可以依照课堂规则行事，但会对强迫他们的教师产生憎恶情绪，或者学生盲目服从教师以及课堂规则，他们认为自己不重要，这没有体现"以学生为中心"，没有把学生作为教学的主体，仅仅是把学生作为教学对象。思政课课堂教学的服从行为和参与的行为在内因上有很大区别，这可以体现在两种类型课堂的区别：一种是已经过时但已然被广泛接受的课堂教学；另一种则是旨在培养学生学习兴趣的课堂教学（见表4-7）。

表4-7 服从行为与参与的内因条件

| 服从行为 | |
|---|---|
| 与执行有关的行为 | 依照规则；<br>遵守思政课堂规范和惯例 |
| 与完成学术任务有关的行为 | 依照思政课教学的目标和任务要求；<br>教师要求参与课堂互动时才参与；<br>针对教师布置的必须完成的任务和要求提问；<br>按要求完成任务和作业；<br>按时完成作业 |
| 参与行为 | |
| 学习的所有权 | 关于思政课知识和能力学习的提问；<br>和老师或同学谈论在课堂教学中学习了什么；<br>分享在课外或网络学习到的东西 |
| 自主权的偏好 | 有意识地选择参与到课堂理论教学理解的任务中来；<br>能够自觉主动学习马克思主义理论与方法；<br>能够自觉运用马克思主义理论与方法分析问题 |

| 参与行为 | |
|---|---|
| 重视并寻找反馈 | 积极寻找有指导意义的反馈，不断努力，不断进步；<br>积极使用反馈来纠正自身的行为或理解；<br>积极向教师反馈课堂教学存在的问题及改正措施 |
| 对学习的承诺 | 遇到问题，坚持尝试新的或不同的策略；<br>对于疑难问题，坚持顽强拼搏，努力达到目标，完成任务；<br>支持他人学习，达到目标 |
| 学习动机 | 坚定地创造机会，学习党的最新理论，提高能力水平；<br>主动学习，实现自身的人生价值与目标；<br>鼓励他人坚持努力，达到目标 |
| 获得技能 | 建立并追求遇到现实问题时能够熟练运用马克思主义理论与方法解决现实的目标；<br>学会自我管理，树立正确人生观和价值观；<br>对他人存在的问题进行积极引导 |

在思政课混合式教学过程中，要分清学生的哪些行为是服从行为，哪些行为是自愿参与到课堂教学中的行为，学生的学习意愿从开始的不得不服从教师布置的课堂学习任务以及要求，到在课堂教学中主动对相关内容进行思考，主动参与到课堂教学活动中来的过程，是学习效果有力证明。

**3. 传统的课堂教学向信息时代混合式教学的转化**

混合式课堂教学中存在课堂教学与信息技术的融合，涉及教学目标、教学内容、教学环节以及教学效果产生的聚集效应等要素，二者之间的融合充满了不确定性。

混合式教学方式的优势首先体现在数字化学习资源的整合。整合原本是遗传学中的一个概念，指的是将一段 DNA 分子插入基因组 DNA 的重组过程。后来，整合的概念被引入多个领域，包括信息技术领域。信息技术领域的整合指的是把零散的东西通过某种方式彼此衔接、重组、集成，从而实现信息系统的资源共享和协同，获得最大化的价值。思政课数字资源整合就是系统地、多层次地、全方位地把已有的资源进行加工创造，在物理上、逻辑上，按照不同层次、不同种类、不同课程进行分类整理，结合形成一个立体化、科学化、数字化，更易于学生学习和接受的有机学习整体，在这种整合过程中，学生不断建构自身的知识体系，提升自身的学习效果。

### （三）"增值评价"中的确定性因素与不确定因素的相互转化

思政课教学"增值评价"主要指对学生学习思政课后以及学习过程中知识、能力与素养是否发生变化进行的评价，这种变化对比已有的经验知识、能力和素养是否是正向的和积极向上的，这种变化主要表现为学生发现问题以及解决问题能力的提升等。

#### 1. 善于发现问题

学生通过对马克思主义理论与方法论的学习，会认识到辩证唯物主义和历史唯物主义是我们认识世界和改造世界的根本方法。辩证法是理性思维的最高形式，马克思和恩格斯在唯物主义基础上将黑格尔的唯心主义方法论加以改造，在概括总结各门具体科学积极成果和方法的基础上，根据自然、社会和思维的最一般的规律，引出了最具普遍意义的方法论——马克思主义哲学方法论。正如恩格斯所指出的："马克思的整个世界观不是教义，而是方法。它提供的不是现成的教条，而是进一步研究的出发点和供这种研究使用的方法。"[1] 在学习过程中，学生感到困惑的问题，会激发学生研究的欲望，学生也会进一步提出新的问题。问题出现在三个知识领域：一是对事物如何运作的技术性的兴趣；二是对理解的实践性兴趣；三是对教学背景的社会的、文化的、政治的，以及经济的、现实的、批判性的意识。[2]

好奇心推动学生不断探索。教育心理学家奥苏贝尔曾说："影响学习的唯一最重要的因素，就是学习者已经知道了什么。要探明这一点，并应据此进行教学。"[3] 奥苏贝尔强调原有的知识经验作为新知识的学习提供"固有点"，激发学生求知的欲望。在思政课堂上，学生求知的欲望以思政课课堂教学的"现实起点"为出发点，表现在对课堂知识的探索、对自身能力提升的愿望上。学生对一般概念的理解、思维的习惯、思考的乐趣，

---

① 《马克思恩格斯选集》（第4卷），人民出版社，2012，第664页。

② 引自申继亮《教学反思与行动研究》，北京师范大学出版社，2006，第104页。

③ 引自程胜《如何分析学情》，华东师范大学出版社，2016，第49页。

都不是任何形式的文字所能引发的，无论文字表达多么准确无误。[1] 学生在学习知识的过程中，会逐渐领悟知识的结构，学生在学习马克思主义理论的过程中，会逐渐领悟马克思主义理论的结构，由此形成一定的理论素养，这种素养让学生具备寻找到感兴趣事物的能力，学生对思政课课堂教学内容的兴趣点各不相同，这些教学内容是教师精心准备的，也是产生问题的来源。不同的教师有不同的兴趣，反映在教学内容上的表现即不同的教师对同样的理论有不同的理论阐释视角和能力。教师不同的教学视角和理论阐释能力通过课堂教学反馈给学生，激发学生结合自身原有的知识经验产生不同的兴趣，确定学生的探索和发展区域。

**2. 问题的转化**

随着马克思主义理论学习的不断深入，问题会发生不同程度的变化，一些不确定的问题会转化为确定的问题，一些确定问题会转化为不确定的问题，问题转化的影响因素主要包括问题的来源发生变化和问题会随着时间发生变化。教师在教学过程中，最开始设置的问题是基于对自身的研究以及对学生学情的分析，所以问题一般来自教材内容、教材体系并将学生的专业背景等作为依据。随着学生对思政课教学内容的学习和课堂教学的推进，学生的学习兴趣会发生变化，经过一段时间的思政课教学，会发现问题主要集中于某一类学生或者某个学生身上，从而转向某一类典型问题的学生或某个学生，或者最开始的普遍的问题开始转化为典型的问题特殊的问题，最开始一些特殊的问题转化为一般性的普遍性问题，如马克思主义信仰问题，部分或者某个学生对马克思主义信仰存有疑惑或者困惑，又如学生的理想信念问题，随着时间的推进，一些现实矛盾会影响学生的理想信念，教师要根据实际问题的情形调整教学设计或者教学内容。思政课教师在教学过程中不断发现新的问题，及时关注学生的变化，及时了解学生的动向，在课堂教学中及时观察学生的学习态度，及时和学生进行交流，要让学生意识到"只有在共同体中，个人才能获得全面发展其才能的手段，也就是说，只有在共同体中才可能有个人自由"[2]。教师要对学生的

---

① 〔英〕阿尔弗雷德·诺思·怀特海：《教育的目的》，张佳楠译，教育科学出版社，2020。
② 《马克思恩格斯选集》（第1卷），人民出版社，2012，第199页。

问题变化及时进行反思，及时调整教学内容和教学策略。

### （四）"综合评价"中的确定性因素与不确定因素的相互转化

思政课综合评价体系是一个动态的、复杂的评价系统。马克思指出："人创造环境，同样，环境也创造人。"① 不同的学习环境、知识背景创造不同的评价主体，不同的评价主体的价值观不同，价值观对评价主体的影响不一定明确，但学会理解它们是很重要的。了解评价主体之间的价值观，有助于协调评价主体之间的分歧，最终达成一致。

#### 1. 不同知识背景主体之间的价值观融合

此处，不同知识背景的评价主体主要是指督导，督导包括校外专家、校内专家，他们通常是具有丰富教学经验的资深专家，督导评价的出发点是帮助、促进思政课教师进行教学改革，提升教学水平，保证思政课高质量发展，评价的重点是教学投入、教学质量和学生的课堂反应、学习效果，对思政课教师的评价更加客观、细致和深入。但督导评价受时间、专业、个人认知等的限制，又是随机听课，不同督导之间的评价会出现不同的结果。不同评价主体为了实现同一评价目的，形成趋于一致的评价，他们会结为知识联盟。② 这里的知识联盟是以评价为目的的战略联盟。所有的评价主体对课堂教学的评价主要是对思政课教师在混合式课堂教学过程的全部表现和行为做出专业性的评判，但不同的评价主体之间不能转而站在其他主体一方进行评价，评价主体之间的知识背景存在差别，如学校领导、专职督导等大多不具有思政课知识背景，他们站在"局外人"的角度对思政课教师的教学态度、语言等进行评价。不同的评价主体具有各自不同的目的和动机。这就需要不同知识背景的评价主体之间进行价值观融合，最终形成一个价值共同体。

#### 2. 同类知识背景主体之间的价值观融合

思政课教师同行评价是具备同类知识背景的主体进行的评价，同行评价也称为同伴指导、同事咨询或者同伴督导。思政课教师具有马克思主义

---

① 《马克思恩格斯选集》（第1卷），人民出版社，2012，第172~173页。

② Seung Ho Park, Gerardo R. Ungson, "Interfirm Rivalry and Managerial Complexity: A Conceptual Framework of Alliance Failure," *Organization Science* 12 (2001), pp. 37-53.

理论学科背景，对自己的学科非常熟悉，他们相互观察，互相讨论，分享他人的技能和经验，彼此提供反馈、支持和机会，他们遵从学术逻辑、学科专业知识逻辑，展开具有民主性、专业性和公正性的评价。[①] 思政课教师相同或相近的学术背景使教学评价的专业性增强，思政课的学科归属感提高了同行评价的公正性。杜海平从伦理视角出发对教师同行评价进行了审视，阐明了教师同行评价作为学校教育实践中的一种客观存在影响着教师的职业成就感、心理健康水平和学校的发展，他倡导合作主义的教师同行评价范式，在正确的伦理法则指引下，摒弃教师同行之间的偏见，以共同提高为目的，以真诚合作为基础，互相给予同行真实评价。[②]

第四代教育评价理论强调评价是一个"回应"和"协商"的过程，基于建构主义思想，提倡在评价活动中努力促使所有有利益关系的人都积极参与评价，充分表达自己的观点。多元主体进行评价时不可避免地会受到评价者自身知识结构、情感经验的影响，评价时应由评价者不断协调，以减少各种价值标准之间的分歧，不同知识结构、不同认知、不同情感经验的评价者之间达成尽可能一致的意见。

---

① 周玉容、沈红：《大学教学同行评价：优势、困境与出路》，《复旦教育论坛》2015 年第 3 期。
② 杜海平：《教师同行评价的伦理审视》，《中国教育学刊》2011 年第 10 期。

# 第五章 高校思政课混合式
# 教学评价体系的构建

　　高校思想政治理论课教学评价是高等教育评估、评价以及测评体系的重要组成部分。近年来，高校思政课的地位与作用日趋受到重视与认可，但对高校思政课督导与评价的理论与实证分析却相对滞后。构建以"四个评价"为导向的高校思政课混合式教学评价机制，要充分关照模型的系统性与整体性，把握评价的规律性，在强调评价模型动态性的同时着眼于长效性。着力构建以数据采集、数据分析、学生获得感和满意度为基础的动态模型，构建完整、统一、可比较、易操作的指标体系，依据明确的指标体系开展评价工作，使思政课教学的动态监测和实时评价作用得到彰显，充分发挥思政课在高校立德树人中的重要作用。

## 一　思政课混合式教学评价体系构建的
## 目标与原则

　　在思政课教学过程中，作为"教学共同体"的师生都应当取得进步与发展，要使师生认知发展、能力发展、情感发展需求等得到满足，构建能够促进学生发展、教师提高和改进教学实践的思政课教学评价体系必不可少。

### （一）思政课混合式教学评价体系的目标

　　思政课的教学效果往往体现为教学目标的达成度、学生的满意度和获得感。2018 年 8 月，教育部印发《关于狠抓新时代全国高等学校本科教育工作会议精神落实的通知》，明确指出各高校要淘汰"水课"，打造"金课"，变"水课"为有深度、有难度、有挑战度的"金课"，"水课"与"金课"

第一次被写入教育部文件。吴岩在《建设中国金课》中进一步提出了"水课"和"金课"的三个判断标准，前者表现为"低阶性""陈旧性""不用心"，后者表现为"高阶性""创新性""挑战度"。"高阶性"指融合知识、能力与素质，目的在于培养学生解决复杂问题的能力和高阶思维。"创新性"是指课程内容要体现时代性和前沿性，教学形式要体现先进性和互动性，学习过程要体现探究性与个性化。"挑战度"是指课程要有难度，"跳一跳，才能够得到"。

OBE 模式属于综合教学服务平台，教师既可以运用这一平台为学生讲解知识，也可以通过这一平台进行教学评价。OBE 培养理念的核心组成内容是"以学生为中心、以成果为导向、以持续改进为原则"[①]。思政课教育立足于"现实的人"，促进人的全面发展，这契合了"以学生为中心"的思想。"金课"建设以及 OBE 培养理念在思政课教学中的应用表明，思政课"金课"建设本质上是以思政课建设为载体，满足"专业成才、精神成人"的人才培养需求，以具有前沿性及时代性的教学内容，培养学生利用所学理论认识问题、解决复杂问题能力的深层次思政课教学改革。

思政课"金课"建设是贯穿思政课建设全周期、覆盖全要素的动态过程，建设内容涉及课程目标、课程内容、教学方法和手段、教学团队、教学效果等多个维度。与此相适应的面向"金课"建设的混合式思政课评价应该建立反映课程建设过程及效果的综合指标体系，涵盖课程建设的核心要素，在教学目标、评价内容、评价权重等方面体现高阶性、创新性和挑战度，建设完善的运行和反馈机制，使课程建设进入良性循环，促进思政课高水平发展。

围绕课程设置是否合理、课程目标是否适切、课程内容是否丰富、课程设计是否精巧、课堂教学是否走心、考试评价是否科学等方面展开课程质量评价，将评价聚焦于课程目标的高阶性或低阶性、课堂内容的创新性或陈旧性、教师授课的投入与否、课程考试的信度及效度高低等方面。同时，高校教学主管部门还应兼顾不同主体的认知差异性和课程的情境化因

---

[①] 岳金霞、吴琼：《OBE 理论视角下的新时代高校思想政治理论课教学模式探索》，《思想教育研究》2019 年第 5 期。

素，寻找多元评价标准的最大公约数，并向多元利益相关者展示"金课"目标达成的方式。

**1. 高阶性**

按照布鲁姆的认知领域目标分类，第一层次为识记，属于记忆水平；第二层次是理解，将所学的知识内化；第三层次是简单应用，将知识、原理应用于特定的情境；第四层次是复杂应用，是对知识的分析、综合与评价。因而，高阶性体现在学生能在第二、三、四层次上进行学习，不仅能用个人的话解释、表述所学知识，更能够将所学内容运用到具体情境，解决复杂的综合性问题，并提出具有创新性的问题，同时还能对教学内容进行大胆质疑。思政课教师在教学过程中，要注意培养学生利用所学知识解决复杂问题的能力，尤其是在混合式教学过程中，预设资源是否有利于教学目标的达成，有没有向学生推送适量课外学习资源，讨论的问题有没有适切性，能不能引发学生多角度思考、发散性思维，教学目标的设立有没有关注到大学生的高认知水平学习等都是应被重点关注的。

（1）建设思政"金课"的现实必要性。思政课作为大型公共课和必修课，在部分大学生心目中就是"水课"，出现了思政课学习的"功利主义"倾向。他们觉得既然无法逃课，那就用最少的时间和付出最少的精力获得学分，反正考试易过，学分易得，分数也不低。由此，部分大学生上思政课，抱着无所谓的态度去。若思政课教师讲得好，满足自己对思政课的需求，那就上课认真一点，作业认真对待，考试好好复习求得高分，仅此而已。

此外，部分思政课教师在思政课教学过程中不关照社会现实和人才培养目标，不进行有效的教学设计，课前无学情分析，课后无教学反思。部分教师向学生的"功利主义"让步，降低对学生的要求，降低考核标准，这使学生学无所得，给学生造成"思政课就是水课"的印象，同样也给思政课建设带来负面影响。

思政课"金课"建设，正是为了跳出"思政课就是水课"的怪圈，其出发点与归宿是提高思政课教学实效性，提升学生获得感与满意度。"金课"建设是以整合优化课程内在要素为基础，以教学效果为目标进行长期性建构。在"重科研、轻教学"的背景下，思政课教师职称晋升等多与科研项目及科研论文的级别、多寡挂钩，这导致高校思政课教师在潜心教学和开展创新性教学等方面投入不足，弱化了高等学校"教学为本"的核心职能。

（2）以高阶性为标杆建设思政"金课"。建设思政"金课"需要多方共同努力，形成合力。高校教学主管部门重视思政课的重要作用，抓紧抓好思政课课程建设；思政课教师遵循大学生成长成才规律，立足社会实际和学生需求调整丰富课程教学内容，创新教学方法，加强课程设计，激发学生学习的积极性与主动性；学生则在思政课教师引导下，达成学习目标，学有所获，学有所得，接受度和满意度持续提高，能力素质得到跃升。[①]

建设思政"金课"，应首先着眼于"高阶性"。高阶性是指融合知识、能力与素质，其核心作用在于培养大学生分析问题解决问题的能力。促进学生的全面发展，是新时代思政教育的出发点与归宿，也是思政课评价的应有之义。毋庸置疑，这将为新时代的思政课教学提出更大挑战，它要求思政课教师不仅要了解时代所需、学生所需，还需真正担负起"塑造灵魂工程师"的重任，立足学生学习实际，拓宽视野，主动作为，积极探索与知识传授、价值塑造、能力培养有机统一的有理有据、科学有效的课程评价体系，切实体现"教师为主导，学生为主体"的"教学共同体"，提升思政课的教学实效。

思政课教学评价要促进思政课教师的个人发展，实现"教学相长"。传统的思政课教学评价侧重于结果评价，随着混合式思政课教学模式广泛运用，使用单一的结果评价难以满足"金课"建设评价的需求。陆国栋认为，"金课"是高质量思政课的统称，其基本特征是师生互动、关注过程、严格要求；打造思政"金课"要实现从以教师为中心到以学生为中心、从以考试为中心到以学习为中心、从以学科为中心到以专业为中心的三个转变。[②] 谢幼如等认为，思政"金课"要重构思政课教学内容，创新课程模

---

① 刘斯文、程晋宽：《大学"金课"的建构逻辑：起点、过程与走向》，《高等教育管理》2020 年第 6 期。

② 陆国栋：《治理"水课" 打造"金课"》，《中国大学教学》2018 年第 9 期。

式；要强调能力导向，符合社会需求。[①] 刘斯文和程晋宽认为，思政"金课"能实现师生理性对话、有效互动，成为教师传播教育理念、传授专业知识、塑造价值的平台，能够实现"教学相长"。[②]

（3）以高阶性为引领，确立思政课高阶性评价指标体系。"金课"的"两性一度"高标准要求表明，混合式思政课教学"高阶性"的评价指标体系，不仅需要关注课程内容、课堂教学效果，而且需要体现多种教学方法、手段和技术的使用，关注教学团队、教学能力等因素。

课程内容是课程建设的载体，是"金课"建设之基。"金课"建设应立足于课程内容，以先进的教育理念为引领，加强教学资源建设。高阶性主要体现在以下几个方面。思政课教学内容贴近时代，反映最新的理论成果，具有较高的理论水平。课程资源丰富完善，教学案例凸显时代特色，注重理论联系实际。教学设计合理规范，教学方法与教学活动组织科学合理，符合教育教学规律。信息化教学工具运用熟练，注重激发学生的学习志趣和潜能等。教学效果主要体现为课堂教学组织有序，注重师生互动、教学反馈等环节，上课纪律好，教师把握课堂的能力强，能够调动学生听课气氛。教学目标是教学的核心和灵魂，是教学的出发点和归宿，因而教学目标的达成度成为评价思政课教学质量与教学效果的关键指标。建设思政"金课"需要不断充实课程内容，突出教学过程中的探究性、创造性、启发性，扩展教学内容的广度和深度，不断根据教学效果和学生反馈，对教学内容、教学模式、考核方法进行改进。

**2. 创新性**

2019 年 8 月中共中央办公厅、国务院办公厅印发了《关于深化新时代学校思想政治理论课改革创新的若干意见》，指出大学阶段思政课重在增强学生使命担当，引导学生矢志不渝听党话跟党走，争做社会主义合格建设者和可靠接班人。

（1）立足"大思政课"构建教学体系，推进"大思政课"视域下的

---

① 谢幼如、黄瑜玲、黎佳：《融合创新，有效提升"金课"建设质量》，《中国电化教育》2019 年第 11 期。

② 刘斯文、程晋宽：《大学"金课"的建构逻辑：起点、过程与走向》，《高等教育管理》2020 年第 6 期。

思政课教学改革。"'大思政课'我们要善用之，一定要跟现实结合起来。"[①] 2022 年 8 月教育部等十部门关于印发《全面推进"大思政课"建设的工作方案》提出要坚持开门办思政课，充分调动全社会力量和资源，建设"大课堂"，搭建"大平台"，建好"大师资"，为推进"大思政课"建设取得实践成效指明了方向和路径。

"大课堂"涉及思政小课堂与社会大课堂相融合，传统课堂与网络课堂、实践课堂相融合，思政课堂与专业课堂相融合。"大师资"主要指进行思政课教学的主体除了思政课教师之外，还包括思政课相关的专家学者，政府部门工作人员，乡村干部，企业、博物馆、纪念馆一线工作人员以及其他专业课教师，多元主体协同走进思政课堂，提升思政课教学实效。"大平台"是指要设立"大思政课"实践教学基地，开发现场教学课程和资源，以社会实践基地为平台，发挥思政课与课程思政的协同育人作用。

（2）坚持以问题为导向进行教学内容改革，坚持以问题为牵引激发学习动力。坚持问题导向是马克思主义的鲜明特点，也是将思政小课堂与社会大课堂相结合的基本路径。党的二十大报告指出，"我们要增强问题意识，聚焦实践遇到的新问题、改革发展稳定存在的深层次问题"。当前，以问题为导向的思政课改革要实现教材体系向教学体系的转变，凝练问题，以专题方式呈现教学内容，采取"专题"+"活页"的方式进行教学内容改革创新。"专题"包括"大专题"和"小专题"，"大专题"着力解决教材重难点问题，"小专题"围绕各个教学知识点展开。"问题"设置时主要从教材的重点难点、教学的堵点痛点、时政热点焦点以及学生的关注点等方面着手，"问题"来源于学生的理论困惑、现实困惑与自身困惑等；问题应该是"真问题"而不是"假问题"，所凝练的问题是可以辨析的，是可以用马克思主义理论进行解决的（见图 5-1）。

---

① 杜尚泽：《"'大思政课'我们要善用之"（微镜头·习近平总书记两会"下团组"·两会现场观察）》，《人民日报》2021 年 3 月 6 日。

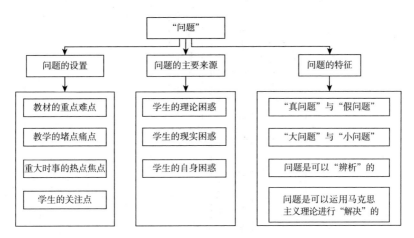

**图 5-1　以问题为导向思政课改革**

关于教学"活页"的设置，要立足重大社会背景，聚焦重大社会时事热点焦点、国家大政方针以及省情特色。例如，2020 年 5 月《民法典》颁布时，各高校凝练法治教育相关专题，融入思政课法治思想专题教学。地方省情教育专题依据各省地方特色，凝练红色文化教育专题、生态文明建设教育专题、乡村振兴教育专题、数字经济专题以及航空文化专题等，挖掘地方特色融入思政课理论与实践教学全过程。把党的十九大、十九届五中全会、十九届六中全会及党的二十大精神，习近平总书记系列重要讲话等党的最新理论融入思政课教学，把党的创新理论第一时间传达贯彻到思政课教学的各个方面，把思政课"道理"讲得更深更透，使学生深入了解掌握习近平新时代中国特色社会主义思想的世界观和方法论。

（3）多元主体联动助力教学方式创新。混合式思政课教学，对思政课教学方式方法的改革创新提出了要求。

第一，教学方法创新："BTIAPD"六步教学法。思政课教学尝试构建以解决"问题"为导向的"BTIAPD"六步教学法（见图 5-2）。

第一步，导入（Bridge），案例导入并引出问题，案例可以是经典案例、国内外对比案例、时政热点问题等，同时引出专题讨论的问题，问题紧扣教学内容。第二步，讲解（Teaching），思政课教师，专家学者，政府部门工作人员，乡村干部，企业、博物馆、纪念馆的一线工作人员，其他

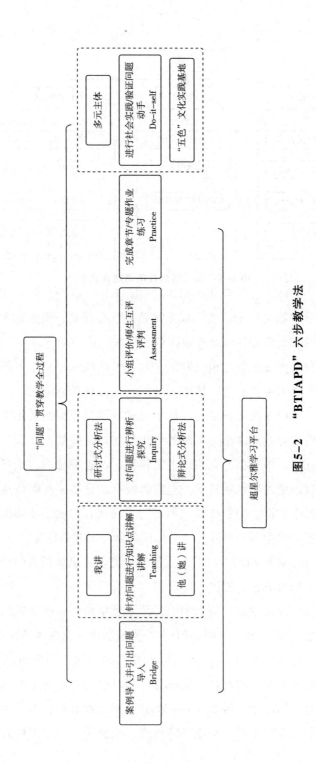

图5-2 "BTIAPD" 六步教学法

专业课教师走进思政课堂共同针对问题涉及的知识点进行讲解，分析知识点涉及的相关内容。第三步，探究（Inquiry），通过讲解分析问题产生的原因，分析问题时采用研讨式分析和辩论式分析。第四步，评判（Assessment），依托在线平台采取师生互动、生生互动方式进行。对学生讨论进行小组评价或者师生互评，主要是评价学生对知识点的理解与掌握情况。第五步，练习（Practice），在线发布章节测验或者专题作业，通过学生作业的完成度以及测验的结果观测学生对知识点的掌握度。第六步，动手（Do-it-self），根据《全面推进"大思政课"建设的工作方案》的要求，挖掘"家门口"的实践资源，建设"家门口"的实践基地，带领学生走出课堂走进社会实践。

第二，教学手段创新：多元主体联动。"大思政课"背景下的"问题式专题化团队"教学中的"团队"组建主要涉及以下几方面。其一，思政课教师团队，构建"双师同堂""师生同堂""一课多师"的思政课教学团队。"双师同堂"是指思政课教师与校内外其他人员组成团队，走进思政课堂。"师生同堂"是指思政课教师与学生共同对"问题"展开分析讨论，让"问题"越辩越明，越辩越清晰。"一课多师"是指思政课教师、专业教师、学生以及其他社会实践人员参与到思政课社会实践过程当中，共同为学生解惑。其二，学生团队。学生组建团队分享对思政课相关理论难点、社会热点、时政焦点问题的见解与看法，同时以团队的形式进行社会实践，并在思政课堂教学过程中分享自身实践的心得体会，从而提升自身运用马克思主义理论解决现实问题的能力和对马克思主义理论进行研究的兴趣。

思政课教师一方面依据线上教学所具有的资源开放、信息共享、主体协作、过程交互、选择自主等特点，及时更新教学资源、丰富教学形式、改进教学方法、创新教学模式、转化教学语言，努力使网络思政课教学贴近实际、贴近生活、贴近学生，进一步提升课程的亲和力。另一方面积极将网络技术应用于线下教学，增强课程的针对性。根据皮亚杰的发生认识论，学习兴趣与学习效果之间具有紧密关联，"经过学生自由探索和自发努力所获得的某种知识，以后将能够保持住，这使学生获得一种毕生受益的方法，将扩大他的好奇心"①。

**3. 挑战度**

2020 年 5 月，教育部印发《高等学校课程思政建设指导纲要》明确指出："培养什么人、怎样培养人、为谁培养人是教育的根本问题，立德树人成效是检验高校一切工作的根本标准。落实立德树人根本任务，必须将价值塑造、知识传授和能力培养三者融为一体，不可割裂。"由此，坚持立德树人教育目标，构建集价值塑造、知识传授和能力培养于一体的具有挑战度的思政课教学目标，是新时代高校思政课的必然要求，也是探索混合式思政课教学评价机制的应有之意。

（1）思政课理论深度。思政课的挑战度主要体现为有理论深度。理论能切实帮助学生认识和解决实际问题，才能充分展现出其强大的吸引力。思政课是政治性与学术性、知识性与价值性高度统一的课程，其学术深度广度不亚于任何一门专业课程。习近平总书记指出："要坚持政治性和学理性相统一，以透彻的学理分析回应学生，以彻底的思想理论说服学生，用真理的强大力量引导学生。"② 有理论深度的高校思政课"金课"应凸显课程的学理性，体现深厚的科学性和理论性，体现习近平新时代中国特色社会主义思想，提升青年学生的思想境界和认识高度，帮助青年大学生树立马克思主义信仰，增强对社会主义、共产主义的信念。

习近平总书记指出："从《共产党宣言》发表到今天，170 年过去了，人类社会发生了翻天覆地的变化，但马克思主义所阐述的一般原理整个来说仍然是完全正确的。"③ 当今国际社会形势瞬息万变，国际国内热点焦点层出不穷，立足百年未有之大变局，准确把握时事动态，进一步加强马克思主义理论的指导地位，做到"两个相结合"，把马克思主义基本原理同中国具体实际相结合、同中华优秀传统文化相结合，并将党的最新理论相关内容融入思政课教学中，科学回答中国之问、世界之问、人民之问、时代之问。

思政课需要以科学真理回应与引导学生，面对学生在学习、生活中的困惑，思政课教师需要用具有思想性的话语来回答，这就需要思政课教师

---

① 〔瑞士〕皮亚杰：《皮亚杰教育论著选》，卢濬译，人民教育出版社，1990，第 95 页。
② 习近平：《思政课是落实立德树人根本任务的关键课程》，《求是》2020 年第 17 期。
③ 习近平：《在纪念马克思诞辰 200 周年大会上的讲话》，《人民日报》2018 年 5 月 5 日。

掌握马克思主义的基本方法、基本立场和基本观点，拨开迷雾抓住事物的本质，能基于学理分析回应大学生，以磅礴的思想真理凸显思政课的学理性。思政课教师要不断提升专业素养，关注社会热点问题并能做出正确引导，把大学生关心和疑惑的现实问题进行有针对性的学理分析，融马克思主义于学理之中，真正做到用逻辑的力量、思想的力量、理论的力量征服学生。①

办好思政课，核心在于教师，需要充分发挥教师的创造性和主动性。高校思政课要凸显学理性，必须提升思政课教师的理论素养，用知识承载价值，思政课教师不仅要做好"经师"，还要做好"人师"，把思政课讲深、讲透、讲活，以思政课的深刻的学理性引发学生进行深入思考，激发学生学习潜力。政治强、情怀深、思维新、视野广、自律严、人格正的思政课教师队伍是习近平总书记对思政课教师的殷切期待。思政课教师要让思政课充分发挥思想引领的主渠道、主阵地作用，充分发挥思政课"学理性与趣味性"兼具的优势，培养学生坚定的马克思主义信仰，并将信仰外化为个人的实际行动。

（2）教学目标高度。思政课教学目标要从知识目标、能力目标与价值目标三个方面进行设置，设置三个教学目标时要有一定的高度，让学生跳起来才能够得着。教学目标的设置高度通常是 $i+1$，以学生一般都能达到的知识目标为基准，设置为 $i$，在此基础上 $+1$。思政课和专业课教学目标的不同在于侧重培育大学生正确的人生观、世界观和价值观。思政课教师要在准确把握各教学环节特点和目标的基础上，积极推动传统课堂考核机制的改革，树立"品德、能力考查与知识考查并重"的考核理念，建立知识掌握、道德认知、价值判断、分析能力等多元化的考核指标体系，积极探索试卷考试、一对一面试、现场陈述、小组汇报、成果评分等多样化的考核方式，把考核重点从单纯考查学生知识储备情况，转化为全面客观考核大学生的思想道德认知以及运用马克思主义立场、观点、方法分析解决现实问题的能力，从而体现思政课考核机制的科学性。

知识目标的设置。思政课是提高马克思主义理论素养的关键课程。通

---

① 夏建文、龙迎伟：《以"八个统一"推进高校思政课"金课"建设》，《中国高等教育》2019 年第 18 期。

过思政课教学，理解与掌握马克思主义基本理论、观点与方法论，提升学生的马克思主义理论素养。知识目标一般是短期的目标，是在一次课、一门课或者一个学期结束之后，能够实现的目标，它可以作为学生学习效果与知识理解和掌握程度的衡量标准，体现学生通过探索、反思弄清楚所学内容并建构知识体系的结果。当前，高校思政课开设了"5+1"门主要课程，内容涵盖了马克思主义基本理论知识、毛泽东思想和中国特色社会主义理论、习近平新时代中国特色社会主义思想、中国近现代史、时事政治和一些基本法律知识等。高校思政课教师主要通过课堂讨论、单元测验、作业以及期末考试等方式对学生进行考核，评价学生理论知识的掌握情况。

能力目标的设置。技能不仅是指专业技术，也包括复杂的程序和方法。思政课能力目标是指使学生学会熟练运用马克思主义的观点和方法论分析解决现实问题，具备分析思辨能力。所谓分析思辨能力就是指分析、思考、辨析问题的能力，主要包括自我认知能力、历史认知能力、对话能力、科学思维能力、逻辑思维能力、行为选择能力、理性实践能力等，具有科学性、逻辑性、灵活性特征。[1] 思政课所要培养的学生的分析思辨能力是指学生通过思政课的学习，能够运用马克思主义基本原理、基本观点去理解现实、解释现实，并运用马克思主义方法论解决现实问题的能力。

价值目标是指学生牢固确立正确的世界观、人生观、价值观，掌握科学的方法论，解决好"总开关"问题。习近平总书记指出："青年面临的选择很多，关键是要以正确的世界观、人生观、价值观来指导自己的选择。"[2] 这充分表明正确的世界观、人生观、价值观对青年成长成才的重要作用。设置价值目标时应立足于提升学生价值判断能力，引导大学生树立正确的价值观。价值观的形成是人的主体性选择过程，离不开必要前提条件即人的价值判断能力，只有具备较强的价值判断能力才能保证自身价值观的科学性和稳定性。学生对思政课重要性的认知程度决定着其思政课

---

① 董延升：《基于能力目标的高校思政课考试与评价体系改革研究》，《山东农业工程学院学报》2018 年第 7 期。

② 《习近平在同各界优秀青年代表座谈时的讲话》，https：//www.gov.cn/govweb/node_16404/content_2444159.htm。

学习态度，要激发学生的潜在价值观、潜在的马克思主义理论学习兴趣，提升学生对理论的认同度、课堂互动的参与度，最终指导和引领学生价值观的养成与实践。通过满足学生知识需求寓价值教育于知识传播之中，通过价值教育引领学生坚持正确的价值取向，激发学生努力学习的内生动力。

（3）线上教学问题设置与资源选择的复杂性。教师要以积极的心态面对线上教学，认真做好相关课程教学设计，提升线上教学能力，保证线上教学质量。各高校也需要进一步加强对相关课程线上资源的整合和开发力度，增进教师间的经验交流，总结提炼有益经验，在实践中探索新思路，帮助更多教师提高线上教学效能。

"问题"设计的复杂性。思政课改革以"问题"为导向，在教学设计时要提升问题意识，让学生带着问题对线上教学资源进行预习和思考，问题的设置要和教学内容及学生的生活联系起来。学生提前感知网络平台上的信息，这些信息对学生的知识、能力及价值要具有引导性，教师在设置讨论的问题和话题时，要确保这些问题是易懂性和可讨论性，具有一定难度，但是又和学生的日常生活密切联系，让线上"问题"更有意义。这样，才能真正实现有意义的教学。教师在课堂教学时，需要引导学生学会如何处理与他们观点相反的意见，推动学生积极参与学习。

线上教学资源的选择。线上教学资源一般包括微课视频、课外阅读材料等相关内容，微课视频要选择与教学内容、教学重点难点相关而又生动有趣的视频。视频的知识内容依据教材但又不限于教材，需要拓宽学生的知识面，把教材的知识点与学生面临的理论问题、现实问题等相结合。学生通过观看视频可加强对教材重点难点把握与理解。课外阅读材料是教师提供给学生的教材之外的阅读材料，学生需要阅读马克思主义经典著作，并了解与理论密切联系的热点焦点事件。

线上视频的时间不宜过长，教师要科学设计教学环节，帮助学生把握好重点内容，实现高效率、高质量学习。思政课教师授课时，要帮助学生厘清学习思路，同时加强课程前后内容的贯通，使学生能够构建起思政课程的理论体系。设计多种互动环节，例如在课中进行实时问答与讨论、课后布置讨论题等。在课后及时针对学生存在的问题进行线上辅导和答疑，实时了解学生的学习情况，鼓励学生互助，增强学生的主动学习意识、自律能力。

### （二）思政课混合式教学评价体系的原则

随着混合式思政课教学方式的广泛运用，影响思政课教学评价的因素愈加复杂，给思政课教学评价工作带来更大挑战，以更加科学、客观、公正的评价方法对思政课进行评价迫在眉睫。

**1. 理论评价与实践评价相结合的原则**

（1）理论评价。高校思政课具有完整的知识体系，具备彻底的马克思主义理论属性，有明确的意识形态性和鲜明的政治立场。混合式教学是思政课改革的重要方向，是学生掌握马克思主义理论基本原则、方法、概念以及相关知识的重要途径，所以理论评价必不可少。通过对教学理论内容相关知识点的评价，相关评价主体能够考查学生对马克思主义理论学科体系、学术体系及话语体系的理解与掌握程度。

体现政治性评价与专业评价相统一。政治引导是思政课的基本功能，思政课的政治性评价的主要内容为思政课教学主体是否坚持正确的政治方向，具体体现为是否坚持"两个维护"，是否坚持"四个意识"，是否坚持"四个自信"，是否坚持"四个伟大"，是否把党的最新理论融入思政课混合式教学全过程等。坚持正确的政治方向、注重政治评价是高校思政课混合式评价的前提和依据，习近平总书记在学校思想政治理论课教师座谈会上提出思政课改革创新要坚持"八个相统一"，其中，坚持政治性和学理性相统一是首要原则，也是基本原则。政治性是高校思政课的根本属性，也是高校思政课评价要遵循的根本原则。教育部 2020 年发布的《高等学校课程思政建设指导纲要》要求，全面推进课程思政建设，就是要寓价值观引导于知识传授和能力培养之中，帮助学生塑造正确的世界观、人生观、价值观，这是人才培养的应有之义。专业课程是课程思政建设的基本载体，要深入挖掘课程思政元素，有机融入课程教学，实现思政课与课程思政相结合，达到润物无声的育人效果。

（2）实践评价。习近平总书记明确提出："'大思政课'我们要善用之，一定要跟现实结合起来。"① 善用"大思政课"，是办好、讲好、用好思政课的重要体现。教育部社会科学司把"善用'大思政课'，统筹推进高校思政课建设高质量发展"作为工作要点之一，并着力实施"大思政课"建设专项行动。在学校思想政治理论课教师座谈会上，习近平总书记强调"要高度重视思政课的实践性"②。思政课要用科学理论培养人，必须重视思政课本身所固有的实践性，把社会大课堂同思政小课堂结合起来。教育部等十部门印发的《全面推进"大思政课"建设的工作方案》将"善用社会大课堂"作为全面推进"大思政课"建设的重要途径。思政课的实践课堂作为开展思政课教学的重要途径，对其展开的评价也是混合式思政课教学评价的重要组成部分。

强化实践能力评价，引导学生学以致用，提升学生对社会现实问题的分析能力、思考能力和社会适应能力。实践活动开展的目的在于提升思政课的教学实效性，学生把所学的理论转化为思想理论素质，内化为自身的品质，使学生能够运用马克思主义理论去认识社会、指导实践，提高运用马克思主义的立场、观点、方法观察问题、分析问题和解决问题的能力，在社会实践中提高价值判断能力和价值践行能力。实践活动的主题主要围绕社会重大热点焦点事件、党的重大理论创新、重要纪念日以及地方重要事件和重要活动等，根据实践活动的主题，形成社会热点焦点事件调研报告、党的重大理论创新"三进"调研报告、暑期社会实践调研报告、红色文化资源挖掘调研报告等。对实践结果的评价要采取客观性评价与主观性评价相结合、精准性评价与模糊性评价相结合的方式。

客观性评价与主观性评价相统一。实践活动的客观性主要体现在实践方案、实践目的、主要任务、实施保障等方面，它们是依据思政课实践性需求制定的，具有客观性。客观性评价一般是针对某个阶段内或者某一过程中实施的具体客观情况。但对实践活动的主题、实践活动的过程以及结果的评价会不可避免地掺杂一些主观性的价值判断，难以做到真正客观。在实际活动中，评价方式要根据实践的内容、方式、手段、

---

① 杜尚泽：《"'大思政课'我们要善用之"（微镜头·习近平总书记两会"下团组"·两会现场观察）》，《人民日报》2021年3月6日。
② 习近平：《思政课是落实立德树人根本任务的关键课程》，《求是》2020年第17期。

结果确定，做到客观性和主观性相统一。

精准性评价与模糊性评价相统一。对实践活动中学生参与活动的次数、参与活动的积极性、学生实践后的反馈等可以采取精准性评价，而对反映学生的政治方向、思想品德、价值观等方面内容可以采取模糊性评价。思政课实践教学强调育人先育德，"育人为本，德育为先"，即"立德树人"。对学生实践过程中"德"的评价可以采取模糊性评价，以鼓励学生、引导学生为主，培养学生积极向上的精神。要用发展的观点对学生进行客观评价，在实践活动过程中主要采取过程性评价，评价要以激励为主，充分肯定、尊重学生的上进心和自尊心，鼓励学生不断进步。

习近平总书记明确提出："要坚持理论性和实践性相统一，用科学理论培养人，重视思政课的实践性，把思政小课堂同社会大课堂结合起来，教育引导学生立鸿鹄志，做奋斗者。"① 在思政课评价过程中要做到理论教学评价与实践教学评价相结合。理论教学评价是评价的前提和基础，实践教学评价旨在引导学生将理论与实践结合，实践教学评价在一定意义上弥补了理论评价形式单一、片面的弊端，使评价更全面，同时也使评价从感性层面上升到理性层面，让评价更具有客观性。

**2. 质性评价与量化评价相结合的原则**

作为思政课教学评价的两种基本方式，量化评价和质性评价在评价理念、评价手段、评价结果等方面各有优势，也各有局限性。

（1）质性评价。质性评价是指"通过收集非数量化资料信息并运用描述分析方法得出评价结论"②。在思政课混合式教学评价中，质性评价主要是采用经验判断的方法，侧重于从行为的性质方面对思政课混合式教学效果进行评判，其更多地反映了教学的性质特征，是模糊性评价。

目前，多数高校思政课教学评价沿用"定性与定量相结合"的德育评价方法，大学生思想道德品质不能被简单地量化。人不仅是理性的动物，还是有情感、意志和信念的动物，人的道德发展具有复杂性的特点，涉及知、情、信、意、行等方方面面。"受科学主义和实证主义的影响，人们

---

① 《习近平谈治国理政》（第3卷），外文出版社，2020，第331页。
② 南纪稳：《量化教学评价与质性教学评价的比较分析》，《当代教师教育》2013年第1期。

误以为人的品德是理性产物，是可以通过科学手段加以测量的。"① 量化评价模式在测量人的理性、认知等方面有一定的优势，但是对于测量学生的情感、意志、信念等精神要素则显得无力。单纯用数据来衡量学生的道德水平和思想品质，很难保障评价的全面性、客观性和准确性，也很难反映出德育实效的真实性。随着"大思政课"改革的提出以及《关于深化新时代学校思想政治理论课改革创新的若干意见》等相关文件的出台，高校思政课教学评价从过去的以量化评价为主转向以质性评价为主，成为课程评价改革的必然。

质性评价体现的是自然主义与人文主义的价值取向，其优势在于价值取向判断更具真实性与公正性。不同于量化评价的"工具理性"的价值取向，质性评价反对把复杂的教育现象和课程现象简化为数字，认为依靠测量所得到的数据并不能给出教育现象及其背后的原因的合理解释，且有可能丢失重要信息，并不能够对思政课教学状况、学生品德状况做出科学合理的评价。就高校思想政治理论课教学评价来说，大学生的道德品质和情感表达，包括他们的道德素质、法治素养、家国情怀，以及他们对家庭、社会、国家所尽的义务和责任，这些因素是很难用数据来量化评价的。因此，高校思想政治理论课教学评价要改变传统的量化评价模式，以质性评价为主，全面、真实地反映大学生的道德素养。

首先，在评价理念上，要坚持现代人文主义的教育价值理念。2014 年9 月，习近平总书记视察北京师范大学时提出了"有理想信念、有道德情操、有扎实学识、有仁爱之心"的"四有"好老师的标准。爱是教育的灵魂，没有爱就没有教育。在人文主义的教育价值理念下，思政课教学评价不仅是单纯的评价活动，更是以关怀和爱为出发点和归宿的活动，它体现为发展性的关怀意识，而非进行量化操作和等级划分的过程，也不是终结性的标签意识。在思政课教学评价过程中，教师要尊重每位学生的独立人格，把每位同学看作道德主体，尊重学生的价值、道德、理性、情感，以客观、公正、综合的方式来评价学生的品德发展，以人的自我实现为目标，给学生积极正确的引导，力求避免标签化。唯有如此，学生才能感受

---

① 高德胜：《道德教育的 20 个细节》，华东师范大学出版社，2007，第 161 页。

到自己是受尊重的，才会积极响应道德评价，其良好的道德人格才能在评价过程中进一步成长。

其次，在评价主体上，要体现多元化、开放性的特点。高校思想政治理论课不仅是一门德育课程，还是一门实践课程。思想政治理论课与日常思想政治教育活动不完全一样，有其特殊属性。思政课又与日常思想状态密切相关，具有知行合一的特点。在思想政治理论课堂上，学生不仅要学习和掌握马克思主义的科学理论，而且最重要的是要学会运用马克思主义的世界观和方法论来分析问题、解决问题，最终的落脚点要体现到学生的道德实践上来。对大学生的道德评价不能仅仅局限于思政课堂上的表现，学生的日常学习生活和道德实践也应该被纳入评价体系中。因此，大学生道德评价的主体应该是多元的、开放的，教师、学生、学生小组，甚至学生家长都可以共同参与进来。只有这样，才能更全面、真实地评价学生的日常思想状态和道德实践。

再次，在评价方法上，可以采用行为观察和行为记录、成长记录袋、情景测验等方法。质性评价主要是一种过程评价，是对过程的描述与反思，主要的功能是沟通、反思、改进。在探讨人生价值、道德素养、法治素养、爱国主义等话题时，教师要多设计一些开放式、讨论式的问题，允许学生依照自我理解以及兴趣特长，从不同角度和思维尺度进行思考，做出回答。在评价过程中，教师要多关注学生思考和得出结论的过程及其表现，多关注学生的个性发展，尊重学生的个性差异和个性特点，给予学生肯定性和鼓励性的评价，而非千篇一律，给出固定式、统一化的教学评价。

最后，在评价目标上，要以促进学生自我超越与发展为根本目标。教师除了对学生的基础理论知识掌握情况进行基本的检查之外，更重要的是构建发展性的评价体系，通过反思总结、记录成长等一系列方式，科学地、恰当地将结果反馈给学生，并提出建设性的指导意见，以帮助学生成长进步，实现激励和促进学生自我发展的目标。

（2）量化评价。量化评价是指"通过收集数量化资料并运用数学分析方法得出结论的评价"[①]。量化评价侧重基于行为的数量特点对教学行为进

---

① 南纪稳：《量化教学评价与质性教学评价的比较分析》，《当代教师教育》2013 年第 1 期。

行评判，其更多地从教学现象上或形式上对教学结果进行评价，这容易忽视教学的质性特征。

量化评价方法体现的是科学实证主义的方法论，其优势在于评价过程的可操作性强，评价结果具有客观性。量化评价主要是通过测验、考试、结构性观察等方法对学生进行评价，评价结果常常表现为抽象的分数，价值取向上体现的是"工具理性"，主要功能是甄别、区分与鉴定。因此，量化评价可以为学生选拔、评优等提供"客观"依据，也能为思政课教师改进教学提供一定的信息支持。

量化评价强调精确性与客观性。高校思想政治理论课教学评价中恰当地运用量化评价，有利于提高思政课教学评价的有效性。列宁指出，"应当记住一条原则：在社会科学中（如同在整个科学中一样），研究的是大量的现象，而不是个别的情况"[1]。思想政治教育本身也是由思想政治教育的条件、过程、结果以及外部环境共同决定的。"量化评价就是力图把复杂的教育现象和课程现象简化为数量，进行数量的分析与比较，推断某一评价对象的成就。"[2] 显然，量化评价在运用数学的方法进行信息处理和数据分析方面是明显具有优势的。因此，对思政课教学进行量化评价也是十分必要的。

量化评价的可测量性。在高校思想政治理论课开展量化评价的过程中，要注重教学目标的价值引领。如前所述，高校思想政治理论课的教学目标可以分解为知识、能力、情感三个维度。相对来说，知识目标是最容易进行测量的，可以通过测验、考试等方式对学生学习马克思主义学科基本理论知识的情况做出相对客观、准确的评价。而测量能力目标和情感态度价值观目标往往难度较大，常常被忽略。因此在设计量化评价指标体系时，要将教学结果与三个层次的教学目标相对照，将测量能力目标和情感态度价值观目标的内容转化为可观测和可评价的指标项，加大对政治鉴别能力、价值抉择能力、理论思维能力、道德认知能力、责任担当能力以及理想信念、爱国情怀、人生价值等要素的权重系数，

---

① 《列宁选集》（第 2 卷），人民出版社，2012，第 491 页。

② 李雁冰：《质性评价课程从理论到实践》，《上海教育》2001 年第 11 期。

注重价值引导，引导学生树立马克思主义的世界观人生观价值观，引导学生爱国爱党爱人民，顾大局勇担当，反对极端个人主义、拜金主义和享乐主义。

伴随着思想政治教育科学化的趋势和品德测评的广泛运用，量化评价方法在思政课评价中逐渐得到重视，但对多元复杂的思政课进行评价，仅采取量化方式进行评价也存在诸多局限。定性评价和定量评价各有优缺点。定性评价是评价人员利用自己的经验，根据课堂教学过程与课堂气氛，对课堂教学进行整体评价，评价客观性不够，主观性较强，难以利用计算机对评价报告进行自动处理。相反，定量评价是评价人员对某些指标进行观察和记录，评价客观性较好，易于使用计算机进行后续数据处理，但也存在评价过程碎片化、割裂教学背景、无法充分利用评价人员的经验和与能动性等问题。①

**3. 线上评价与线下评价相结合的原则**

（1）线上评价。依托互联网平台技术对思政课线上教学内容、教学方式、教学效果等方面进行评价是思政课教学改革的重要方向。在线评价过程中，慕课视频知识点测试、章节测验或阶段性测验、在线教学问题的互动、在线小组讨论、在线作业的完成以及在线期末考试等都是评价的重要内容。在线评价能够促使学生自主学习能力提升，激发学生的内生动力，使学习更具针对性。

对在线学习的学生而言，影响其学习效果的外部要素主要包括学习环境、基础设施、培养方式等。具体而言，学生的外部学习条件主要包括流畅的网络条件、用于课程学习的电子设备（电脑或者移动学习设备）等，这些基础设施因素会影响学生的学习兴趣及效果，同时也会影响学生的学习认知判断及效果评价。影响学生学习的内部要素主要包括学生已有的马克思主义知识理论基础、学习理论动机以及学习策略等。学生已有的知识基础决定了其学习的起点，教师要以此为基点进行学情评价，了解学生在特定内容的生活经验、知识储备、学习兴趣、学习动机、认知风格、能力特征等方面的基本情况，在线教学评价进行指标设置

---

① 骆祖莹：《课堂教学自动评价：从理论到应用》，北京师范大学出版社，2018，第132页。

时要考虑这些因素。

（2）线下评价。课堂教学的出发点是激发学生对马克思主义理论与实践进行探究的兴趣。这就要求思政课教师在课堂教学中避免重复学生在线上教学资源中已经学习过和已经掌握的知识和内容，把主要的精力放到学生没有掌握或者通过课前学习没有理解与把握的知识点上，或者针对学生在线学习过程中遇到的问题有目的地进行教学，使学生积极参与到课堂教学过程中，激发学生探究的兴趣。课堂教学是一个动态生成的过程，课堂教学评价要素涉及学生在课堂中进行探究时的表现、对知识点的掌握、对学习的兴趣、问题思辨能力等。

课后教学评价主要涉及教学反思和学生反馈两个方面。教学反思指教师通过自我反省对自身教学活动进行评价，反思内容包括教学方式、理论分析水平、价值判断水平等。教学方式反思主要反映在对教学技术性、程序性问题的思考，即如何利用最佳教学方法和技巧，实现教学目标，解决学生在理论学习过程中遇到的难题。教师通过反思评判自身是否利用了最佳的教学方式实现教学目标。理论分析水平反思往往依赖于教师自身的知识储备。价值判断水平反思主要指反思学生课堂表现所体现出的道德和价值标准。

思政课的评价促进了教师的"教"与学生的"学"、师生的互评及教学督导评价活动的进一步完善，有专家在此基础上提出 PBDE（Performance-Based Developmental Evaluation）[①] 的概念，建立标杆作为教师发展的参照系或基准点，引导教师在学科发展、教学效果等方面寻找自身差距，持续改进，提升教学能力，实现自身发展。

# 二 高校思政课混合式教学评价机制的理论参照

传统的高校思政课课堂教学面临诸多困境，部分学生对思政课提不

---

① 高鹏怀、马素林：《发展性评价：提升思想政治理论课教学质量的重要绩效工具》，《思想理论教育导刊》2008 年第 1 期。

起学习兴趣，认为思政课是"要我学"的课程，学习的积极性、主动性不强，这导致课堂气氛沉闷，教学效果不佳，学生"抬头率"不高，学生满意度和获得感较低。与此同时，由于学生听课情绪不高，教学效果欠佳导致部分思政课教师产生职业倦怠感和挫败感，职业成就感较差。

混合式教学模式要求学校突破现有条件约束[①]，充分发挥线上与线下教学双重优势，促使学生高效学习。本书通过思政课教学模式、思政理论基础、思政学习意愿和综合思政能力的分析框架，考察思政课教学模式对学生综合思政能力的作用机制，具体内容安排与目的如下。

首先，通过进行各行为主体思政教学策略博弈分析，考察思政教学模式对思政理论基础的影响，说明思政教学模式、思政实践能力与思政理论基础之间的联系。其次，在思政兴趣模型中，引入教学模式改革变量，对学生思政兴趣提升路径进行分析，考察思政教学模式对学生思政兴趣的影响效应与作用机制，说明思政教学模式、教学手段多样化与学生思政兴趣之间的联系。最后，采用投入产出效率测度方法，考察思政教学模式对思政教学效率的影响，说明思政教学模式、思政兴趣和思政教学效率之间的联系。

## （一）高校教学模式改革下多方行为主体的博弈分析

对主体的博弈分析基于提高学生思政能力的最终目的，以高校思政课混合式教学模式改革原则为基础，运用博弈论考察思政课教学模式。

### 1. 博弈机理分析

如何决定现有思政教学资源在线上模式与线下模式中的配置，围绕这一问题所进行的博弈与一般博弈不同，差异之处在于博弈目标与博弈参与者的特殊性。从某种意义上来说，相较于思政理论基础可以通过考试成绩等方式衡量，思政学习意愿更为主观、多变、复杂，在大多数情况难以被清晰衡量，这种模糊性会对博弈的结果产生显著影响。传统理论通常假定高校更注重学生的理论成绩，教育主管部门则更注重思政实践能力，即学

---

① 条件约束包括资金不足、年长教师不能熟练运用新技术等。

生服务社会的能力。按照这一假定，从博弈主体看，高校作为代表思政理论基础的利益主体，教育主管部门作为代表思政实践能力的利益主体。在既定资源与技术条件等的约束下，按照高校思政课教学计划培养出来的学生，其思政理论基础及思政实践能力如何取决于教育主管部门与高校间的博弈。

在博弈过程中，双方都会有一个底线，反映了高校思政教学计划对思政实践能力与思政理论基础的最低承受能力，这一底线在博弈模型中也可称为是博弈双方的威胁点。在现实社会中，当触及或越过威胁点时，教育主管部门将进行干预，纠正由于教学模式不当造成的不良影响。如图 5-3 所示，$U_L$ 为高校博弈底线，即学生思政理论基础如果低于 $U_L$，学生会因为考试挂科等原因受到影响；$U_C$ 为教育主管部门博弈底线，即学生尤其是毕业生思政实践能力如果低于 $U_C$，则会缺少中坚力量报效祖国。高校不会选择学生思政理论基础低于 $U_L$ 的策略，而一旦出现学生思政实践能力（思政学习意愿）低于 $U_C$ 的局面，该高校将面临来自教育主管部门严格的教学审查，致使本校思政教学计划受到影响，这是博弈双方都不愿看到的结果。

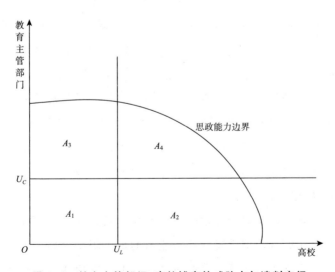

**图 5-3　教育主管部门-高校博弈的威胁点与谈判空间**

模仿博弈论对生产可能性曲线以内区域的划分，分别以高校与教育主管部门的威胁点为界，可以将思政能力曲线以内的区域分为 $A_1$、$A_2$、$A_3$、$A_4$ 四个部分。其中，$A_1$ 区域同时位于 $U_L$ 和 $U_C$ 线以内，因此是高校与教育主管部门都不能接受的区域；$A_2$ 位于 $U_C$ 线以内，但位于 $U_L$ 线以外，因此是高校能够接受，但教育主管部门无法接受的区域；$A_3$ 位于 $U_L$ 线以内，但位于 $U_C$ 线以外，因此是教育主管部门可以接受，但高校不能接受的区域；$A_4$ 则同时位于 $U_L$ 和 $U_C$ 线以外，因此是教育主管部门和高校都可以接受的区域。从这四个区域的划分来看，可以为博弈双方共同接受的区域只有 $A_4$，即只有 $A_4$ 区域的博弈结果才会在现实的思政课教学中出现。

### 2. 基本假设与博弈目标

在此基础上，本书进一步分析高校思政课混合式教学模式改革过程中，教育主管部门与高校间教学策略的博弈结果。根据高校思政课教学计划中各行为主体的利益关系，提出以下基本假设。

第一，假设教育主管部门与高校对思政理论基础、思政实践能力偏好不同。教育主管部门为思政实践能力偏好型行为主体，高校为思政理论基础偏好型行为主体。

第二，假设高校思政课教学计划执行权配置是博弈模型中影响双方地位的唯一因素，即教学计划执行权大的一方为博弈优势方。一般情况下，教学计划执行权在高校，但在学生思政实践能力薄弱时，教育主管部门将加强思政教学监管，教学计划执行权上移至教育主管部门。

第三，假设高校思政课的教学资源消耗总量、思政理论基础、思政实践能力都可量化，并拥有相同的单位，其中思政教学资源消耗总量为 $R$，仅用于提高学生思政理论基础和思政实践能力；思政教学资源投入产出过程中不存在效率损失，即博弈过程中，思政教学资源的投入等于思政理论基础或思政实践能力的提高。

在上述假定下，根据博弈论的效用量化原则，双方在博弈中会出现如下情形。教育主管部门追求思政实践能力的最大限度提高，因此会督促高校进行混合式教学模式改革，采取更多元化的教学模式，通过线上教学方式以增强学生思政兴趣，进而提高学生思政实践能力，即教育主管部门的效用与学生思政实践能力成正比①。高校则是以理论基础扎实为目标，在与教育主管部门进行博弈的过程中，总是投入较少的线上资源，即高校出于自身实际情况考虑，还是将尽可能多的教学资源用于线下教学，以提高学生思政理论基础。

**3. 教育主管部门与高校间思政教学策略博弈分析**

当教育主管部门与高校进行思政教学策略博弈时，由于思政教学资源投入产出过程中不存在效率损失，高校为提升学生思政理论基础，投入总量为 $U_L$ 的思政教学资源，将获得总量为 $U_L$ 的效用；教育主管部门为提升学生思政实践能力，投入总量为 $U_C$ 的思政教学资源，将获得总量为 $U_C$ 的效用。用博弈联合函数形式表示教育主管部门与高校间博弈关系。如果双方所要求的效用之和小于 $R$ 时，则意味着还存在闲置的思政教学资源，若双方增加预期还可以获得更大的效用。因此，在思政教学资源总量为 $R$ 的情况下，只有当 $U_L + U_C = R$ 时，才能实现思政教学资源在思政理论基础与思政实践能力间的有效分配。这一函数对应图 5-4 中的线 $AB$，为资源有效分配线。

从博弈的联合函数形式可知，这一博弈具有多个均衡点，这些均衡点分布于思政教学资源的有效分配线 $AB$ 上。由于教育主管部门为思政实践能力偏好型行为主体、高校为思政理论基础偏好型行为主体，高校更追求思政理论基础威胁点 $A$（$R$，0），教育主管部门更追求思政实践能力威胁点 $B$（0，$R$）。当博弈过程中双方的教学计划执行权相同时，根据博弈的对称原则，该均衡解应位于 $U_L = U_C$ 线上。再根据博弈有效原则，博弈均衡解应为资源有效分配线与对称线的交点，即点 $M$（$R/2$，$R/2$），教育主管部门与高校所获得的效用均为 $R/2$。一般情况下，教育主管部门不会干预高校的日常思政教学，由高校根据自身实际情况开展思政教学工作，高校作为教学策略博弈优势方，在教学计划执行过程中具有较大的自由裁量

---

① 这种比例关系是在一定限度内，而非思政实践能力（思政兴趣）越高教育主管部门的效用始终会越高，之所以有这种约束是因为教育主管部门同时也要考虑因学生思政理论基础薄弱而引发的问题，过高的思政实践能力（思政兴趣）要求会导致高校在短期内将更多的教学资源用于现代化教学，而传统教学资源投入的降低则可能使学生理论基础薄弱，不足以支撑过于强烈的思政兴趣所需，出现言论不当等问题。但在此处博弈模型分析中，为方便分析，暂不考虑经济增长约束对博弈双方的影响。

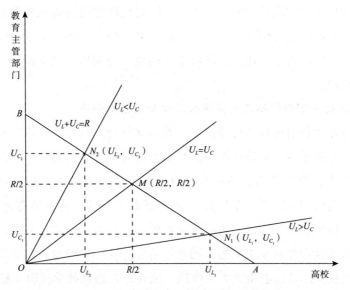

**图 5-4　教育主管部门-高校环境策略博弈**

权,此时博弈模型的纳什均衡解往往为资源有效分配线 $AM$ 段上的点 $N_1$ ( $U_{L_1}$ , $U_{C_1}$ )。但当高校思政实践教学能力薄弱时,教育主管部门将加强思政教学监管,教学计划执行权上移至教育主管部门,作为博弈优势方,在博弈过程中具有较强的话语权,此时博弈模型的纳什均衡解往往为教学资源有效分配线 $BM$ 段上的点 $N_2$ ( $U_{L_2}$ , $U_{C_2}$ )。比较不同现实情况下的纳什均衡解,发现 $U_{L_1} > R/2 > U_{L_2}$ , $U_{C_1} < R/2 < U_{C_2}$ ,即相较于混合式教学模式,传统教学模式更有利于提升思政理论基础。

## (二) 思政教学模式对思政兴趣影响的模型

从前文分析可知,一般情况下,教育主管部门不会干预高校的日常思政教学,由高校根据自身实际情况开展思政教学工作,高校作为教学策略博弈优势方,在教学计划执行过程中具有较强的自由裁量权。在此基础上,本部分借鉴现有研究成果[1],引入思政兴趣变量,构建思政教学模式与思政兴趣的模型,通过对不同思政教学模式下思政兴趣差异的分析,进

---

[1]　何曼:《线上线下相结合的混合式教学模式在有机化学教学中的改革探索》,《化工时刊》2021 年第 11 期。

一步考察思政教学模式影响教学手段多样化，进而影响思政兴趣的作用机制。

**1. 基本假设与思政兴趣偏好推导**

假设1：在接受传统思政教学过程中，学生消耗 $R$ 单位的思政教学资源，提升 $X_1$ 单位的思政理论基础并产生 $X_2$ 单位思政消极情绪，思政消极情绪可通过教学手段多样化去控制[①]。

假设2：学生思政兴趣提高主要由于思政理论基础的提高以及教学手段多样化水平的提高，其中，思政理论基础的提高用单位产出教学资源消耗量 $T_1$ 衡量，教学手段多样化水平用单位思政消极情绪教学资源消耗量 $T_2$ 衡量，$T_1 X_1$ 代表学生思政理论基础提高所需消耗的教学资源，$T_2 X_2$ 代表学生思政消极情绪的教学资源消耗，$R$ 的联合函数可以表示为：

$$R = \varphi[f(T_1 X_1, T_2 X_2)] \tag{5-1}$$

在式（5-1）中，当思政教学资源投入总量、思政消极情绪生成量不变时，思政理论基础的提高意味着单位理论知识基础提高所消耗的教学资源减少，即 $T_1$ 变小，思政理论基础提高；当思政教学资源投入总量、思政理论基础不变时，思政消极情绪的减少意味单位思政消极情绪的思政教学资源消耗量降低，即 $T_2$ 上升，教学手段多样化水平提高。

假设3：式（5-1）为二阶连续齐次线性函数，$\varphi(f)$ 为齐次线性函数，$\varphi' > 0$，代表函数 $\varphi$ 为 $f$ 的单调递增函数；$\varphi'' > 0$，代表 $\varphi$ 为规模报酬递减函数；$\varphi(0) = 0$。

由式（5-1）可得思政理论基础 $X_1$ 和思政消极情绪 $X_2$ 的边际产出分别为：

$$\frac{\partial X_1}{\partial R} = 1 \left/ \left( \frac{\partial R}{\partial X_1} \right) \right. = 1/(\varphi' f_1 X_1) \tag{5-2}$$

$$\frac{\partial(-X_2)}{\partial R} = -1 \left/ \left( \frac{\partial R}{\partial X_2} \right) \right. = -1/(\varphi' f_2 X_2) \tag{5-3}$$

---

[①] 高校可通过投入思政教学资源、丰富教学手段，激发学生思政兴趣并消除学生思政消极情绪。基于该路径，教学手段多样化水平采用单位思政消极情绪消耗的思政教学资源衡量。

其中，一阶导数 $f_1>0$，代表随着 $T_1X_1$ 不断上升，高校将投入更多 $R$，即思政理论基础的提高伴随着教学资源的消耗；二阶导数 $f_{11}>0$，代表函数 $f$ 是规模报酬递减的；一阶导数 $f_2<0$，代表随着 $T_2X_2$ 不断上升，高校将减少投入 $R$，教学手段多样化水平提高伴随着教学资源消耗减少；二阶导数 $f_{22}>0$，代表函数 $f$ 是规模报酬递减的。

假设 4：思政兴趣是内生的，取决于给定学习时间内学生思政学习体验感，而学生思政学习体验感线性影响思政理论基础的提高、教学手段多样化水平。

$$\dot{X}_1/X_1 = W_1(\alpha)\ W_2(Q/S) \tag{5-4}$$

$$\dot{X}_2/X_2 = \alpha W_2(S) \tag{5-5}$$

其中，$Q$ 代表思政兴趣强弱水平、$S$ 代表单位教学手段多样化能力带来的思政学习意愿增强幅度，$Q/S$ 为学生思政学习体验感，$W_2(Q/S)$ 为思政学习体验良好带来的思政理论基础的提高。$W_2(Q/S) \geqslant 0$，$W'_2(Q/S) > 0$，说明思政理论基础随学习体验感增加而增加；$W'_2(0) = 0$，说明思政学习意愿是内生的。$\alpha$ 代表学习能力可能性边界，$\alpha \geqslant 0$，$W_1(\alpha) \leqslant 0$，$W'_1(\alpha) > 0$，说明随着 $\alpha$ 的上升，高校用于提高思政理论基础的教学资源将变少。$W''_1(\alpha) > 0$，$W'_1(\alpha) = 0$，$W'_1(\alpha_0) = \infty$，$\alpha_0$ 满足 $W_1(\alpha_0) = 0$。

构建思政兴趣（学习意愿）转换曲线[①]，描述学生思政学习体验感对思政理论基础的提高、教学手段多样化的线性影响，可得思政兴趣（学习意愿）转换率（思政消极情绪弹性）$\gamma$：

$$\gamma = \frac{X_2}{X_1}\mathrm{d}\left(\frac{X_2}{X_1}\right) \Big/ \left[\left(\frac{\partial X_2}{\partial R}\Big/\frac{\partial X_1}{\partial R}\right)\mathrm{d}\right]\left(\frac{\partial X_1}{\partial R}\Big/\frac{\partial X_2}{\partial R}\right) \tag{5-6}$$

通过式（5-1）、式（5-2）以及式（5-3），可将式（5-6）转换为：

$$\gamma = \frac{f_1 f_2}{f f_{12}} = \frac{f_{X_1} f_{X_2}}{f f_{X_1 X_2}} \tag{5-7}$$

---

① 类似生产可能性曲线，给定思政教学资源在理论基础提高和实践能力提高之间进行分配，如果用于提高理论基础的教学资源较多，则用于提高实践能力的教学资源必然较少。

$\gamma$ 为思政消极情绪弹性，用于测算效率损失。也就是说，当 $\gamma < 1$ 时，思政理论基础的提高有利于提高学生的思政兴趣；当 $\gamma = 1$ 时，学生的思政学习意愿偏好无差异；当 $\gamma > 1$ 时，提升教学手段多样化水平更能提高学生思政兴趣。同理，通过对 $f$ 进行二次求导可得：教学资源投入的规模报酬 $\delta = \varphi''f/\varphi'$。由假设 3 可知，$\varphi''$、$f$、$\varphi'$ 均大于 0，因此 $\delta > 0$。

**2. 思政兴趣提升路径分析**

在上述讨论基础上，引进思政教学模式变量（思政教学模式 $t$ 和教学模式改革进程 $1/l_i$），分析思政教学模式对思政兴趣的影响。其中，$t/l$ 代表当前思政实际教学模式，$l > 1$ 代表相较于传统线下教学模式，混合式教学模式更容易通过教学手段多样化消除消极情绪带来的效用损失。假定思政理论基础 $X_1$ 的单位效用为 $P$，思政教学资源 $R$ 的使用成本为 $\theta$，则思政教学模式的效用函数可表示为：

$$\pi = PX_1 - \theta R - (t/l)\ X_2 \tag{5-8}$$

将式（5-8）对 $X_1$ 和 $X_2$ 分别进行一阶求导，可得：

$$\frac{\partial \pi}{\partial X_1} = P - \theta\varphi'f_1(T_1X_1, T_2X_2)\ T_1 \tag{5-9}$$

$$\frac{\partial \pi}{\partial X_2} = -t/l - \theta\varphi'f_2(T_1X_1, T_2X_2)\ T_2 \tag{5-10}$$

根据效用最大化原则，由式（5-9）和式（5-10）可得：

$$\theta\varphi'f_1(T_1\hat{X}_1, T_2\hat{X}_2) = \frac{P}{T_1} \tag{5-11}$$

$$\theta\varphi'f_2(T_1\hat{X}_1, T_2\hat{X}_2) = \frac{t/l}{T_2} \tag{5-12}$$

其中，$\hat{X}_1$、$\hat{X}_2$ 分别为效用最大化时的思政理论基础、思政消极情绪。

将式（5-8）对 $T_1$ 和 $T_2$ 分别进行一阶求导，再代入式（5-11）和式（5-12）可得：

$$\frac{\partial \pi}{\partial T_1} = -\theta\varphi'f_1(T_1\hat{X}_1, T_2\hat{X}_2)\ \hat{X}_1 = -\frac{P}{T_1}\hat{X}_1 < 0 \tag{5-13}$$

$$\frac{\partial \pi}{\partial T_2} = -\theta \varphi' f_2(T_1 \hat{X}_1, T_2 \hat{X}_2) \hat{X}_2 = -\frac{t/l}{T_2} \hat{X}_2 > 0 \qquad (5\text{-}14)$$

由此可得，思政教学模式的效用随思政理论基础的提高、教学手段多样化水平的提高而增加，这与现有的研究成果保持一致。当思政理论基础的单位效用 $P$、思政教学模式 $t$ 和教学模式改革进程 $1/l_i$ 保持不变时，思政理论基础 $X_1$ 和思政消极情绪 $X_2$ 将随着 $T_1$ 和 $T_2$ 的变化而变化。从而，可得：

$$\frac{d \hat{X}_1}{dT} = \frac{\partial \hat{X}_1}{\partial T_1} \dot{T}_1 + \frac{\partial \hat{X}_2}{\partial T_2} \dot{T}_2 \qquad (5\text{-}15)$$

将式（5-11）、式（5-12）以及 $\gamma$、$\delta$ 代入式（5-15），可得：

$$\frac{\partial \hat{X}_1}{\partial T_1} = \left( \frac{-\hat{X}_1}{\varphi' T_1 \delta f} \right) [\delta(P \hat{X}_1 - [t/l] \hat{X}_2) + P \hat{X}_1 + \delta \gamma(t/l) \hat{X}_2] \qquad (5\text{-}16)$$

$$\frac{\partial \hat{X}_2}{\partial T_2} = \left( \frac{\hat{X}_1}{T_2} \right) \left[ \frac{(t/l) \hat{X}_2}{P \hat{X}_1 - (t/l) \hat{X}_2} \right] (1 + \delta \gamma) \qquad (5\text{-}17)$$

基于"理性人"假设，则有 $P \hat{X}_1 - (t/l) \hat{X}_2 > 0$，且由于 $\delta > 0$，可得 $\frac{\partial \hat{X}_1}{\partial T_1} < 0$，

$\frac{\partial \hat{X}_1}{\partial T_2} > 0$，同理可得：

$$\frac{\partial \hat{X}_2}{\partial T_1} = \left( \frac{-\hat{X}_2}{\delta T_1 T_2} \right) \left[ \frac{(t/l) \hat{X}_1}{P \hat{X}_1 - (t/l) \hat{X}_2} \right] (1 + \delta \gamma) < 0 \qquad (5\text{-}18)$$

$$\frac{\partial \hat{X}_2}{\partial T_2} = \left( \frac{\hat{X}_2}{T_2} \right) \left[ \frac{P \hat{X}_1}{P \hat{X}_1 - (t/l) \hat{X}_2} \right] \left[ (\gamma - 1) + \left[ \frac{(t/l) \hat{X}_2}{P \hat{X}_1} \right] (1 + 1/\delta) \right] > 0$$

$$(5\text{-}19)$$

当 $\gamma \geqslant 1 - \left[ \frac{(t/l) \hat{X}_2}{P \hat{X}_1} \right] (1 + 1/\delta)$ 时，学生思政理论基础的提高将推动教学

手段多样化水平的提高，因为在相同理论基础下，教学资源消耗更少，以用于提升教学手段多样化水平。

综上所述，随着学生思政理论基础的提高，思政教学模式的效用也将增加；随着教学手段多样化水平提高，学生的思政消极情绪将降低；当思政兴趣转换率达到一定值，思政理论基础的提高会促进教学手段多样化水平的提高。

**3. 思政教学模式对思政兴趣的影响**

在对学生思政兴趣提升路径分析的基础上，为考察思政教学模式对思政兴趣的影响，本书进一步分析学生思政理论基础与思政消极情绪的变化状况。对式（5-6）进行整理，可得：

$$\frac{\mathrm{d}(\hat{X}_1 / \hat{X}_2) / \mathrm{d}T}{\hat{X}_1 / \hat{X}_2} = \frac{\mathrm{d}(\hat{T}_1 / \hat{T}_2) / \mathrm{d}T}{\hat{T}_1 / \hat{T}_2}(\gamma - 1) \tag{5-20}$$

此外，结合式（5-4）、式（5-5）、式（5-11）以及式（5-12），可得关于学习能力可能性边界 $\alpha$、思政兴趣强弱水平 $Q$ 的最大化函数：

$$\max_{\alpha, Q} \frac{\partial \pi}{\partial T_1} \dot{T}_1 + \frac{\partial \pi}{\partial T_2} \dot{T}_2 - c \frac{Q}{S} \tag{5-21}$$

其中，$c$ 代表提升思政兴趣的单位成本。将式（5-4）、式（5-5）、式（5-13）以及式（5-14）代入式（5-21）可得：

$$\max_{\alpha, Q} \alpha W_2(Q/S)(t/l)\hat{X}_2 - W_1(\alpha) W_2(Q/S) P \hat{X}_1 - c\frac{Q}{S} \tag{5-22}$$

对学习能力可能性边界 $\alpha$ 求导，化简可得：

$$W'_1(\alpha) = \frac{t/l \hat{X}_2}{P \hat{X}_1} \tag{5-23}$$

对思政兴趣强弱水平 $Q$ 求导，化简可得：

$$\frac{c}{W_2(Q/S)} = \hat{\alpha}(t/l)\hat{X}_2 - W'_1(\hat{\alpha}) P \hat{X}_1 \tag{5-24}$$

由于学习能力可能性边界 $\alpha$ 会受到思政兴趣转换率 $\gamma$ 的影响，考察学习能力可能性边界 $\alpha$ 随时间 $T$ 的变化，可得：

$$\alpha^* = \frac{W'_1(\alpha)}{\alpha W''_1(\alpha)}(X_1^* - X_2^*) \tag{5-25}$$

将式（5-20）代入式（5-25），可得：

$$\alpha^* = \frac{W'_1(\alpha)}{\alpha W''_1(\alpha)}(T_2^* - T_1^*)(\gamma - 1) \tag{5-26}$$

同理，由式（5-24）可得：

$$Q^* = \frac{W'_2(Q/S)\ Q}{W''_2(Q/S)} \cdot \frac{\alpha(t/l)\ \dot{X}_2 - W_1(\alpha)\ \dot{PX}_1}{\alpha(t/l)\ X_2 - W_1(\alpha)\ PX_1} \tag{5-27}$$

在效用最大化原则下，当教育主管部门加强监管时，高校会选择加快思政课混合式教学模式改革进程，教学手段将会更加多样化，学生思政理论基础也会提高，思政兴趣也会随之增加。但一般情况下，高校在执行思政教学计划时拥有较大的自由裁量权，思政课混合式教学模式改革进程会放缓，从而将降低教学手段多样化水平，进而抑制学生的思政学习意愿。

### （三）思政教学模式对思政教学效率的数理分析

通过上述分析可以发现，相较于混合式教学模式，传统线下教学模式更可能会抑制教学手段多样化，进而抑制学生的思政学习意愿。在此基础上，借鉴投入产出公式，衡量学生思政综合能力，并考虑存在非期望产出时思政教学效率，考察思政教学模式对思政教学的影响。

根据投入产出公式，综合思政教学效率可表示为：

$$思政教学效率 = \frac{理论知识服务社会的价值}{思政成本 + 负面影响}$$

上述测度方法可用符号转换为：

$$GTFP = \frac{Y}{Y/T + W/T} \tag{5-28}$$

其中，$GTFP$ 代表综合教学效率，衡量高校在当前思政模式下对教学资源的转换利用率；$Y$ 为理论知识服务社会的价值，用来衡量学生的思政理论基础；$T$ 为思政学习兴趣，用来衡量学生学习兴趣；$Y/T$ 为思政教学资源消耗总量，用来衡量思政教学成本；$W/T$ 为负面影响，用来衡量思政理论基础不扎实或因思政兴趣不强所导致的思政实践能力弱等现象。通过式（5-28），可将 $Y$ 表示为：

$$Y = \frac{W}{T/GTFP - 1} \tag{5-29}$$

结合前文分析结果，相较于混合式教学模式，传统线下教学模式会促进理论基础的提高，但会抑制思政学习兴趣。借鉴现有研究成果，在对综合思政能力进行测度时，为方便分析，假定各变量之间只存在简单的线性关系。可将式（5-28）进一步表述为：

$$GTFP_i = \frac{Y_i^0(l_i)}{\dfrac{Y_i^0(l_i)}{T_i^0/l_i} + \dfrac{W_i^0(l_i)}{T_i^0/l_i}} \tag{5-30}$$

其中，$GTFP_i$ 代表高校 $i$ 的思政教学效率，$1/l_i$ 分别代表高校 $i$ 教学模式改革进程，$Y_i^0$ 代表高校 $i$ 学生理论知识服务社会的价值，$T_i^0$ 代表高校 $i$ 学生初始思政理论基础，$W_i^0$ 代表高校 $i$ 在传统线下模式下提升 $Y_i^0$ 单位的思政理论基础所造成的负面影响。也就是说，$Y_i^0(l_i)$ 为高校 $i$ 学生理论知识服务社会的实际价值，$\dfrac{Y_i^0(l_i)}{T_i^0/l_i}$ 为高校 $i$ 实际思政教学资源消耗，$\dfrac{W_i^0(l_i)}{T_i^0/l_i}$ 为实际负面影响。

化简式（5-30），可得：

$$GTFP_i = \frac{1}{1 + W_i^0/Y_i^0} \cdot \frac{T_i^0}{l_i} \tag{5-31}$$

教学模式改革进程 $1/l_i$ 会通过促进学生思政学习兴趣 $T_i^0/l_i$，进而促进思政教学效率 $GTFP_i$。换句话说，混合式教学模式做得越好的高校，其思政教学效率越高，即思政教学模式对思政教学效率的影响机制。

通过高校教学模式改革下多方行为主体的博弈分析发现，一般情况下，高校受限于自身实际情况，短时间内会坚持传统线下思政教学模式，通过课本知识的传授促进提升学生思政理论基础。通过思政教学模式对思政兴趣影响的模型分析发现，相较于混合式教学，传统线下教学模式会抑制教学手段多样化，进而导致学生思政学习兴趣的降低。在此基础上，通过思政教学模式对思政教学效率的数理分析发现，相较于传统线下模式教学，混合式教学模式会提高教学手段多样化水平，尽管会直接导致思政理论基础水平的降低，但由于其激发学生思政学习兴趣，间接会提升学生思政实践能力，总体对思政教学效率产生促进作用。

综上所述，传统线下思政教学模式会降低教学手段多样化水平，同时由于教学手段多样化水平的降低会抑制学生的思政学习兴趣，进而传统线下思政模式会降低学生的综合思政能力。

基于此，在传统线下思政教学模式、思政理论基础与思政实践能力分析框架基础上，构建混合式教学模式、思政兴趣和思政综合能力的分析框架，考察混合式教学模式对思政综合能力的影响效应与作用机制（见图5-5）。

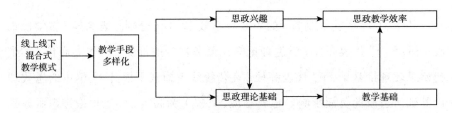

图 5-5　混合式教学模式、思政兴趣和思政综合能力的分析框架

# 三　构建以教学效果为导向的思政课混合式教学评价指标体系

随着线上线下混合式思政课教学方式的广泛运用，影响思政课教学评价的因素愈加复杂，以更加科学、客观、公正的评价方法对思政课进行评价迫在眉睫。"四个评价"的提出，无疑为高校混合式思政课教学评价改革提供了方向引领和"怎么改"的行动路向。评价不等于评分，是一个以

理解和促进学生学习为目标的持续性过程。学习评价是为了获得教学活动有效性和学生满意度的反馈，是为了加强和改进教学，考察与促进学生的学习，加强教师与学生的有效互动。

高校思政课教学"四个评价"应以教学效果为导向，包含过程性评价、结果评价、增值评价与综合性评价，其主要目的在于通过系统收集思政课教学过程各个环节的信息资料，实现对教学的各个环节进行动态跟踪，完整反映思政课教学过程的本质和规律，从而帮助改进教师的教和学生的学，提升思政课实效性。

## （一）混合式教学评价体系建构的要求

美国评价学者斯克里文（M. S. Scriven）将教学评价分为形成性评价和总结性评价。形成性评价是对教学过程各个要素进行评价，其目的在于收集教学过程中各个要素的优缺点，以确定需要改进的方面。总结性评价是在教学完成之后所实施的评价，其目的在于对教学效果、教学目标的达成度做出整体判断。总结性评价注重评价的甄别、选拔、分类划等、奖优罚劣等功能，形成性评价强调评价的激励性、发展性、增值性等功能，其目的不在于"评"而在于改进。

### 1. 混合式教学评价体系建构的目标指向

混合式教学评价体系以"四个评价"为导向，突出结果性评价和增值评价，以是否实现师生共同增值以及积极的正向结果为目标。

（1）在评价对象上强调教学过程性评价。教学过程性评价的目的是通过教学过程中各环节学生的反馈调整教学计划。教师基于混合式教学呈现出来的有效资料及学生在教学过程中的表现，全面了解学生学习状态，提出"靶向性"的发展建议。因此，混合式教学评价体系不仅关注结果评价，而且更重视学习过程评价。

（2）在评价功能上突出结果性评价。混合式教学强调发挥课程评价"以评促改"的改善功能，其目的不是给学生下一个更准确的结论、更精确判定其学习成绩的位次，而是"评然后知不足"，判断教学过程中存在的问题和不足，从而促进学生发展。基于评价结果判断学生存在的问题和不足，找到适合学生发展的教育方法，促进学生的个人成才和全面发展。

（3）在评价结果上体现教学增值评价。增值评价侧重于考查学生能力的提升，即在实践过程中利用马克思主义观点、理论和方法论解决现实问题的能力。

（4）从评价整体看体现为综合性评价。综合评价是多元主体对评价对象做出的客观、公正、全面的评价，思政课综合评价是一个完整的评价系统，具有评价主体多元化、评价对象多元化、评价内容多维化、评价方式开放化等特点，在评价过程中要兼顾差异性与一致性、准确性与模糊性、系统性与层次性。

**2. 混合式教学评价体系的基本要求**

混合式教学评价体系要求在对教学过程、教学效果等进行评价时，要以学生为中心。

（1）评价机制贯穿教学全过程。在混合式教学评价理论的指引下，评价指标需要覆盖课前（课件及内容、备课情况及线上资源形式）、课中（线上教学方式、线上课占比、线上直播平台、师生互动及上课纪律）和课后（课程作业、考试成绩及实践成绩）三个教学环节，进行全方位有效评教。在评价过程中，不仅要考虑学生的理论成绩和平时表现，还需要兼顾学生的实践能力和态度倾向，提高网络教学资源的利用效率，充分发挥混合式教学的优势，进行全过程评价，力求准确、客观、全面呈现学生的学习状态和学习效果。

（2）教学过程与教学结果并重。传统教学评价注重结果考核，片面地通过单一的考试成绩衡量所谓的"教学效果"，混淆了"教学结果"和"教学效果"的概念。在已有的混合式教学实践中，考试成绩占比明显下降，更加注重平时表现考核，部分涉及实践教学的课程也增加了实践成绩的占比。[①] 相较于传统课堂教学，混合式教学的教学过程更加复杂，教学资源更加丰富，教学方法与手段更加多样，因此要适当增加教学过程评价权重。

---

① 以南昌航空大学"思想道德与法治"课程为例，平时成绩、考试成绩、实践成绩占比分别为40%、40%、20%，相较于考试成绩，平时成绩、实践成绩占比明显增加。

（3）课堂教学与拓展能力并重。混合式教学的教学形式更加多样化，包括线上教学资源的学习、师生互动答疑、课前的自主学习、随机分组讨论、课后作业完成等环节，丰富的教学资源和多样的教学方式与手段在一定程度上丰富了教学效果的内涵，理论知识储备、期末考试的得分仅仅是教学效果的基础组成部分，多体现学生的知识维度。而学生课后的能力拓展、服务社会的能力体现学生的能力维度；学生坚定的马克思主义信仰，正确的世界观、人生观、价值观也是教学效果的重要组成部分。

### （二）以学生学习效果为导向建构思政课评价新理念

建立高校思政课评价体系首先需要秉承以学生学习效果为逻辑起点的评价新理念。高校及管理者应着重围绕思政课教学目标的达成度、教学内容的丰富度、教学设计的合理性、课堂教学是否"走心""用心"、考试评价是否科学、学生是否学有所获，将评价聚焦于课程目标的高阶性、内容的创新性和教师授课的投入度、课程考试的信度与效度等，在评价指标体系的构建中体现思政"金课"的要求，体现"两性一度"，这无论是对教师的教还是对学生的学，都提出更高要求。

为了增强思想政治理论课的针对性与实效性，提升学生学习思政课的获得感与满意度，充分发挥思政课立德树人的关键作用，中央及教育主管部门出台文件，对思政课教学评价提出了指导性意见，思政课教学的根本目的是帮助学生树立正确的历史观、国家观、民族观、文化观，认同我国社会主义政治制度和社会主义核心价值观。构建思政课教学评价指标体系与评价机制正是要看学生在多大程度上真学真懂真信真用马克思主义理论、观点与方法论，敦促学生学习效果的提升。

**1. 充分体现和发挥线上线下思政课堂的育人"主渠道"作用，实现师生共同发展**

传统的思政课评价方式使思政课教师更注重理论知识的传授，相对忽视学生的个体差异和自主发展，忽视了学生的能力及价值观维度的发展，背离了思政课教学评价初衷。学校是马克思主义理论传播的主战场，思政课堂是人才培养的主阵地，是立德树人的主渠道，线上和线下思政课堂都是思政课教师利用思政小课堂对大学生进行价值观教育的主渠道，是教师教的主阵地和学生学的主阵地。思政课教师利用其扎实的理论功底和过硬的教学技能传授知识，对学生进行思想引领和价值塑造，既教书又育人。这就决定了思政课教学评价不能仅要看考试分数和学生学会了多少理论知识，更要看是否实现了师生的共同发展。师生围绕学科知识的传授与学习、价值观的培养与塑造等展开教学互动，实现教学相长，共同推动课堂教学质量的有效提升，构建思政课堂"教师为主导，学生为主体"的"教学共同体"。

**2. 以"学生学习效果"为评价的逻辑起点与归宿**

以"学生学习效果"为评价的逻辑起点与归宿。在思政课教学过程中，丰富的教学内容、科学的教学设计、有效的师生互动等，都旨在增进学生的学习效果。相关主体要通过对数据的科学分析，归纳总结影响学生学习效果的基本要素及影响程度，有针对性地采取措施，推动思政课教学实效的提高，把发展性评价落到实处，在确立评价指标体系时应体现学生需求，以学生为本。

可以从三个维度界定学生学习效果：知识、价值、能力。具体而言，包括以下几方面：理论知识的掌握程度；基础知识的内化程度，即通过思政课教学形成信念、态度、价值观；信念观念的外化程度，即利用所学理论判断问题、分析问题、解决问题的能力，"内化于心，外化于行"。据此，以学生学习效果为逻辑起点与归宿的思政课教学评价应从三个方面进行评价，即对学生理论知识掌握程度的评价，对学生情感、态度、价值观的评价，对学生实践能力的评价。思想政治理论课教育教学的效果不仅评价学生对知识的掌握程度，评价学生是否认同了社会主义核心价值体系，更重要的还应评价学生能否运用所学理论指导自己的价值判断与言行举止。

**3. 充分运用现代信息技术及线上教学平台，实现线上教学与线下教学的优势互补**

现代信息技术的发展为思政课教学带来了新机遇、新挑战。混合式思政课教学方式通过思政课教师引导学生利用线上教学资源进行自主性学习，在线下课堂教学与自主学习结合过程中培养学生解决复杂问题的高阶思维能力，提升深层次理论认知能力和创造力。

对思政课教师而言，运用混合式教学方式的时间较短，部分思政课教师囿于技术水平，尚不能熟练掌握和运用功能强大的线上教学平台，只能使用教学平台提供的部分功能。混合式思政课教学方式的广泛使用对思政课教师熟练使用线上教学平台提出了新要求。

线上教学平台有利于实现全员互动。思政课教师很容易就可看到每位同学的互动内容，从师生互动中发现问题或学生存在的思想误区，从而有针对性地释疑解惑，使思政课教学"实"起来、"活"起来。思政课教师要虚心听取学生提出的问题和表达的观点，尊重学生，及时释疑解惑，纠偏纠错，及时激励学生，不断提升学生获得感并促进教学相长。思政课教师要虚心向同行学习，揣摩教学技巧，提升教学能力。思政课教师还可通过推荐经典著作、导读等方式，引导学生学经典、读原著、悟真理，使学生将针对性阅读与广泛阅读相结合，加强对理论的理解并不断提升高阶能力。

线上教学平台有利于师生便捷共享资源。思政课教师可充分利用线上教学平台，将具有时代感的内容以录屏或微课的方式共享，使思政课教学内容更贴近时代，满足学生需求。

线上线下混合式教学可引导学生完善与提升自我。思政课教学过程中，学生虚心听教师讲课，丰富知识、增长见识，弥补自主学习中出现的碎片化及深度不够的问题，另外要虚心听取同学的学习体会和成果汇报，在欣赏、质疑中深入思考，不断完善和提升自我。

**4. 思政课教师要充分利用网络，整合网络教学资源，授学生以"渔"**

"授人以鱼不如授人以渔"，思政课教师要注重启发式教育，引导学生发现问题、分析问题、思考问题，教会学生分析问题与解决问题的方式方法。只有这样，学生在面对海量的线上教学资源时，在面对社会热点问题时才能保持清醒的头脑和正确的立场。针对重点难点堵点问题，思政课教师要引导学生主动思考，以提升学生的探究分析问题、解决问题的能力。将理论与社会热点焦点问题相结合，引导学生拨开现象的迷雾，透过现象看本质，提升学生思考问题的高度、视野的广度和分析问题的准确度。学生在思政课教师的引导下，学会欣赏与深度阅读经典著作，开阔视野，学会运用马克思主义认识世界、改造世界。

### （三）细化分解评价指标体系

**1. 确定一级指标**

一是教师自评的评价指标。思政课教师依据教学大纲的要求，按照"学习、理解和运用"的要求设计合理的授课计划，并依此进一步开展备课、线上课程资源的搜集与准备、线上课程设计及内容安排、课后资料准备与作业设计等，以提升学生的学习兴趣与效率，使教学过程更符合学生的认知规律。

二是学生评教的评价指标。相比于传统教学，混合式教学最明显的特点就是从"以教师为中心"转变成"以学生为中心"。混合式教学旨在发挥学生在学习过程中的主观能动性，使学生通过科学有效利用教师提供的线上资源，提高学习效率。同时，教师可以利用现代化的教学软件和平台，了解学生学习动态，设计科学有效的考核方式。

**2. 确定二级指标**

（1）过程评价指标。加强过程考核与评价是思政"金课"建设的基本要求。作为立德树人的"主战场"，思政课教师通过课堂教学这一教学实践过程与学生进行理性对话、有效互动。

学生是课程学习的主体，其对课程的教学效果有切身的主观体验和感受，他们的学习具有较为明确的效用意识，关注有没有在本节课的学习过程中有所收获，有没有解决自己的思想或理论困惑。

混合式的思政课教学评价应着重围绕课程设置的合理性、课程目标的适切性、课程内容的丰富性、课程设计的精巧度、课堂教学的走心性、考核评价的科学性、学生的获得感等方面展开，将评价聚焦于课程目标的高阶性、课堂内容的创新性、考核的科学性及挑战度等方面，加强线上线下思政课教学过程管理。

随着线上教学平台功能的日益强大，操作方式愈加便捷，基本可以做到"学过留痕"，学生参与的教学活动大都可被线上教学平台记录。此外，线上教学平台也可对这些学习记录做出定性或定量评价，并将其转化为分数或等级。线下教学评价可采用传统评价量表，线上教学评价可充分利用线上数据，包括线上教学占比、线上资源的丰富度与适用性、师生对学习平台使用情况、学生线上学习效果评价等。线上数据基本能反映线上教与学情况，数据具有真实性和参考价值。

（2）结果评价指标。混合式思政课教学这种智慧教学方式，在建设思政"金课"的背景下显得更为必要。混合式教学课程的考核和评价在考核内容上由注重对知识的考核转向注重对知识、能力、素质的考核，采用多样化考核形式，启迪学生智慧，引导学生深入思考，提升学生的探究式学习能力、实践能力，激发学生的创新思维，提升学生综合素质和专业素养，促使学生"专业成才，精神成人"。

（3）增值评价指标。思政课教学中，"教"是手段，"学"才是目的。学生作为学习的主体，在学习的方式、内容、投入时间与精力等上拥有更多的自主裁量权。思政课教学质量体现为学生能够运用马克思主义理论、方法解决理论与现实困惑，树立正确的世界观、人生观和价值观，具备思辨能力。增值评价指标主要包含学生在知识能力、学习能力、社会适应能力以及自身价值方面的"增值"。

（4）综合评价指标。思政课教学质量评价具有特殊性，其并非传统的"二值逻辑"（真、假）评判方式，很难用真假、对错的"二值逻辑"界定一些边界不清且感性主观的因素。综合评价法依据隶属度理论将定性评价转化为定量评价，即对受多种因素制约的事物做出更为科学、客观、合理的评价，其主要特点在于使一些非同向发展的因素精确化，可以科学解决一些要素模糊和难以量化的问题。[①] 综合评价指标主要涉及学情、教学目标的实现、教学过程的参与度、教学效果的达成度等。

**3. 确定观测指标**

（1）线上教学方式。相较于传统线下教学，混合式教学可以通过不同的线上教学方式摆脱时间和空间上的限制，如可以通过线上直播或录屏等方式开展即时或延时教学。

（2）课件及内容。相较于传统线下教学，混合式教学可以利用丰富的网络教学资源，激发学生的主观能动性。

---

① 许祥云、王佳佳：《高校课程思政综合评价指标体系构建——基于 CIPP 评价模式的理论框架》，《高校教育管理》2022 年第 1 期。

（3）线上资源形式。线上资源建设过程中存在以下问题：资源形式单一，学生兴趣缺乏；教师各为一体，没有形成合力；资源范围有限，与MOOC平台相比竞争力不足；学生学习情况模糊，缺乏线上线下教学联动性。[1] 将线上资源形式评价加入高校思政课混合式教学评价机制的评价体系，有利于避免上述情况的发生，有效提高混合式教学质量。

（4）备课情况。备课情况存在的主要问题：对在线教学平台的运用能力、相关授课技巧和线下辅导等掌握的情况不一，在面对较为陌生的教学方式与载体时，有可能出现过度简化课程安排、学习任务，并将课程中原先需要详细分析、讲解的内容进行大幅概括，造成使"详论"变为"概论"的备课偏差。[2] 因此，将备课情况评价纳入高校思政课混合式教学评价机制的评价体系具有重要意义。

（5）线上直播平台。在日常教学活动中引入线上直播平台，除了可以丰富教学方式、优化教学模式等外，也有利于强化教学过程评价。在混合式教学模式下，几乎所有网络平台均能记录学生的在线学习数据，包括章节学习次数、学习时长、讨论频率、作业分数等，这些都是学生学习档案的重要组成部分，任课教师可以通过参考这种特殊的"学习档案"，对学生进行评价。[3] 线上直播平台主要包括腾讯会议、QQ 群直播、哔哩哔哩、超星学习通、钉钉等。

（6）线上课程资源。混合式教学还处在一个不断完善的阶段，思政课教师既是混合式教学的学习者，同时还是优质线上课程资源的开发者、完善者。[4] 在混合式教学过程中，任课老师可相互学习、分享课程资源。此外，任课老师还可以通过现代互联网平台及时掌握学生的学习效果。线上课程资源主要来自超星、中国大学 MOOC、腾讯课堂、学堂在线、学银在线、智慧树平台等。

---

[1] 陈思迪：《基于信息素养的混合式教学线上资源设计策略》，《科教导刊》2021 年第 7 期。

[2] 赵彦、柳瑄：《产品设计课程线上教学的存在问题及解决策略研究》，《工业设计》2022 年第 1 期。

[3] 冯恬恬：《新时代"线上+线下"混合式教学模式下大学英语课堂评价新体系的构建》，《科教导刊》2021 年第 25 期。

[4] 侯梁燕、田莉：《解构与重构：混合式教学中的过程性评价再认识》，《上海教育评估研究》2021 年第 5 期。

（7）线上课占比。相较于线下教学，线上教学存在课堂纪律难管理、不能及时有效掌握学生学习情况等问题，但其拥有教学资源丰富、教学方式多样等优势。因此，合理的线上课占比是科学的评价指标体系中不可或缺的要素。

（8）师生互动。学生对混合式教学的认同度是影响混合式教学效果的重要因素，任课教师需要结合教学大纲，在线上教学方式、线上教学安排等方面更加人性化，以创造良好的课堂氛围，保障混合式教学过程中的师生互动。师生互动形式包括课堂问答、总结汇报等。

（9）课程作业。课程作业能实时反映学生本堂课程的学习效果，是学生在线学习之后，任课教师针对本堂课内容的学习重点和难点进行总结，并考察学生的掌握程度的一种方式，是教师引导学生科学有效进行混合式学习的重要环节。

（10）上课纪律。相较于线下教学，思政课教师在线上教学过程中更不易掌握学生的学习状态，学生大部分时间面对的是屏幕，缺乏课堂集体学习的氛围，加之部分学生对于理论知识学习的兴趣较低，课堂纪律较难保证。[①]

## （四）构建评价指标体系

课题组通过查阅相关文献资料和相关评价模型构建方法，对全国范围内84所高校师生展开问卷调查；采用1~5标度打分法，得到混合式教学评价体系中各相关指标数据，并以此进行实证分析。基于实证回归结果，本书构建高校思政课混合式教学综合评价指标体系（见表5-1）。此外，为避免教师与学生评价中的片面性和不客观因素，本书还对评价的指标进行了加权处理。

---

① 陈安琪、王文平：《基于教师视角的高职思政课线上教学探索》，《武汉船舶职业技术学院学报》2021年第3期。

表 5-1　高校思政课混合式教学综合评价

| 四个评价 | 一级指标 | 二级指标 | 观测指标 | 评价方式 | 评价主体 |
|---|---|---|---|---|---|
| 过程评价 | 教师教学过程的表现 | 师德师风与教学态度 | 1. 课前准备是否充分；<br>2. 是否能够进行正确的价值引领；<br>3. 是否对学生困惑问题进行针对性答疑；<br>4. 课后是否对课堂教学进行有效反思；<br>5. 是否关注学生心理活动状况 | 线上+线下 | 督导、同行 |
| | | 理论深度 | 教师的专业知识储备和理论功底 | 线下 | 同行 |
| | 学生学习过程的表现 | 课前预习 | 对教师布置的线上线下学习任务的完成度 | 线上+线下 | 督导、同行 |
| | | 课堂表现 | 1. 是否遵守课堂纪律；<br>2. 是否积极参与课堂互动；<br>3. 是否认同教师教学内容、方式，即抬头率和点头率如何 | 线上+线下 | 督导、同行 |
| | | 课后互动 | 1. 课后作业的完成度；<br>2. 在课后小组活动中是否认真合作 | 线上+线下 | 督导、同行 |
| 增值评价 | 教师的增值 | 教学能力提升 | 1. 是否把"八个相统一"融入教学全过程；<br>2. 是否提升了学生对马克思主义理论的认知能力 | 线上+线下 | 同行 |
| | | 教学改革能力提升 | 1. 是否能够在教学过程中发现新问题，运用新思想、新方法、新举措进行教学改革；<br>2. 面对新问题是否能够做出相应的教学决策 | 线上+线下 | 同行 |
| | | 科研创新能力提升 | 1. 是否具备把科研成果引进课堂的意识，以科研促教学；<br>2. 思政课教师是否具备交叉学科学术创新能力 | 线上+线下 | 同行 |

| 四个评价 | 一级指标 | 二级指标 | 观测指标 | 评价方式 | 评价主体 |
|---|---|---|---|---|---|
| 增值评价 | 学生的增值 | 理论认同 | 1. 是否提升了对马克思主义理论的认知能力；<br>2. 是否提升了对国家、民族的认同感 | 线上+<br>线下 | 同行、<br>学生 |
| | | 能力提升 | 1. 开学第一课学情状况与课程结束时学生的获得感分析；<br>2. 运用马克思主义世界观与方法论分析问题和解决问题的能力；<br>3. 是否能够创造性地完成课堂活动 | 线上+<br>线下 | 同行、<br>学生 |
| 结果评价 | 教师教学效果 | 教学目标的达成度 | 知识目标达成度：学生对理论教学内容是否能够掌握 | 线上+<br>线下 | 督导、<br>同行 |
| | | | 能力目标达成度：学生是否具备担当意识与责任意识 | | |
| | | | 情感目标达成度：学生是否具备正确的世界观、人生观与价值观 | | |
| | | 学生反馈 | 1. 学生评教；<br>2. 学生课后反馈 | 线上+<br>线下 | 学生 |
| | 学生学习效果 | 期末考试成绩 | 学生对马克思主义理论知识点的掌握程度 | 线上 | 学生 |
| | | 平时表现 | 1. 学生对线上线下课堂教学的即时反应；<br>2. 学生是否具有积极的人生态度；<br>3. 学生是否具备应对风险和挑战的能力 | 线上+<br>线下 | 教师、<br>学生 |
| | | 社会实践表现 | 1. 学生是否积极参与社会实践；<br>2. 学生是否能够完成实践报告；<br>3. 通过社会实践学生的认知能力和情感态度是否有所提升 | 线下 | 教师、<br>学生 |

续表

| 四个评价 | 一级指标 | 二级指标 | 观测指标 | 评价方式 | 评价主体 |
|---|---|---|---|---|---|
| 综合评价 | 课程建设 | 线上教学资源建设 | 1. 是否使用功能齐全的线上教学平台；<br>2. 是否选用优质慕课资源或者拍摄优质慕课视频；<br>3. 是否上传马克思主义经典著作相关资源；<br>4. 是否上传党的最新理论资源 | 线上 | 督导、同行 |
| | | 线下教学资源 | 1. 教学大纲是否能够体现 OBE 教学理念；<br>2. 是否运用"问题式专题化团队"教学计划；<br>3. 社会实践方案是否体现社会热点焦点问题 | 线下 | 督导、同行 |
| | 教学体系的整体把握 | 教材体系向教学体系的转化能力 | 1. 章节向专题的转化；<br>2. 专题向问题的转化 | 线上+线下 | 同行 |
| | | | 1. 党的最新理论成果专题设置；<br>2. 社会热点焦点问题的专题设置；<br>3. 教学重点难点问题的问题专题的设置；<br>4. 学生最关心的问题专题的设置 | 线上+线下 | 同行 |
| | 育人效果 | 社会服务能力 | 1. 学生在困难面前是否敢担当勇作为，在急难险重任务中是否冲锋在前，身心素质是否向好向强；<br>2. 学生是否理想信念更为坚定、是否坚守价值追求、是否坚定文化自信<br>3. 社会参与是否积极主动，是否积极参加志愿服务工作；<br>4. 是否坚守"永久奋斗"光荣传统，是否积极做"雷锋精神"的传承者；<br>5. 是否具备创新精神，在创新创业中走在前列 | 线上+线下 | 督导、同行、学生 |

表 5-2 为三级评价指标判断矩阵回归结果，经过加权处理后，得到三级评价指标综合系数。

表 5-2　三级评价指标判断矩阵回归结果

| 三级指标 | 学生评教 | 教师自评 | 综合系数（$P_i$） |
|---|---|---|---|
| 线上教学方式重视度（IOTM） | 1.570 | 1.023 | 1.056 |
| 课件及内容重视度（ICC） | 1.078 | / | 1.078 |
| 线上课占比重视度（LCRP） | 1.036 | 0.858 | 1.029 |
| 线上直播平台重视度（IOIP） | 0.164 | / | 0.164 |
| 线上资源形式重视度（SIORF） | −0.953 | 0.600 | −0.894 |
| 备课重视度（LW） | 0.799 | −0.599 | 0.746 |
| 师生互动重视度（SWI） | −0.433 | 0.598 | −0.394 |
| 上课纪律重视度（SD） | 0.298 | / | 0.298 |
| 课程作业重视度（SH） | 0.672 | / | 0.672 |

基于表 5-2，借鉴现有文献的做法，并进行量化处理，得到表 5-3。

表 5-3　高校思政课混合式教学综合评价指标体系（加权处理后）

| 一级指标 | 二级指标 | 三级指标 | 权重 | 依据或功能 |
|---|---|---|---|---|
| 教师自评（$X_1$）学生评教（$X_2$） | 结果评价（50%） | 考试成绩 | 30% | 考查学生理论知识的掌握程度 |
| | | 实践成绩 | 20% | 考查学生运用知识的能力 |
| | 过程评价（50%） | 线上教学方式 | 8.34% | 摆脱时间和空间限制，进行即时或延时教学活动 |
| | | 课件及内容 | 8.51% | 通过制作精美课件、丰富学习内容以增强学习广度与深度 |
| | | 线上课占比 | 8.13% | 依学情灵活设置线上课程，合理利用碎片化时间提升学习效果 |
| | | 线上直播平台 | 1.30% | 开展混合式教学的重要辅助工具 |
| | | 线上资源形式 | 7.06% | 建设课程团队，优化资源结构，打造立体化资源库 |
| | | 备课情况 | 5.89% | 加深对教材的理解和掌握，不断提升教学水平 |

续表

| 一级指标 | 二级指标 | 三级指标 | 权重 | 依据或功能 |
|---|---|---|---|---|
| 教师自评（$X_1$）学生评教（$X_2$） | 过程评价（50%） | 师生互动 | 3.11% | 积极调动学生学习兴趣，提升学生学习热情与学习效率 |
| | | 上课纪律 | 2.35% | 尊师重道，培养优秀品质，包括考勤和课堂纪律等 |
| | | 课程作业 | 5.31% | 及时掌握学生阶段性的学习效果，并以此调整教学进程 |

注：一级指标应体现以学生为评价主体，$X_1$、$X_2$分别为教师自评人数占总评教人数的比例、学生评教人数占总评教人数的比例，本书分别取4%、96%，具体情况可根据学生评教人数比例进行调整。

资料来源：李海东、吴昊《基于全过程的混合式教学质量评价体系研究——以国家级混合式一流课程为例》，《中国大学教学》2021年第5期；张永红《高职院校思政课教学质量精准综合评价体系构建研究分析》，《科技与创新》2021年第21期；李逢庆、韩晓玲《混合式教学质量评价体系的构建与实践》，《中国电化教育》2017年第11期。

# 参考文献

## 一 经典文献

《邓小平文选》（第 1~3 卷），人民出版社，1994。

《马克思恩格斯选集》（第 1~4 卷），人民出版社，2012。

《毛泽东选集》（第 1~4 卷），人民出版社，1991。

习近平：《高举中国特色社会主义伟大旗帜 为全面建设社会主义现代化国家而团结奋斗》，人民出版社，2022。

习近平：《在庆祝中国共产主义青年团成立 100 周年大会上的讲话》，《人民日报》2022 年 5 月 11 日。

《习近平谈治国理政》（第 1 卷），外文出版社，2018。

《习近平谈治国理政》（第 2 卷），外文出版社，2017。

《习近平谈治国理政》（第 3 卷），外文出版社，2020。

《习近平谈治国理政》（第 4 卷），外文出版社，2022。

## 二 中文文献

〔英〕阿尔弗雷德·诺思·怀特海：《教育的本质》，刘玥译，北京航空航天大学出版社，2019。

〔英〕阿尔弗雷德·诺思·怀特海：《教育的目的》，张佳楠译，教育科学出版社，2020。

〔美〕阿拉斯戴尔·麦金太尔：《德性之后》，龚群等译，中国社会科学出版社，1995。

〔美〕埃贡·G. 古贝、伊冯娜·S. 林肯等：《第四代评估》，秦霖、蒋燕玲等译，中国人民大学出版社，2008。

〔美〕艾伦·韦伯：《怎样评价学生才有效——促进学习的多元评价策略》，陶志琼译，中国轻工业出版社，2021。

〔英〕安东尼·塞尔登、奥拉迪梅吉·阿比多耶：《第四次教育革命：人工智能如何改变教育》，吕晓志译，机械工业出版社，2019。

〔美〕彼得·L.伯格、托马斯·卢克曼：《现实的社会建构：知识社会学论纲》，吴肃然译，北京大学出版社，2019。

〔英〕彼得·切克兰德：《系统思想，系统实践》，闫旭晖译，人民出版社，2018。

〔美〕伯特尔·奥尔曼：《辩证法的舞蹈：马克思方法的步骤》，田世锭、何霜梅译，高等教育出版社，2006。

常丽：《新手、成手、专家型化学教室教学即时评价的个案比较研究》，硕士学位论文，东北师范大学，2007。

常青、张晓倩：《战疫思政课线上教学实效调查分析》，《南昌航空大学学报》（社会科学版）2020年第3期。

陈斌：《现代远程教育质量评价研究》，世界图书出版公司，2011。

陈浩等：《基于SPOC混合式教学模式的研究与实践——以〈光电子技术〉课程为例》，《中国多媒体与网络教学学报》（上旬刊）2020年第12期。

陈思迪：《基于信息素养的混合式教学线上资源设计策略》，《科教导刊》2021年第7期。

陈玉琨、沈玉顺：《课程改革与课程评价》，教育科学出版社，2001。

陈玉琨、杨晓江等：《高等教育质量保障体系概论》，北京师范大学出版社，2004。

陈玉琨：《教育评价学》，人民教育出版社，1999。

程胜：《如何分析学情》，华东师范大学出版社，2016。

楚金存：《新媒体背景下高校思想政治课混合式教学模式研究》，《山西青年职业学院学报》2018年第4期。

〔美〕黛安·荷克丝：《差异教学——帮助每个学生获得成功》，杨希洁译，中国轻工业出版社，2002。

〔美〕丹尼尔·哈特：《真实性评价——教师指导手册》，国家基础教育课程改革"促进教师发展与学生成长的评价研究"项目组译，中国轻工业出版社，2004。

〔美〕德内拉·梅多斯：《系统之美：决策者的系统思考》，邱昭良译，浙江人民出版社，2012。

邓莉、彭正梅：《美国学校如何落实 21 世纪技能——21 世纪学习示范学校研究》，《外国教育研究》2017 年第 9 期。

〔美〕迪伦·威廉：《融于教学的评价》，王少非译，江苏凤凰科学技术出版社，2021。

丁洁：《"两性一度"导向下创造性思维课程的教学设计探索》，《传媒》2020 年第 23 期。

董亚平：《高校思想政治理论课教学评价存在的主要问题》，《学习月刊》2016 年第 18 期。

董延升：《基于能力目标的高校思政课考试与评价体系改革研究》，《山东农业工程学院学报》2018 年第 7 期。

董艳、黄荣怀、李晓明等：《〈网络课程课件质量认证标准〉的研制与修订》，《电化教育研究》2003 年第 6 期。

杜尚泽：《"大思政课"我们要善用之（微镜头·习近平总书记两会"下团组"·两会现场观察）》，《人民日报》2021 年 3 月 7 日。

〔美〕杜威：《民主主义与教育》，王承绪译，人民教育出版社，1990。

〔美〕杜威：《我的教育信条：学校与社会：明日之学校》，赵祥麟、任钟印、吴志宏译，人民教育出版社，1994。

方旭：《高校教师网络教学影响因素和对策研究》，科学出版社，2015。

〔德〕费希特：《全部知识学的基础》，王玖星译，商务印书馆，1986。

冯刚等：《高校思想政治教育工作质量评价研究》，人民出版社，2020。

冯平：《杜威价值哲学之要义》，《哲学研究》2006 年第 12 期。

冯平：《价值判断的可能性——杜威逻辑实证主义反价值理论的批判》，《复旦学报》2006 年第 5 期。

冯契：《人的自由和真善美》，华东师范大学出版社，1996。

冯秀军：《"思想道德修养与法律基础"主题教学模式建构及其内容整合》，《教学与研究》2013年第6期。

冯秀军：《用"问题链"打造含金量高、获得感强的思政课》，《中国高等教育》2017年第11期。

冯永刚：《复杂科学视域下的德育评价》，《外国教育研究》2007年第11期。

〔德〕弗·鲍尔生：《德国教育史》，腾大春、腾大生译，人民教育出版社，1996。

付艺蕾、罗跃嘉、崔芳：《选择一致性影响结果评价的ERP研究》，《心理学报》2017年第8期。

高德胜：《道德教育的20个细节》，华东师范大学出版社，2007。

高鹏怀、马素林：《发展性评价：提升思想政治理论课教学质量的重要绩效工具》，《思想理论教育导刊》2008年第1期。

《高清海哲学文存》（第1卷），吉林人民出版社，1997。

高文、徐斌艳、吴刚：《建构主义教育研究》，教育科学出版社，2008。

〔美〕戈兰特·威金斯：《教育性评价》，国家基础教育课程改革"促进教师发展与学生成长的评价研究"项目组译，中国轻工业出版社，2005。

顾明远：《教师的职业特点与教师专业化》，《教师教育研究》2004年第6期。

顾晓东：《优化课堂教学中的即时评价》，《教学研究》2003年第12期。

郭佳、李光霞：《从传输式教学到体验式教学》，《北京交通大学学报》（社会科学版）2010年第1期。

郭莉、黄柯：《论网络条件下高校思想政治教育的主体间性》，《江西社会科学》2012年第7期。

郭丽君、陈春平：《21世纪以来大学教学评价研究的现状和趋势——基于社会科学引文索引数据库的计量分析》，《现代大学教育》2019年第6期。

郭丽君：《教育生态视阈下的高校教学评价问题研究》，《湖南农业大学学报》（社会科学版）2017 年第 4 期。

郭元祥：《教育的立场》，安徽教育出版社，2009。

何曼：《线上线下相结合的混合式教学模式在有机化学教学中的改革探索》，《化工时刊》2021 年第 11 期。

胡飞海：《"三维目标"与高校文学类课程的教学评价》，《牡丹江教育学院学报》2022 年第 3 期。

胡艳：《从 21 世纪教育发展趋势看未来教师角色特征的变化》，《北京师范大学学报》（人文社会科学版）2002 年第 2 期。

胡子祥、胡月波：《思想政治理论课教师教学态度对学生学习态度之影响研究》，《西南交通大学学报》（社会科学版）2019 年第 6 期。

〔美〕霍华德·加德纳：《多元智能》，沈致隆译，新华出版社，2004。

贾汇亮：《发展性学校教育评价的建构与实施》，天津教育出版社，2017。

姜健荣：《关于学习态度的问题探讨》，《上海教育科研》1997 年第 8 期。

蒋文昭、王新：《教师德性论》，河南人民出版社，2009。

〔美〕金姆·布朗、托尼·弗龙捷、唐纳德·J. 维古特：《参与度研究：防止厌学的诀窍》，邵倩译，黑龙江出版社，2016。

〔美〕考特妮·卡兹登：《教室言谈：教与学的语言》，蔡敏玲、彭海燕译，心理出版社，1998。

〔苏〕库兹明：《马克思理论和方法论中的系统性原则》，王炳文、贾泽林译，生活·读书·新知三联书店，1980。

〔美〕拉尔夫·泰勒：《课程与教学的基本原理》，施良方译，人民教育出版社，1994。

李彬：《自我评价与大学生发展》，《江苏高教》2004 年第 4 期。

李逢庆、韩晓玲：《混合式教学质量评价体系的构建与实践》，《中国电化教育》2017 年第 11 期。

李海东、吴昊：《基于全过程的混合式教学质量评价体系研究——以国家级混合式一流课程为例》，《中国大学教学》2021 年第 5 期。

李海霞：《马克思与怀特海的哲学思想比较》，中国社会科学出版社，2020。

李慧燕编著《教学评价》，北京师范大学出版社，2013。

李静：《指向自我调节学习的学生自我评价研究述评》，《全球教育展望》2018 年第 8 期。

李如密：《教育评价改革思维的突破与挑战》，《教育测量与评价》2020 年第 8 期。

李伟：《法官解释确定性研究》，法律出版社，2017。

李雁冰：《质性评价课程从理论到实践》，《上海教育》2001 年第 11 期。

李运林、李克东：《电化教育导论》，高等教育出版社，1988。

〔美〕理查德·拉扎勒斯、苏珊·福克尔曼：《压力评价与应对》，屈晓艳译，中国人民大学出版社，2020。

梁红京：《区分性教师评价制度研究》，博士学位论文，华东师范大学，2004。

梁林梅、郑旭东：《领域开创者 学科奠基人——美国教育技术专业群英谱》，天津大学出版社，2010。

林崇德：《发展心理学》，浙江教育出版社，2002。

林彦虎、李家富：《论贯穿"政治—知识—生活"维度的高校思政课教学》，《广西社会科学》2021 年第 3 期。

〔美〕琳达·达令-哈蒙德、弗兰克·亚当森编《超标准化考试：表现性评价如何促进 21 世纪学习》，陈芳译，湖南教育出版社，2020。

刘福胜、赵九烟：《增强大学生思想政治理论课获得感要坚持"四个结合"》，《思想理论教育导刊》2017 年第 6 期。

刘兰英：《区分性教师评价制度及其对我国教师评价改革的启示》，《教育测量与评价》（理论版）2008 年第 7 期。

刘吕红：《高校思想政治理论课活力提升路径选择：基于学生实际问题研究》，《高校马克思主义理论教育研究》2021 年第 2 期。

刘斯文、程晋宽：《大学"金课"的建构逻辑：起点、过程与走向》，《高等教育管理》2020 年第 6 期。

刘仲林：《交叉科学时代的交叉研究》，《科学学研究》1993年第2期。

卢黎歌：《试论高校思想政治理论课教材体系向教学体系的转化》，《教学与研究》2009年第11期。

陆国栋：《治理"水课"打造"金课"》，《中国大学教学》2018年第9期。

罗玉萍等：《高校内部教学督导与评价工作实践探索》，人民出版社，2010。

〔英〕洛克：《人类理解论》（上册），关文运译，商务印书馆，1991。

骆郁廷、李俊贤：《思政课何以成为立德树人的关键课程》，《马克思主义理论教学与研究》2021年第1期。

骆郁廷：《试论高校思想政治理论课教学评价的特殊性》，《教学与研究》2007年第4期。

骆郁廷：《思想政治教育原理与方法》，高等教育出版社，2010。

骆祖莹：《课堂教学自动评价：从理论到应用》，北京师范大学出版社，2018。

马福运、孙希芳：《常态化疫情防控中的高校思政课教学创新》，《教学与研究》2021年第5期。

〔加〕马克斯·范梅南：《教学机智：教育智慧的意蕴》，李树英译，教育科学出版社，2014。

〔新西兰〕玛格丽特·卡尔：《另一种评价：学习故事》，教育科学出版社，2016。

南纪稳：《量化教学评价与质性教学评价的比较分析》，《当代教师教育》2013年第1期。

宁虹、胡萨：《教育理论与实践的本然统一》，《教育研究》2006年第5期。

〔美〕帕梅拉·格罗斯曼：《专业化教师是怎样炼成的》，李广平、何晓芳等译，人民教育出版社，2012。

彭冰冰：《真理真情真实：提升高校思想政治理论课实效性的三重维度》，《思想理论教育导刊》2018年第3期。

彭温年、贾国英：《建构主义理论与教学改革——建构主义学习理论综述》，《教育理论与实践》2002 年第 5 期。

〔瑞士〕皮亚杰：《皮亚杰教育论著选》，卢濬译，人民教育出版社，1990。

〔比〕普利高津：《确定性的终结——时间、混沌与新自然法则》，湛敏、张建树译，上海科学教育出版社，1998。

齐振海主编《认识论新论》，上海人民出版社，1988。

〔美〕乔纳森·布朗：《自我》，陈浩莺等译，人民邮电出版社，2004。

〔美〕R. 基思·索耶：《剑桥学习科学手册》，徐晓东等译，教育科学出版社，2010。

〔法〕让-雅克·卢梭：《社会契约论》，何兆武译，商务印书馆，2010。

邵霭霞：《高校思想政治理论课的实践教学评价体系研究》，《重庆电子工程职业学院学报》2017 年第 2 期。

单中惠：《西方教育思想史》，教育科学出版社，2007。

申继亮：《教学反思与行动研究》，北京师范大学出版社，2006。

沈湘平：《读懂“坚持系统观念”》，党建读物出版社，2021。

沈玉顺、卢建萍：《制定教育评价标准的若干方法分析》，《高等师范教育研究》2002 第 2 期。

沈玉顺：《现代教育评价》，华东师范大学出版社，2002。

沈震：《高校思政课在线教学的“十不失”》，《中国高等教育》2020 年第 18 期。

沈壮海：《思想政治教育有效性研究》，武汉大学出版社，2008。

史晓燕：《教师教学评价》，北京师范大学出版社，2020。

〔美〕舒尔曼：《实践智慧：论教学、学习与学会教学》，王艳玲、王凯、毛齐明等译，华东师范大学出版社，2014。

舒志定：《马克思教育思想的当代阐释》，学习出版社，2013。

〔美〕斯塔弗尔比姆等：《评估模型》，苏锦丽等译，北京大学出版社，2007。

〔苏〕瓦·阿·苏霍姆林斯基：《少年的教育和自我教育》，姜励群等译，北京出版社，1984。

苏启敏：《价值反思与学生评价》，北京师范大学出版社，2010。

苏新宁、任皓、吴春玉等：《组织的知识管理》，国防工业出版社，2004。

孙明慧、周博：《"三个自信"视域下高校思政课教学评价提升探析》，《未来与发展》2019年第6期。

孙维胜：《论学生正确的学习态度及其培养》，《当代教育科学》2003年第19期。

孙燕、李晓锋：《高校思政"金课"建设：困境、标准与路径》，《重庆高教研究》2019年第4期。

〔美〕汤姆林森：《多元能力课堂中的差异教学》，刘颂译，中国轻工业出版社，2003。

陶行知：《教育的真谛》，长江文艺出版社，2013。

涂三广：《让每位参训者都有"获得感"》，《中国职业技术教育》2016第30期。

汪博、郑孟、郭森森等：《高校师生关系与教学态度的关系》，《学周刊》2014年第28期。

汪玲、郭德俊：《元认知的本质与要素》，《心理学报》2000年第4期。

王春易等：《从教走向学：在课堂上落实核心素养》，中国人民大学出版社，2020。

王芳亮、道靖：《高校教师同行评价有效性的影响因素及路径选择》，《当代教育科学》2012年第11期。

王立洲：《切实提升思政课教师的马克思主义理论素养》，《中国社会科学报》2020年3月17日。

王桃珍、高国希：《思想政治理论课慕课建设实践与思考——基于复旦大学"思想道德修养与法律基础"课慕课的探究》，《思想教育研究》2017年第6期。

王天一、夏之莲、朱美玉：《外国教育史》，北京师范大学出版社，1985。

王新生、张欣然：《新时代加强思想政治理论课主渠道建设的内在逻辑与实践路径》，《马克思主义理论教学与研究》2021年第1期。

王烨晖、辛涛、边玉芳：《课程评价的理论、方法与实践》，北京师范大学出版社，2020。

王永昌：《实践活动论》，中国人民大学出版社，1992。

王玉梁、岩崎允胤：《价值与发展》，陕西人民出版社，1999。

王志军、陈丽：《联通主义学习的教学交互理论模型建构研究》，《开放教育研究》2015年第5期。

文东茅：《深化教育评价改革需回归常识》，《教育测量与评价》2020年第8期。

吴丹、丁雅诵：《技术赋能教育 共享高校资源（深聚焦）》，《人民日报》2023年2月12日。

吴华钿、林天卫：《教育学教程》，广东高等教育出版社，2005。

吴娟：《关于课堂教学反馈评价的思考》，《江西教育》2017年第29期。

吴康宁：《课程社会学研究》，江苏教育出版社，2004。

吴玉军：《非确定性与现代人的生存》，人民出版社，2011。

吴争春：《基于SPOC的高校思想政治理论课混合式教学模式改革探究》，《思想政治教育研究》2017年第5期。

夏建文、龙迎伟：《以"八个统一"推进高校思政课"金课"建设》，《中国高等教育》2019年第18期。

夏正江：《一个模子不适合所有的学生——差异教学的原理与实践》，华东师范大学出版社，2013。

肖贵清：《论新时代思想政治理论课的制度化建设》，《思想理论教育导刊》2021年第4期。

肖映胜、张耀灿：《高校思想政治理论课教学评价理念新探》，《高校理论战线》2011年第7期。

〔德〕谢林：《先验唯心主义体系》，梁志学译，商务印书馆，1982。

谢幼如、黄瑜玲、黎佳：《融合创新，有效提升"金课"建设质量》，《中国电化教育》2019年第11期。

徐春华：《量规在教学评价中的应用研究》，硕士学位论文，华南师范大学，2005。

许甜：《从社会建构主义到社会实在论：麦克·扬教育思想转向研究》，清华大学出版社，2018。

许祥云、王佳佳：《高校课程思政综合评价指标体系构建——基于CIPP评价模式的理论框架》，《高校教育管理》2022年第1期。

〔古希腊〕亚里士多德：《政治学》，吴寿彭译，商务印书馆，1983年。

杨彩菊、周志刚：《西方教育评价思想嬗变历程分析》，《国家教育行政学院学报》2013年第5期。

杨成：《论人本主义学习理论在电化教学过程中的实践与应用》，《电化教育研究》2000年第3期。

杨向东、崔允漷：《课堂评价促进学生的学习和发展》，华东师范大学出版社，2021。

杨志超：《高校思想政治理论课混合式教学模式的建构路径探析》，《思想教育研究》2016年第6期。

姚本先：《心理学》（第2版），高等教育出版社，2009。

姚晓娜：《关于高校思想政治理论课教学评价的若干思考》，《思想理论教育》2009年第5期。

〔苏〕伊·谢·科恩：《自我论》，佟景韩、范国恩、许宏治译，生活·读书·新知三联书店，1986。

宇文利：《论思想政治教育学的交叉性》，《思想理论教育导刊》2009年第8期。

〔英〕约翰·伯瑞：《进步的观念》，范祥涛译，上海三联书店，2005。

〔美〕约翰·杜威：《确定性的寻求——关于知行关系的研究》，傅统先译，上海人民出版社，2005。

〔美〕约翰·杜威：《我们怎样思维经验与教育》，姜文闵译，北京人民教育出版社，1991。

岳超楠：《差异教学的实施策略》，《浙江海洋学院学报》（人文科学版）2009年第1期。

岳金霞、吴琼：《OBE理论视角下的新时代高校思想政治理论课教学模式探索》，《思想教育研究》2019 年第 5 期。

曾迎春：《差异教学理论在大学英语教学中的实证研究》，《湖南师范大学教育科学学报》2013 年第 5 期。

张国民：《从"四个评价"视角审视高职院校的外部质量评价》，《职教论坛》2020 年第 9 期。

张焕庭：《西方资产阶级教育论著选》，人民教育出版社，1979 年。

张静：《慕课在思想政治理论课改革中持续发展的困境思考》，《思想政治教育研究》2017 年第 4 期。

张亚娟：《建构主义教学理论综述》，《教育现代化》2018 年第 5 期。

张耀灿：《以"四真"精神讲好思政课要处理好的关系》，《思想理论教育导刊》2021 年第 4 期。

张永红：《高职院校思政课教学质量精准综合评价体系构建研究分析》，《科技与创新》2021 年第 21 期。

赵宝柱等：《同行评教评价要素的质性分析——基于第四届全国高校青年教师教学竞赛决赛互动资料》，《河北科技师范学院学报》（社会科学版）2019 年第 4 期。

赵德成：《表现性评价：历史、实践及未来》，《课程·教材·教法》2013 年第 2 期。

钟秉林：《本科教学评估若干热点问题浅析——兼谈新一轮评估的制度设计和实施框架》，《高等教育研究》2009 年第 6 期。

钟启泉：《"三维目标"论》，《教育研究》2011 年第 9 期。

周玉容、沈红：《大学教学同行评价：优势、困境与出路》，《复旦教育论坛》2015 年第 3 期。

朱诚蕾：《高校思想政治理论课评价的功能探讨》，《学习与实践》2008 年第 1 期。

朱伟文等：《质量保证视域下的高校课程体系预评价机制研究》，同济大学出版社，2020。

朱智贤：《心理学大辞典》，北京师范大学出版社，1989。

邹为民：《高职院校大学生学习态度调查研究》，《教育理论与实践》2014 年第 9 期。

邹霞：《谈 e-learning 与高校教育改革的关系》，《中国电教化教育》2002 年第 10 期。

佐斌：《论人本主义学习理论》，《教育研究与实验》1998 年第 2 期。

## 三 英文文献

Albelbisi Nour Awni, Al-Adwan Ahmad Samed, Habibi Akhmad, "Impact of Quality Antecedents on Satisfaction toward MOOC," *Turkish Online Journal of Distance Education* 22（2021）.

Andrew S. Lan, Christopher G. Brinton, Tsung Yen Yang, Mung Chiang, Behavior-Based Latent Variable Model for Learner Engagement, Proceedings of the 10th International Conference on Educational Data Mining, 2017.

Davis Dan, René F. Kizilcec, Hauff Claudia, Houben Geert-Jan, "Scaling Effective Learning Strategies: Retrieval Practice and Long-Term Knowledge Retention in MOOCs," *Journal of Learning Analytics* 5（2018）.

D. P. Ely, "Toward a Philosophy of Instructional Technology," *British Journal of Educational Technology* 1（1970）.

Erdem Erciyes, "Reflections of a Social Constructivist on Teaching Methods," *European Journal of Educational Sciences* 7（2020）.

Lee Cronbach, "Course Improvements Through Evaluation," *The Teachers College Record* 64（1963）.

Nahed F. Abdel-Maksoud, "Factors Affecting MOOCs' Adoption in the Arab World: Exploring Learners' Perceptions on MOOCs' Drivers and Barriers," *Higher Education Studies* 12（2019）.

Nick Yeung, Alan G. Sanfey, "Independent Coding of Reward Magnitude and Valence in the Human Brain," *The Journal of Neuroscience* 24（2004）.

P. Spooren, "On the Validity of Student Evaluations of Teaching," *Review of Educational Research* 83（2013）.

Ryan Baker, Wei Ma, Yuxin Zhao, Shengni Wang, Zhenjun Ma, The Results of Implementing Zone of Proximal Development on Learning Outcomes, Proceedings of the 13th International Conference on Educational Data

Mining, 2020.

Trehan Sangeeta, Joshi Rakesh Mohan, "Building and Evaluating Logistic Regression Models for Explaining the Choice to Adopt MOOCs in India," *International Journal of Education and Development Using Information and Communication Technology* 14 (2018).

# 附　录

## 附录一：思政课混合式教学满意度调查
## （教师作答）

您好！我们是来自南昌航空大学的老师，为了完成国家社科思政专项课题"以'四个评价'为导向的高校思政课混合式教学评价机制研究"，以"思政课混合式教学满意度调查"为主题开展此次调查活动。本次调查将严格按照《统计法》的要求进行，为您的隐私保密，不用填写姓名，所有问答只用于统计分析。您只需根据自己的实际情况填写本问卷。衷心感谢您的支持与帮助！

1. 你的性别（　　　）。

A. 男　B. 女

2. 您的职务是（　　　）。

A. 思政课教师　B. 教学督导组专家　C. 有听课任务的领导干部

3. 您听/授过几门混合式教学思政课？

A. 1门　B. 2门　C. 3门　D. 3门以上

4. 您目前是否在听/授混合式教学思政课？

A. 是　B. 否

5. 您听/授思政课线上成绩占课程总成绩的比重？

A. 1/4及以下　B. 1/4~1/3　C. 1/3~1/2　D. 1/2以上

6. 您听/授思政课哪个年级混合式教学最频繁？

A. 大学一年级　B. 大学二年级　C. 大学三年级　D. 大学四年级

7. 您听/授思政课最长一次线上教学持续时间？

A. 45 分钟（1 节课）及以内　　　B. 45~90 分钟（1 至 2 节课）

C. 90~180 分钟（2 至 4 节课）　　D. 180 分钟（4 节课）以上

8. 您认为哪种线上教学方式更适合学生？

A. 线上直播+QQ 群辅导　　B. 录播授课+QQ 群辅导

C. 已有的线上资源+QQ 群辅导　　D. 录屏+QQ 群辅导

E. 会议研讨+QQ 群辅导　　F. 其他（请注明）

9. 您认为哪些线上直播平台更适合学生？

A. 腾讯会议　　B. QQ 群直播　　C. QQ 群视频

D. 哔哩哔哩　　E. 网易云课堂　　F. 其他（请注明）

10. 您认为哪些线上课程资源适合学生？（最多 3 项）

A. 超星　　B. 学堂在线　　C. 爱课程

D. 中国大学 MOOC　　E. 智慧树平台　　F. 腾讯课堂

11. 请你对思政课混合式教学课件及内容的重要程度进行评价。

A. 非常不重要　　B. 不重要　　C. 一般　　D. 很重要　　E. 非常重要

12. 请你对思政课混合式教学线上课占比的重要程度进行评价。

A. 非常不重要　　B. 不重要　　C. 一般　　D. 很重要　　E. 非常重要

13. 请你对思政课混合式教学线上直播平台的重要程度进行评价。

A. 非常不重要　　B. 不重要　　C. 一般　　D. 很重要　　E. 非常重要

14. 请你对思政课混合式教学线上教学方式的重要程度进行评价。

A. 非常不重要　　B. 不重要　　C. 一般　　D. 很重要　　E. 非常重要

15. 请你对思政课混合式教学线上课程资源的重要程度进行评价。

A. 非常不重要　　B. 不重要　　C. 一般　　D. 很重要　　E. 非常重要

16. 请你对思政课混合式教学线上资源形式的重要程度进行评价。

A. 非常不重要　　B. 不重要　　C. 一般　　D. 很重要　　E. 非常重要

17. 请你对思政课混合式教学备课情况的重要程度进行评价。

A. 非常不重要　　B. 不重要　　C. 一般　　D. 很重要　　E. 非常重要

18. 请你对思政课混合式教学师生互动的重要程度进行评价。

A. 非常不重要　　B. 不重要　　C. 一般　　D. 很重要　　E. 非常重要

19. 请你对思政课混合式教学上课纪律的重要程度进行评价。

A. 非常不重要　　B. 不重要　　C. 一般　　D. 很重要　　E. 非常重要

20. 请你对思政课混合式教学课程作业的重要程度进行评价。

A. 非常不重要　B. 不重要　C. 一般　D. 很重要　E. 非常重要

21. 请你对思政课混合式教学课件及内容进行满意度评价。

A. 非常不满意　B. 不满意　C. 一般　D. 很满意　E. 非常满意

22. 请你对思政课混合式教学线上课占比进行满意度评价。

A. 非常不满意　B. 不满意　C. 一般　D. 很满意　E. 非常满意

23. 请你对思政课混合式教学线上直播平台进行满意度评价。

A. 非常不满意　B. 不满意　C. 一般　D. 很满意　E. 非常满意

24. 请你对思政课混合式教学线上教学方式进行满意度评价。

A. 非常不满意　B. 不满意　C. 一般　D. 很满意　E. 非常满意

25. 请你对思政课混合式教学线上课程资源进行满意度评价。

A. 非常不满意　B. 不满意　C. 一般　D. 很满意　E. 非常满意

26. 请你对思政课混合式教学线上资源形式进行满意度评价。

A. 非常不满意　B. 不满意　C. 一般　D. 很满意　E. 非常满意

27. 请你对思政课混合式教学备课情况进行满意度评价。

A. 非常不满意　B. 不满意　C. 一般　D. 很满意　E. 非常满意

28. 请你对思政课混合式教学师生互动进行满意度评价。

A. 非常不满意　B. 不满意　C. 一般　D. 很满意　E. 非常满意

29. 请你对思政课混合式教学上课纪律进行满意度评价。

A. 非常不满意　B. 不满意　C. 一般　D. 很满意　E. 非常满意

30. 请你对思政课混合式教学课程作业进行满意度评价。

A. 非常不满意　B. 不满意　C. 一般　D. 很满意　E. 非常满意

31. 您认为线上思政课占比多少最适宜？

A.1/4 及以下　B.1/4~1/3　C.1/3~1/2　D.1/2 以上

32. 您认为线上思政课最长持续多久最适宜？

A.45 分钟（1 节课）及以内　　　B.45~90 分钟（1 至 2 节课）

C.90~180 分钟（2 至 4 节课）　　D.180 分钟（4 节课）以上

33. 你认为线上思政课学习会遇到哪些问题？（最多 3 项）

A. 注意力不集中　B. 课程内容晦涩难懂　C. 课堂纪律差

D. 重难点不够突出　E. 作业得不到及时批改

F. 网络差等其他原因　F. 其他（请注明）

34. 学校经常因为哪些原因开展线上思政课教学？（最多三项）

A. 教学大纲安排　B. 节假日引发课程时间调整　C. 教学改革需要

D. 更好体现学生主体地位　E. 信息化时代的需要

F. 提升学生学习效率/增加便捷性

G. 其他（请注明）

35. 如果在思政课学习中增加以下功能模块，你更喜欢哪种？（最多三项）

A. 参观红色教育基地　B. 其他班级或年级同学分享感受

C. 志愿者活动　D. 其他老师参与授课，丰富教学内容及方式

E. 其他（请注明）

36. 您认为哪种形式思政课学习更适宜？

A. 线上教学　B. 线下教学　C. 混合式教学

37. 你认为相较于线下教学，混合式教学具备以下哪些优势？（最多三项）

A. 教学内容更广泛　B. 教学资源更丰富　C. 教学方式更便捷

D. 教学效果更好　E. 其他（请注明）

38. 接受思政课混合式学习后，本校学生参加过哪些红色教育活动？

A. "三下乡"活动　B. "红色走读"活动　C. 参观红色教育基地

D. 党史类专题讲座　E. "青年大学习"活动

F. 全国大学生"同上'四史'思政大课"　G. 其他（请注明）

39. 你对自身理想信念的理解是（　　）。

A. 有长远的理想且信念坚定　B. 有长远的理想，但信念不够坚定

C. 有短期目标且信念坚定　D. 没有理想或根本没有想过

40. 请你对改革创新在中国社会发展进程的重要程度进行评价。

A. 非常不重要　B. 不重要　C. 一般　D. 很重要　E. 非常重要

41. 本校学生是否有使用"学习强国"？

A. 经常　B. 偶尔　C. 没有

42. 本校学生是否有在网络上浏览有关党史的文章？

A. 经常　B. 偶尔　C. 没有

43. 在日常交流中，本校学生是否会聊时政热点？

A. 经常　　B. 偶尔　　C. 没有

44. 本校学生是否关注弱势群体？

A. 经常　　B. 偶尔　　C. 没有

45. 本校学生是否有关注或参与航空报国等精神类的主题活动？

A. 经常　　B. 偶尔　　C. 没有

46. 疫情期间，本校学生是否有遵守"防疫打卡""居家隔离"等相关防疫规定？

A. 经常　　B. 偶尔　　C. 没有

# 附录二：思政课混合式教学满意度调查
## （学生作答）

你好！我们是来自南昌航空大学的老师，为了完成国家社科基金思政专项课题"以'四个评价'为导向的高校思政课混合式教学评价机制研究"，以"思政课混合式教学满意度调查"为主题开展此次调查活动。本次调查将严格按照《统计法》的要求进行，为您的隐私保密，不用填写姓名，所有问答只用于统计分析。您只需根据自己的实际情况填写本问卷。衷心感谢您的支持与帮助！（注：重要度评价、满意度评价所选数字越高代表越重要、越满意，不涉及多选）

1. 你的性别（　　）。

A. 男　　B. 女

2. 你的学校是＿＿＿＿＿＿＿＿＿＿＿＿＿＿＿。

3. 你的年级（　　）。

A. 大学一年级　　B. 大学二年级　　C. 大学三年级　　D. 大学四年级

4. 你接受过几门线上思政课的学习？

A. 1门　　B. 2门　　C. 3门　　D. 3门以上

5. 你目前是否有混合式教学思政课？

A. 是　　B. 否

6. 你学习的思政课线上成绩占课程总成绩的比重为？

A. 1/4 及以下　B. 1/4～1/3　C. 1/3～1/2　D. 1/2 以上

7. 你在哪个年级进行线上思政课学习最频繁？

A. 大学一年级　B. 大学二年级　C. 大学三年级　D. 大学四年级

8. 你最长一次进行线上思政课学习持续多久？

A. 45 分钟（1 节课）及以内　B. 45～90 分钟（1 至 2 节课）

C. 90～180 分钟（2 至 4 节课）　D. 180 分钟（4 节课）以上

9. 你最喜欢哪种线上教学方式？

A. 线上直播+QQ 群辅导　B. 录播授课+QQ 群辅导

C. 已有的线上资源+QQ 群辅导　D. 录屏+QQ 群辅导

E. 会议研讨+QQ 群辅导　F. 其他（请注明）

10. 你最满意的线上直播平台是？

A. 腾讯会议　B. QQ 群直播　C. QQ 群视频

D. 哔哩哔哩　E. 网易云课堂　F. 其他（请注明）

11. 你最满意的线上课程资源是？（最多三项）

A. 超星　B. 学堂在线　C. 爱课程

D. 中国大学 MOOC　E. 智慧树平台　F. 腾讯课堂

12. 请你对思政课混合式教学课件及内容的重要程度进行评价。

A. 非常不重要　B. 不重要　C. 一般　D. 很重要　E. 非常重要

13. 请你对思政课混合式教学线上课占比的重要程度进行评价。

A. 非常不重要　B. 不重要　C. 一般　D. 很重要　E. 非常重要

14. 请你对思政课混合式教学线上直播平台的重要程度进行评价。

A. 非常不重要　B. 不重要　C. 一般　D. 很重要　E. 非常重要

15. 请你对思政课混合式教学线上教学方式的重要程度进行评价。

A. 非常不重要　B. 不重要　C. 一般　D. 很重要　E. 非常重要

16. 请你对思政课混合式教学线上课程资源的重要程度进行评价。

A. 非常不重要　B. 不重要　C. 一般　D. 很重要　E. 非常重要

17. 请你对思政课混合式教学线上资源形式的重要程度进行评价。

A. 非常不重要　B. 不重要　C. 一般　D. 很重要　E. 非常重要

18. 请你对思政课混合式教学备课情况的重要程度进行评价。

A. 非常不重要　B. 不重要　C. 一般　D. 很重要　E. 非常重要

19. 请你对思政课混合式教学师生互动的重要程度进行评价。

A. 非常不重要　B. 不重要　C. 一般　D. 很重要　E. 非常重要

20. 请你对思政课混合式教学上课纪律的重要程度进行评价。

A. 非常不重要　B. 不重要　C. 一般　D. 很重要　E. 非常重要

21. 请你对思政课混合式教学课程作业的重要程度进行评价。

A. 非常不重要　B. 不重要　C. 一般　D. 很重要　E. 非常重要

22. 请你对思政课混合式教学课件及内容进行满意度评价。

A. 非常不满意　B. 不满意　C. 一般　D. 很满意　E. 非常满意

23. 请你对思政课混合式教学线上课占比进行满意度评价。

A. 非常不满意　B. 不满意　C. 一般　D. 很满意　E. 非常满意

24. 请你对思政课混合式教学线上直播平台进行满意度评价。

A. 非常不满意　B. 不满意　C. 一般　D. 很满意　E. 非常满意

25. 请你对思政课混合式教学线上教学方式进行满意度评价。

A. 非常不满意　B. 不满意　C. 一般　D. 很满意　E. 非常满意

26. 请你对思政课混合式教学线上课程资源进行满意度评价。

A. 非常不满意　B. 不满意　C. 一般　D. 很满意　E. 非常满意

27. 请你对思政课混合式教学线上资源形式进行满意度评价。

A. 非常不满意　B. 不满意　C. 一般　D. 很满意　E. 非常满意

28. 请你对思政课混合式教学备课情况进行满意度评价。

A. 非常不满意　B. 不满意　C. 一般　D. 很满意　E. 非常满意

29. 请你对思政课混合式教学师生互动进行满意度评价。

A. 非常不满意　B. 不满意　C. 一般　D. 很满意　E. 非常满意

30. 请你对思政课混合式教学上课纪律进行满意度评价。

A. 非常不满意　B. 不满意　C. 一般　D. 很满意　E. 非常满意

31. 请你对思政课混合式教学课程作业进行满意度评价。

A. 非常不满意　B. 不满意　C. 一般　D. 很满意　E. 非常满意

32. 你认为线上思政课占比多少最适宜？

A. 1/4 及以下　B. 1/4～1/3　C. 1/3～1/2　D. 1/2 以上

33. 你认为线上思政课最长持续多久最适宜？

A. 45 分钟（1 节课）及以内　　　B. 45～90 分钟（1 至 2 节课）

C. 90~180 分钟（2 至 4 节课） D. 180 分钟（4 节课）以上

34. 你进行线上思政课学习会遇到哪些问题？（最多三项）

A. 注意力不集中 B. 课程内容晦涩难懂 C. 重难点不够突出

D. 作业得不到及时批改 E. 网络差 F. 其他（请注明）

35. 你经常因为哪种原因进行线上思政课学习？（最多三项）

A. 教学大纲安排 B. 节假日引发课程时间调整 C. 教学改革需要

D. 更好体现学生主体地位 E. 信息化时代的需要

F. 提升学生学习效率/增加便捷性 G. 其他（请注明）

36. 如果在思政课学习中增加以下功能模块，你更喜欢哪种？（最多三项）

A. 参观红色教育基地 B. 其他班级或年级同学分享感受

C. 志愿者活动 D. 其他老师参与授课，丰富教学内容及方式

E. 其他（请注明）

37. 你认为哪种形式思政课学习更适宜？

A. 线上教学 B. 线下教学 C. 混合式教学

38. 你认为相较于线下教学，混合式教学具备以下哪些优势？（最多三项）

A. 教学内容更广泛 B. 教学资源更丰富 C. 教学方式更便捷

D. 教学效果更好 E. 其他（请注明）

39. 接受思政课混合式学习后，你参加过哪些红色教育活动？

A. "三下乡"活动 B. "红色走读"活动 C. 参观红色教育基地

D. 党史类专题讲座 E. "青年大学习"活动

F. 全国大学生"同上'四史'思政大课"

G. 其他（请注明）

40. 你对自身理想信念的理解是（　　）。

A. 有长远的理想，且信念坚定 B. 有长远的理想，但信念不够坚定

C. 有短期目标，且信念坚定 D. 没有理想或根本没有想过

41. 请你对改革创新在中国社会发展进程的重要程度进行评价？

A. 非常不重要 B. 不重要 C. 一般 D. 很重要 E. 非常重要

42. 你是否有使用"学习强国"？

A. 经常　B. 偶尔　C. 没有

43. 你是否有在网络上浏览有关党史的文章？

A. 经常　B. 偶尔　C. 没有

44. 在日常交流中，你是否会聊时政热点？

A. 经常　B. 偶尔　C. 没有

45. 你是否关注弱势群体？

A. 经常　B. 偶尔　C. 没有

46. 你是否有关注或参与航空报国等精神类的主题活动？

A. 经常　B. 偶尔　C. 没有

47. 在疫情期间，你是否有遵守"防疫打卡""居家隔离"等相关防疫规定？

A. 经常　B. 偶尔　C. 没有

# 后　记

　　在信息化时代背景下，线上线下混合式教学打破传统的思政课教学模式，成为思政课教师的主要授课模式，并取得了不错的教学效果。2022 年3 月 29 日，在教育部新闻发布会上，教育部高等教育司司长吴岩介绍，国家高等教育智慧教育平台 3 月 28 日已上线，此前，全国高校在疫情时期已大规模开展线上教学，现在已经基本可以从容应对线上线下混合式教学。2022 世界慕课与在线教育大会在线上召开，我国慕课建设面临新的机遇和挑战。随着中央宣传部、教育部关于印发《普通高校思想政治理论课建设体系创新计划》（教社科〔2015〕2 号），教育部党组通过《2017 年高校思想政治理论课教学质量年专项工作总体方案》，中共教育部党组印发《"新时代高校思想政治理论课创优行动"工作方案》（教党函〔2019〕90号），教育部印发《高等学校思想政治理论课建设标准（2021 年本）》（教社科〔2021〕2 号），中共中央办公厅、国务院办公厅印发《关于深化新时代学校思想政治理论课改革创新的若干意见》，中共中央宣传部、教育部印发《新时代学校思想政治理论课改革创新实施方案》（教材〔2020〕6 号）以及《教育部社会科学司 2022 年工作要点》（教社科司函〔2022〕15 号）、《全面推进"大思政课"建设的工作方案》（教社科〔2022〕3号）、《深化新时代教育评价改革总体方案》等系列文件的出台，高校思政课教学评价问题的重要性越发显现，究竟"谁来评""评什么""如何评"成为当前思政课评价迫切需要解决的时代课题。

　　本书是国家社科基金思政课专项项目"以'四个评价'为导向的高校思政课线上线下混合式教学评价机制研究"的延伸成果。在本书撰写过程中，课题组成员广泛收集相关文献资料，数次深入高校调研，对研究思路、总体框架、研究重点、写作风格等问题进行了深入交流探讨。在章节的设置方面，结合当前高校思政课教学评价的前期研究成果，从理论与实践方面分析了高校思政课混合式教学的必要性与理论渊源，"四个评价"相关概念，当前思政课教学评价现状、影响因素以及体系构建研究，以期为相关研究提供经验借鉴。

本书由国家社科基金思政课专项"以'四个评价'为导向的高校思政课线上线下混合式教学评价机制研究"课题负责人、南昌航空大学马克思主义学院副院长常青负责全权策划和框架设计，课题组成员协助完成。全书具体分工如下：第一、二、四章由常青负责撰写，第三章由蔺翠峰、常青负责撰写，第五章由罗斌、常青负责撰写。在书稿撰写过程中，邱丽、吴娜、晏朝飞给予了支持和协助，帮助收集材料和进行调研。常青、蔺翠峰负责全书统稿，硕士生陈晓青、刘颖佳、黄龙星协助校对相关工作。

本书的调研获得省内外各高校的大力支持，在此深表感谢！本书的撰写除了参考经典著作以外，还参考了相关专家学者的研究成果，在调研过程中，得到了相关高校大力支持，在此深表感谢！本书的出版获得了南昌航空大学及南昌航空大学马克思主义学院的大力支持，在此深表感谢！衷心感谢社会科学文献出版社的大力支持与帮助，感谢出版社各位工作人员的辛勤付出！由于时间仓促，篇幅有限，一些观点还需要进一步探讨和研究，对于本书的局限与不足留待以后进一步研究，真诚希望各位专家、读者批评指正。

本书撰写组

2023 年 1 月

图书在版编目（CIP）数据

高校思政课混合式教学评价研究／常青著. -- 北京：
社会科学文献出版社，2023.12（2024.12 重印）
　ISBN 978-7-5228-2532-8

　Ⅰ.①高…　Ⅱ.①常…　Ⅲ.①高等学校-思想政治教
育-研究-中国　Ⅳ.①G641

中国国家版本馆 CIP 数据核字（2023）第 179398 号

## 高校思政课混合式教学评价研究

著　　者／常　青

出 版 人／冀祥德
责任编辑／吕霞云
文稿编辑／尚莉丽
责任印制／王京美

出　　版／社会科学文献出版社·马克思主义分社（010）59367126
　　　　　地址：北京市北三环中路甲 29 号院华龙大厦　邮编：100029
　　　　　网址：www. ssap. com. cn
发　　行／社会科学文献出版社（010）59367028
印　　装／唐山玺诚印务有限公司

规　　格／开　本：787mm×1092mm　1/16
　　　　　印　张：16.25　字　数：258 千字
版　　次／2023 年 12 月第 1 版　2024 年 12 月第 2 次印刷
书　　号／ISBN 978-7-5228-2532-8
定　　价／98.00 元

读者服务电话：4008918866